TRUST INDUSTRY NIRVANA

The Breakthrough of Trust Business in Chinese Financial Reform

本书系湖南省信托有限责任公司与湖南大学联合课题组课题研究成果

信托涅槃

中国金融改革的信托之路

朱德光 乔海曙 等著

经济管理出版社

ECONOMY & MANAGEMENT PUBLISHING HOUSE

图书在版编目（CIP）数据

信托涅槃/朱德光，乔海曙等著. —北京：经济管理出版社，2016.8
ISBN 978-7-5096-4466-9

Ⅰ.①信… Ⅱ.①朱… ②乔… Ⅲ.①信托业—研究—中国 Ⅳ.①F832.49

中国版本图书馆 CIP 数据核字（2016）第 139439 号

组稿编辑：宋　娜
责任编辑：宋　娜　张艳玲
责任印制：黄章平
责任校对：雨　千

出版发行：经济管理出版社
　　　　　（北京市海淀区北蜂窝 8 号中雅大厦 A 座 11 层　100038）
网　　　址：www. E-mp. com. cn
电　　　话：（010）51915602
印　　　刷：北京晨旭印刷厂
经　　　销：新华书店
开　　　本：720mm×1000mm/16
印　　　张：17.25
字　　　数：263 千字
版　　　次：2016 年 8 月第 1 版　2016 年 8 月第 1 次印刷
书　　　号：ISBN 978-7-5096-4466-9
定　　　价：68.00 元

课题组组成人员

课题组组长：

    朱德光   乔海曙

课题组副组长：

    王于栋   张仁兴

课题组成员：

    朱德光   乔海曙   刘格辉   王于栋   张仁兴   黄 健   谭 中

    万晓蕾   李 陌   李路璐   乔继伟   张艺媛   黄荐轩

序

曾康霖

自我国明代文学家冯梦龙在《警世通言》中提出"受人之托，忠人之事"起，信托这一事物在我国已经出现了六百多年，它适应了财富传承和财产安全管理的需要，可见，信托成为金融业的组成部分要远远早于银行、保险、证券，其历史之厚重不言而喻。

近百年来，信托原理在发达的市场经济国家和新兴市场经济国家得到不同方式的运用和改造，在特定领域逐步形成完善的制度，有力地保障和促进了这些国家的政权巩固和崛起。与此同时，信托原理借助新型的金融业态和金融工具，不断绽放出新的活力和魅力。

在中国改革开放的过程中，信托业曾呈现出"兴衰起伏"的态势，信托公司经历了"几上几下"的起伏，信托市场也经历了兴旺、萎缩，人们的信托观念由强变淡，所有这些都给人们提出了尖锐而实际的问题：在建立和完善社会主义市场过程中，还要不要建立和发展信托业？以什么样的思想、理论、学说去对其进行指导、完善和发展？

近十年来的实践结果生动而深刻地回答了这一问题，那就是：在中国，历经清理整顿后保存下来的信托业，呈现出"星星之火，可以燎原"的势头，充分发挥了信托这一事物的制度优势和功能优势，推动中国经济的稳定增长，信托成为众人关注的热点。可以说，信托业是一个神奇的行业，一个从古代走来，却在现代发光发热的行业；一个让人充满激情，可以把无限想象力化为现实的行业。

素有"千年学府"之称的湖南大学青年学者乔海曙教授与王于栋博士，多年来持续关注信托转型，深谙信托金融发展历程与规律，思维活跃开放，携手 2014 年中国财经年度人物、湖南信托多年的掌舵人朱德光先生，组织撰写了这本目前国内外并不多见的理论与实务相结合的信托著作。本书以国际化视野，从历史探源入手，揭示信托基本原理和强大功能，概述英、美、日等国信托原理的运用及发展演变，重点围绕中国信托业转型发展这个当前热点和难点，立足现实，深入分析，借鉴国际经验，从多方位、多角度展开理性论述和大胆探索，旨在帮助信托客户、投资者与信托金融行业从业人士深层次领悟信托要义，思考信托业未来变化趋势，探索信托业转型发展的具体而有效的途径。

读本书，可以解惑，信托不再神秘；可以启迪，国际借鉴令人视野宽阔；可以益智，信托转型探索多样化、复杂化；可以丰富学识、启发思维，有助于实践增长才干；可以鼓劲，为转型愿景指明方向，不再彷徨。

是为序。

目 录

第一章

信托本源分析与信托现代化解读

- 现代信托的内涵，是在财产独立性制度保护下，综合运用金融方式和手段，实现有效率的"专业化理财（资产管理）"。财产独立性是信托制度层面的优势
- 信托有他益、自益、公益和创新四大功能
- 信托业三次革命：英国革命创造了信托制度，美国革命创造了基金行业，中国"革命"创造了16万亿元"非标准化债权"市场
- 纯通道业务本质上是一种制度套利，不具备长期持续性，信托公司未来业务方向是"信托理财 + 信托服务"

一、信托的原理探究

（一）信托制度的发展沿革

1. 古罗马信托遗赠制度为最早雏形

人类信托制度的产生，最早可以追溯到古罗马时代的信托遗赠制度。在古罗马时代，《十二铜表法》规定，只有罗马市民才有资格成为遗嘱指定的遗产继承人。当时在罗马的外国人、解放的自由人无市民权，无主动遗嘱能力，而外国人、俘虏、异教徒以及罪犯无被动遗嘱能力。因此信托遗赠制度表现为：遗产先由一个具有罗马市民资格的人来继承，然后再由此人将遗产转移或者赠送给遗产真正的继承人。由于这种做法违反了罗马普通法系，其实施与否完全取决于受遗赠"中介"的"忠诚"，古罗马皇帝奥古斯都要求法官对其干预以保证财产顺利转移，由此，信托遗赠制度成为罗马基本法体系之外的一项制度。

2. 由尤斯制到正式信托制度

中世纪，英国的尤斯制推动信托逐渐演变为一种现代制度。中世纪的英国封建领主死后多把遗产捐赠给教会而不是贡献给君主，不但使君主丧失了本该拥有的土地所有权，还丧失了税收（教会土地免税），因此英王亨利三世制定《没收条例》，规定凡以土地让与教会者须经君主许可，否则没收土地。相应地，忠于宗教信仰的法官发明了尤斯制规避《没收条例》：凡欲将土地让与教会者，先将其赠与第三者，由其将土地收益转交教会。到 17 世纪，英国"衡平法"法院正式承认尤斯制的合法性，同时由于有利于资本主义经济发展，信托得到当时掌权的资产阶级的极力推崇，信托制度逐步被确立为一项现代经济制度。

3. 信托制度确立后信托业务转向主动管理

现代信托制度确立之后，信托业务经历了被动式管理向主动式管理的转变，信托形式也随之走向多样化和标准化。无论是古罗马的信托遗赠，还是中世纪英国的尤斯制度，其本质上都是一种被动管理业务，是"受人之托"，其主要目的是规避当时的法律，保全财产。当信托制度被资产阶级确立为一种正式制度之后，随着经济发展专业分工的不断细化，信托业务开始向主动管理转变，"代人理财"开始慢慢成为信托业务的主流。

在英国，由于长久的封建制度积淀了浓厚的家族观念和丰厚的家族财富，以保全财富为主的家族信托和遗嘱信托仍然非常普遍，但形式越来越现代化。在美国，没有封建家族观念和封建家族财富的制约，用传统制度创造新财富成为信托业务的主流。美国金融机构创新性地将信托产品标准化，借助资本市场的兴起，创造了 21 世纪最成功的金融产品家族——基金。在善于学人之长的日本，信托则向服务化演进。经历了早期学习阶段和信托混乱阶段后，特定的历史条件促成了日本信托向专业化、服务化演进，特定赠与信托、财产形成信托、年金信托、教育信托等各种服务性信托业务，依附于日本的法律不断产生，不断践行着斯考特"信托可以和人类的想象力媲美"的名言。

（二）信托的基本特征：财产权利隔离与信托财产独立

财产权利隔离是指信托制度可以将财产权（全部或部分）与其真正的所有者隔离开来，以达到规避或保护的目的。信托财产独立是指信托财产在法律上有独立或者准独立的人格。

在现代信托制度正式确立之前，奴隶与封建时代的信托业务即以财产权利的隔离为信托成立的先决条件，提供"保护"功能。在古罗马的信托遗赠中，为了能够实现继承，需要先将财产赠与有资格的第三人，通过财产权利与原所有者受限制的人身权利"隔离"，依附于另一个不受限的人之上，进而使得财产可以不附带约束地由第三人继承。因此，奴隶时代的信托遗赠实际上利用财产权利隔离"规避"了财产的奴隶义务。在中世纪英国的尤斯制中，为了实现财产捐赠，需要先将土地赠与第三人，通过土地收益权与赠与者本人的"隔离"，利用财产隔离"规避"了土地财产所附着的封建义务。随着尤斯制度的普及，参加十字军的骑士和参与玫瑰战争的领主也开始利用尤斯制度，将土地财产和自己战争参与者的身份"隔离"开来，利用财产隔离"规避"了战败者财产"被剥夺"义务。

现代信托制度确立之后，信托业务在财产隔离的基础上，提供了"增效"功能。现代信托业务成为资本主义一项正式经济制度后，除了保留奴隶和封建时代的财产保护功能外，还随着专业化分工逐渐发展出"代人理财"的职能。为了更有效实现这种职能，需要法律保护的"单方面财产转移、财产隔离"增加效率。财产隔离制度能够有效减少"代人理财"过程中财产权变更带来的交易成本，能够有效实现受托人专业理财不受委托人干预。

财产隔离制度需要财产独立制度"衡平"。在成立信托的过程中，财产是由委托人"单方面转移"给受托人的，这种"转移"并不伴随债的出现或所有权的交换。正是通过这种"非等价交易"的关系，使得信托财产与委托人隔离开来，实现了财产隔离功能。这种方式通过钻普通法的漏洞实现财产保护，但恰恰使得信托财产在普通法体系内失去了保护，因而产生了普通法之外的另一套保护体系——衡平法。信托财产的独立性就是这种额外保护的体现：通过赋予信托财产如同企业那样的"法律人格"，可以避免受托人利用普通法体系的漏洞侵吞信托财产，实现委托人真实的财产保护意愿。

（三）信托的内涵

现代信托的内涵，是在财产独立性制度保护下，综合运用金融方式和手段，实现有效率的"专业化理财（资产管理）"。

1. 信托的内涵符合现代经济学的内涵

现代经济学起源于亚当·斯密的两个重要概念：市场与分工。市场通过"看不见的手"有效配置资源，分工带来了专业化，提升了效率，促进了技术进步。新制度经济学奠基人科斯则进一步补充了亚当·斯密"劳动分工需要企业"的理论薄弱点，即"通过形成一个组织，允许企业家支配资源，就能节约市场运行成本"。回顾人类经济发展史，最初是自给自足，之后出现原始专业和交换，进而出现专业分工和市场。当分工越来越复杂，市场越来越大时，开始出现降低交易成本的企业；当人类通过企业积累了大量财富，并且财富储藏形式越来越多样化、复杂化之后，就出现了专业化的理财。

2. 信托的内涵涵盖了大部分现代金融的内涵

博迪和莫顿在当今流传最广的《金融学》教材中提出了现代金融的概念：金融是在不确定条件下跨期配置稀缺（财富）资源。从微观上看，金融帮助居民在不确定条件下最优化"投资"，帮助企业在不确定条件下最优化"融资"；从宏观上看，金融帮助市场通过货币和信用体系最优化配置资源。信托的专业化理财，涵盖了大部分现代家庭金融行为。当家庭财富较少时不需要专业化理财，因而现代信托不会在贫困国家普及；当家庭储藏财富的方式比较简单时不需要专业化的理财，因而现代信托不会在金融市场落后的国家普及。而当整个社会中产阶层形成，并且其家庭财富配置于复杂的金融市场中时，信托机构才可以利用金融专业优势，利用跨资本、货币和实业三个市场的优势，利用风险共担、收益共享的规模优势，提高家庭的投资效率。信托的专业理财，部分涵盖了公司金融行为。信托的专业化理财，一边联系着居民储蓄，另一边则联系着企业，起到了金融中介作用。信托机构在帮助家庭理财的同时，不但为企业提供了一种新的融资渠道，还可以通过贷款、股权收购、回购和融资租赁等多种方式为企业提供灵活的融资。此外，在企业现金流充裕的时候帮助企业管理现金也是一种常见的信托理财业务。信托的专业化理财，从微观上帮助居民优化了投资，帮助企业增加了融资渠道或优化了现金管理，宏观上帮助市场优化了资源配置，成为现代金融体系中不可或缺的组成部分。

二、信托的功能分析

（一）信托他益功能：安全地保管和传承财富

借助信托制度，财富所有者可以实现为血缘亲属和族群谋更多福利的愿望。信托制度的他益功能，是信托制度最早具有的职能。族群观念和血缘观念，是一种动物性的本能，在人类社会出现之前，甚至在动物群体中都广泛存在。在人类社会有了财产私有制度之后，这种观念日益得到强化。当关于财产继承的制度与这种人类天性相违背时，人类便会寻求出一种相应的制度安排来规避现有制度的制约，从古罗马的信托遗赠，到中世纪英国的尤斯制，都是这类规避制度的产物。随着人类文明的进步，不合理的财富继承制度逐渐消失，但人类仍然面临着生老病死的自然因素的制约，因而信托制度有效保管和传承财富的职能仍然广泛存在，表现为当今社会仍然广泛存在的家族信托和遗嘱信托。家族信托和遗嘱信托借助他益功能，在一定程度上使财富所有者摆脱了生老病死的自然约束，最大限度地按照自己的意愿支配财富。

（二）信托自益功能：高效地创造和增值财富

借助信托制度，财产所有者可以实现为自己谋求更多福利的愿望。自私自利是人的一种本能，随着私有财产的积累不断得到强化。信托的自益功能之所以晚于信托他益功能出现，与财富形式和专业化分工有关。在 20 世纪中期以前，人类的财富形式以土地和金银为主，这些财富的形式相对简单，价值波动相对较小，而且当时的富裕者中，封建领主具有较多的闲暇时间，富有商人本身就是自身财富的管理者，因此社会没有发展出专业化的理财。到 20 世纪中期之后，企业效率提升，劳动者收入改善，中产阶层逐步形成。与中产阶层同步形成的是信用经济和多层次的复杂的资本市场。一方面财富拥有者（中产阶层）缺少了管理财富的时间，另一方面要面对金融财富的大幅波动，这使得专业化理财具备了存在空间，信托自益功能开始逐步显现，其中最为典型的是标准化基金的兴起。

（三）信托公益功能：有力地推动慈善事业发展

借助信托制度，财产所有者可以实现为社会谋福利的愿望。慈善与公益是人作为社会人的一种高尚情操，在人类文明发展到较高程度时才比较普遍地出现。到目前为止，人类社会仍然没有发展出完善的社会制度解决贫穷、灾害、环境污染等问题，因而出现了以无私为基础的公益慈善事业。为了能够更好地达到公益慈善的目的，需要对慈善资金进行专业化的连续配置，以提高其使用效率，因而公益事业也变为一种专业化分工。在少数国家，公益慈善资金由政府统一调配使用，但由于公益慈善资金本身是为弥补政府无效率而产生的，因此大部分国家的公益慈善资金由社会慈善组织负责配置。由于绝大部分公益慈善资金是由社会民众单向转移财产给社会公益组织，为了提高公信力，信托制度被引入公益事业，由公益组织负责分配公益资金，通过信托的财产隔离制度保障公益资金的安全，而当公益慈善资金累积到一定数量后，专业化理财职能被进一步引入公益事业，形成了多种形式的公益信托制度，有力地推动了慈善公益事业的发展。

（四）信托创新功能：推动社会制度改革

信托制度自产生之初，就带有创新的职能，是人类利用非正式制度修补正式制度的漏洞，进而推动社会制度改革的重要手段。在古罗马时代，人们发明了信托遗赠制度，最终修正了奴隶制度下遗产继承制度的不公平。在中世纪的英国，法官发明了尤斯制，最终修正了封建王权对宗教信仰的不恰当干预。20 世纪初，信托制度成为一项正式制度，但固定下来的，只是信托的基本形式和对信托财产独立性的认可，信托仍然在很多时候被创新性地用于对正式制度的修补和完善。20 世纪初，美国创新性地将信托产品标准化，修正了资本市场对于中小投资者的"歧视"；20 世纪 70 年代，货币市场基金通过创新性的投资方式突破了美国的存款利率管制；20 世纪末，ETF 通过指数化和多样化的投资突破了资本全球配置的壁垒；而 2003 年以来，中国信托业也通过集合资金和单一资金信托缓解了社会融资对银行的绝对依赖，并有力地推动了利率市场化。

三、信托的三次革命

（一）信托的英国革命：非正式制度到正式制度

英国衡平法系数百年的培育和保护使得信托制度最终成为一项正式经济制度。尤斯制于 13 世纪在英国出现，在 20 世纪之前，虽然尤斯制已经有了数百年的历史，但其一直作为一种非正式制度存在，在衡平法的保护下缓慢发展和培育。1873 年英国颁布《司法条例》，普通法院和大法官法院合并，普通法系和衡平法系统一，尤斯制得到正式认可；1893 年，英国颁布《受托人法》，信托制度在英国正式建立；1908 年，英国建立"公共信托局"，个人受托向法人受托转变，无偿信托向有偿信托转变，信托制度从一种民事非正式制度变为一种正式的商业制度。

（二）信托的美国革命：保险副业到金融支柱

美国创新性地将部分信托业务标准化为基金，并将其发展为金融支柱业务。1822 年，美国纽约农业火险与放款公司（后更名为纽约农业放款信托公司）从英国引入信托制度，将其作为保险业务的副业。直到 1853 年，美国历史上第一家专门的信托公司美国联邦信托公司在纽约成立。1868 年，罗德岛医院信托公司获准可以兼营一般银行业务。美国作为新兴国家，不同于英国有着长久的家族传承，因此其信托业务以商业化为主，而南北战争结束后，铁路和矿产资源开发需要大量融资，混业经营的美国信托业务借助资本市场的兴起获得了大规模发展。但美国信托业务的革命体现为基金业务。1921 年，美国借鉴英国的投资信托工具成立了封闭式基金，将信托业务由单一零售变为批发销售并可市场交易；1924 年，美国发展出封闭式基金，打破了基金的赎回限制；1972 年，美国出现了货币市场基金，打通了银行和资本市场的通道；20 世纪末，美国出现了指数化和多样化的 ETF，打破了基金投资的市场限制和国界限制。经过美国革命性的创新，当前全球基金资产总额达 64 万亿美元，已经成为当今世界最重要的投资品。

（三）信托的中国革命：渐进改革中成为投融资"新通道"

改革之初的地方信托公司因破坏金融秩序屡遭整顿。新中国的信托业起源于1979 年中国国际信托投资公司的成立。但在信托业务出现的前 20 年中，中国的信托业一直畸形发展，多次遭遇整顿。1979 年，红色资本家荣毅仁受命组建中国国际信托投资公司，试图利用信托公司经营灵活的优势吸引国际市场资金，缓解中国改革中资金不足的困境。之后各地方政府纷纷效仿地方信托投资公司，由于改革之初地方政府吸引国际资金的能力有限，其转而利用信托创新和灵活的优势，把地方信托公司变为地方政府截取正规金融体系资金的工具。20 世纪八九十年代，中央政府在金融领域实施严格的金融集权，被冠以"破坏金融秩序"的地方信托公司屡次遭受整顿。

"一法两规"开启了中国信托业的"黄金十年"。2001年，中国正式颁布《信托法》，规范了信托的制度框架；2002年，《信托投资公司管理办法》和《信托投资公司集合资金信托计划管理办法》对信托机构和信托业务进行了进一步的规范，自此，信托行业发展迎来了"黄金十年"：在企业治理方面，通过多方面金融改革，地方政府通过信托公司控制金融资源发展经济变得不再有效率和有吸引力，信托公司得到了越来越多市场化运营权限；在客户方面，改革30多年的经济发展使得越来越多的家庭产生了理财需求；在投资方面，高速发展的经济使得企业资金需求旺盛，资本市场发展相对滞后，银行贷款受制于利率限制供给不足，信托业务则由于具备了准市场化利率的制度红利迎来了黄金发展期；而在金融监管领域，监管部门对在"一法两规"框架下经营的信托业采取了适度宽松的监管原则。这些特定的历史因素，推动了信托业的跨越式发展，行业规模从2002年的700亿元发展到2015年年末的16.3万亿元。

在中国的渐进式经济金融改革过程中，信托成为我国投融资体制的"新通道"。中国的改革进程中，金融改革相对滞后于经济改革，融资改革相对滞后于投资改革，具体表现为银行的市场化晚于企业的市场化（包括大部分国有企业），融资的市场化晚于投资的市场化。由于金融资源稀缺且主要聚集于银行部门，而银行向市场提供金融资源则受制于利率管制，这使得金融配置资源的功能在很大程度上被扭曲。而进入21世纪以后，经过重新整顿后的信托业，则机缘巧合地成为我国投融资体制中的一个重要"新通道"：信托公司以市场化利率为企业提供融资，并以市场化利率（扣除中介费）为客户提供收益。

投融资体制新通道是一种中国式"革命"。这种"金融通道作用"，不但造就了信托行业的"黄金十年"，还给居民、企业和金融体制带来了深刻影响，在中国特色市场经济中体现出了其价值。首先，信托业为居民提供了市场化的收益率，推动了居民家庭财富的增长。2010~2013年，信托行业为受益人分别创造了4.63%、4.30%、6.33%和7.03%的年化收益率，远高于同期银行存款利率。其次，信托行业满足了大量企业的融资需求，优化了金融资源配置。在银行信贷收紧和资本市场融资功能受限的情况下，2012年，信托业为基础产业、工商企业和房地产业分别提供了1.65万亿元、1.86万亿元和0.69万亿元的融资。最后，信托业在发展过程中推动了中国金融改革。信托业快速发展的示范效应，在带动整个中国资产管理行业的发展和满足居民理财需求的同时，削弱了银行在行业上游对存款利率的垄断和行业下游对贷款利率的垄断，极大地推动了中国的利率市场化进程。

四、信托业务的现代化分类

（一）"纯通道"类业务

"纯通道"类业务，是指单纯地利用信托制度或"信托牌照"，为委托人的财产权（或财产权的衍生权利）提供"通道"，以实现委托人特定目的的一类业务。典型的"纯通道"类业务是古罗马的信托遗赠制度和股票表决权信托业务。信托遗赠利用了信托的财产权利"隔离"功能，使得财产权利与原所有者受限制的人身权利"分离"，受托人不需要提供任何附加服务，仅需将财产转移给真正的继承人；表决权信托利用了信托的财产权利"分割"功能，将股票的所有权和表决权一分为二，受托机构不需要提供附加服务，仅需按照真正表决权人的意思代理行使表决权。

"纯通道"类业务"技术含量"低，市场竞争激烈，单笔业务收益较低。由于不需要提供额外的服务，不需要信托机构任何专业的能力，所需要的仅是信托制度或信托牌照使用权，因此这类业务对整个信托行业是无门槛的业务，在不存在地区业务扩张壁垒的情况下，信托机构的市场竞争总会使得这类业务收益趋于降低。

信托行业的"刚性兑付"加剧了通道类业务的风险。我国现有的信托通道业务并非"纯通道"类信托业务，由于我国信托行业历史上面临多次整顿，因此"黄金十年"中发展起来的信托业形成了"刚性兑付"的潜规则，这使得许多"纯通道"类中介业务事实上都附加了风险。信托公司收取的是通道业务的费用，但承担的是主动管理类信托业务的责任和风险，风险和收益不匹配。在过去的十余年中，中国经济发展速度较快，大部分行业处于景气周期，信托公司因为通道类业务得到了更快速的发展，并积累了足够的管理通道业务的经验。对于大部分信托公司，未来一段时间仍然需要通道业务为其提供业务和利润。但在经济新常态下，许多产业面临转型升级和产能过剩，通道类业务将面临越来越高的风险。2014 年，我国房地产类信托和矿产资源类信托爆发了多例风险，这警示了信托公司不能将业务重心放在通道类业务。

不断完善的金融制度使"纯通道"类业务面临着非常高的"系统性风险"。"纯通道"类业务的出现，意味着市场上存在着制度性漏洞，本质上是一种制度套利行为，一旦金融监管制度发生变革，某一类通道业务将面临整体消失的"系统性风险"。例如古罗马时代遗产继承和财产赠送制度间的漏洞导致了信托遗赠制度的产生；我国商业银行贷款业务监管和理财业务监管之间的漏洞导致了银信合作通道业务的产生。当制度套利行为处于偶发状态且未导致严重后果时，纯信托通道类业务往往不受管制。比如表决权信托已有几十年历史，但应用并不普遍，也未导致公司控制权市场的混乱，因此该类业务受约束较少。而当制度套利行为大规模出现并影响到市场秩序时，将会引发制度修补，为通道类业务带来巨大的"系统性风险"。比如银信合作的通道类业务大量出现，将银行表内风险转移到表外，迫使监管部门开始规范此类业务。因此"纯通道"业务属于机会类业务，在兴起阶段，信托机构应凭借敏锐的市场洞察力抓住机会获取制度红利，但不应将其作为主业发展。

（二）"信托 + 特色服务"类业务

特色服务类信托，是指信托机构在信托制度框架内为委托人提供特色服务的业务。典型特色服务类信托业务是事务管理类信托业务，如人寿保险信托、抵押公司债信托、遗嘱信托、家族信托等。人寿保险信托是在人寿保险金代扣代缴业务上附加代保险受益人管理赔付金服务；抵押公司债信托是在抵押物代保管之上附加代债权人监督债务人服务；现代遗嘱信托和家族信托是在代理处理遗嘱业务上附加了不同程度的管理遗产服务。

特色服务类信托需要一定的"技术含量"，需要前期市场培育。由于此类特色服务往往处于非金融类委托业务和金融业务的交集中，有利于信托机构发挥"信托 + 金融"的优势，因此其他金融行业对其竞争压力较小，一旦某信托机构经过市场培育建立起市场声誉，形成特色服务，其面临的竞争压力将大幅降低。其特色服务特征决定了其收益相对较高，其信托特征则决定了其风险较小，因此特色服务类信托有望成为信托公司的长期主营业务，这也正体现了很多信托公司

"回归主业"的愿望。但是由于特色服务信托业务需要信托和民事法律的相关配套，也需要较长时期的市场培育，因此目前发展相对缓慢。

（三）"信托＋专家服务"类业务

专家服务类信托，是指信托机构在信托制度框架内为委托人提供专家服务的业务。典型的专家理财类信托即信托公司当前提供的各类资产管理业务，如单一信托理财产品、私募基金、信托资金池业务。私募基金、信托理财产品一般是信托机构为委托人提供某一领域内的专业投资服务，如房地产投资、证券投资、金融衍生品投资；信托资金池业务一般是信托机构为委托人提供跨货币和资本市场，乃至跨产业市场的组合投资服务。

专家服务类信托需要较高的"技术含量"，同时，它面临着激烈的市场竞争。信托公司的专家服务集中在理财领域，而现代信用经济体系中，理财领域与金融领域是基本重合的，信托公司能够提供的专家服务，其他金融企业也能够提供，因而在该领域，信托公司与其他金融机构直接竞争。产业投资领域，信托公司面临与银行的竞争；证券市场领域，信托公司面临与证券公司、基金公司、保险资产管理公司等机构投资者的竞争。与这些金融机构相比，信托公司的优势在于投资范围更广，横跨产业、资本和货币市场。随着我国资管业务的全面放开，信托公司在该领域的"制度红利"迅速消失，信托公司在每个市场上都与其他金融机构的主业相竞争，其竞争成败的关键点开始集中到业务团队上。

（四）"专家服务＋泛信托"类业务

专家服务类泛信托业务，是指信托机构基于但不限于信托制度，在业务形式上突破传统信托业务框架，为委托人和投资者提供专家服务的业务。基金是典型的专家服务类泛信托业务，是信托机构基于特定的经济和监管环境，对传统信托业务进行部分改造和创新而推出的业务。基金业务本质上是信托业务，其核心竞争力是基金团队的专家投资能力；其相对于传统信托的优势则是"标准化份额＋可上市流通"的创新性改造；对投资者利益保护的不断加强则为基金发展提供了制度保障。这些优势，使得基金产品从诞生之日起就不断发展和创新，并成长为金融市场上最重要的金融产品家族。集合资金信托也是中国特定经济环境下产生的泛信托业务，是一种自上而下式的创新。在此之前，中国的信托机构一直在寻求适合中国国情的商事信托业务，但由于受制于"不同信托财产相互独立"条款和严格的监管环境，信托机构与委托人只能从事"一对一"的零售业务。直到2002年，中国人民银行《信托投资公司资金信托管理暂行办法》从监管层面放宽了"不同信托财产相互独立"的条款，中国的信托业才有了此后的"黄金十年"。

专家服务类泛信托业务，是行业层面的创新业务，短期内意味着信托行业出现"制度红利"，会为整个行业短期内带来较高的收益，但收益长期持续性则取决于内外部两种因素。内部因素是信托机构的专家服务能力和创新研发能力，外部因素则是适度监管和经济的持续增长。在过严的监管体制下，信托创新很容易被监管者排除在正规金融体系之外，但在过宽的监管体制下，信托创新易于寻求短期超额利润累积风险。只有在适度监管体制下，允许鼓励信托机构创新，但同时做好风险缓释和投资者保护，有实力的信托公司才能依托自身专家服务的核心竞争力，不断创新业务，使其成为长期的行业发展契机而不是短期的"制度红利"。

（五）衍生类业务

衍生类业务，是指信托机构突破传统信托业务框架，依托自身从事信托业务积累的专家团队，以金融机构身份为客户提供的金融业务。典型的衍生类业务包括财务顾问业务、并购业务、证券投资业务及融资租赁业务等。衍生类业务并非信托的本业，也不是信托行业的主业，这部分业务是由信托公司的业务或者客户衍生而来的。比如信托机构为长期服务的客户提供财务顾问业务或者并购服务，或由于某一信托机构专家团队在证券投资领域具有优异业绩，导致该机构为专家团队独立组建基金公司或者私募基金。信托机构的衍生业务是由其人才和业务优势衍生而来的，体现了其客户方面和专家服务方面的竞争力，但具有偶然性和特殊性。

表 1-1　信托公司的业务分类对比

业务类型	典型业务	业务特点	信托公司收益及特点	信托公司面临风险	信托公司核心竞争力	业务定位
"纯通道"业务	公司表决权信托、银信合作通道业务	单纯提供信托通道	低收益收益确定性高	整体业务面临高"系统性"风险	信托制度或信托牌照	机会性业务，不作为主业

业务类型	典型业务	业务特点	信托公司收益及特点	信托公司面临风险	信托公司核心竞争力	业务定位
"信托＋特色服务"类业务	人寿保险信托、抵押公司债信托、家族信托、遗嘱信托	利用信托制度，提供特色服务	中等收益 收益确定性高	无风险	特定服务领域的声誉，金融行业内竞争较小	主业之一，声誉形成后业务易于维持
"信托＋专家服务"类业务	私募基金、信托理财业务、信托资金池业务	利用信托制度，提供专家级服务	中高收益 收益不确定性较高	无风险或低风险	业务团队专业能力，行业竞争激烈	主业之一，业务团队是业务维持重点
"专家服务＋泛信托"类业务	集合资金信托、基金、资产证券化、互联网信托	以专家级服务为依托，部分突破信托制度	高收益 收益不确定性高	取决于制度创新的有效性和监管容忍度	研究团队创新能力＋业务团队专业能力	潜在主业，研究团队是业务实现重点
衍生类业务	财务顾问业务、并购业务、证券投资业务、融资租赁业务	借助原有业务优势，向金融领域扩展业务	收益不确定	取决于公司原有的业务优势	某一特定行业或领域的优势，与其他金融机构存在业务竞争	成为主业后往往分立为子公司

第二章

信托服务模式国际借鉴：
英国家族信托保全财富

● 英国家族信托是依附于其封建财产制度和封建传统发展起来的

● 保全财富是英国家族信托最大的特点

● 随着现代财产制度和财产种类的变化，家族信托发展成为"增强公司控制权"
  和"遗产继承"两种模式

一、英国家族信托产生的历史背景

（一）英国封建制度下的财富传承体系

1. 封建土地制度下的财富传承

中世纪的英国，土地是政治地位的象征，因为自上而下的土地分封制，决定了政治地位上的从属性。土地分封制度，是诺曼底公爵威廉于1066年征服英国后建立起来的。威廉征服英国后，整个英格兰的土地归他所有，除留下部分土地作为王田外，将其余没收来的土地逐一分封给他的追随者和亲贵，以示奖励。这些亲贵拥有大量土地，作为国王的直接陪臣，同时也是除国王之外的下一级封建领主，他们有权利将土地继续分封给其他人。以此类推，土地还能一级级往下继续分封，这样层层封受下去，就形成了分封的多层阶梯，同时整个社会结构也是阶梯形。阶梯的顶端是国王，拥有至高无上的权利，顶端往下依次是贵族大臣、骑士、平民百姓。

以土地分封制为基础，建立起了上级对下级的各种封建特权。领主对陪臣土地的分封并非无偿，而是以陪臣履行一定封建义务为条件，即上级领主享有封土的附属权利。这些附属权利实质上是各种经济收入，表现为协助金、继承金和先占权、监护权和婚姻权以及归复权和没收权。当下级陪臣作为领主再次将自己的土地分封出去的同时，并不能免除其对上级负担的义务，只是将该义务转移给土地受封者，享受他的陪臣对他的服役。因此，土地拥有者虽然对上级负担义务，但更重要的是获取下级的经济收入。

在中世纪的英国，土地是政治地位与经济实力的象征，因此人们把土地视为唯一的财富形态；同时，这种阶梯式的社会结构也促使阶级与家族观念的形成。很自然，在当时的英国，传承家族财富主要以土地的形式进行。

2. 限嗣继承稳固了家族财富的传承

限嗣继承主要是指限长子继承。在中世纪的英国，普通法在禁止与土地有关的遗赠的同时强调了限嗣继承，家族财富只能传给长子，其余子女没有财富继承权。

限嗣继承能在一定程度上保证家族财富得以长久传承。土地在当时是家族财富的唯一形态。对于家族来说，将财富留在家族内部是自然的想法，因此继承财富的形式对于土地拥有者来说非常重要，越是上层阶级越是如此，因为他们拥有更多的土地，保障财富完整的意愿也更加强烈。而在当时的英国，上层阶级是社会规则的制定者，他们选择了长子继承，因为一对一的长子继承制，家族财富才不随着隔代传承而稀释；同时，由土地数量决定的家族权力与地位也得到了稳固与发展。

3. 限嗣继承导致了财产传承的潜在不稳定

限嗣继承使家族财富没有达到合理分配，造成家族内部不稳定，不利于财富的永久传承。长子继承制度在保全家族财富、家族政治地位方面固然功不可没，但不足之处也非常明显。一方面，在一个大家族中，子女众多，仅仅是将财富传给长子，其余子女生活便失去了保障。同为父母的后代，却不能享受同样的财富，这一点对其余子女来说，非常不公平，同时也是父母不愿意看到的。另一方面，长子与其余子女的经济政治实力差距过大，易加剧家族矛盾，造成家族内部不稳定，长远来看，并不利于家族财富的传承保全。

限嗣继承不能保证财富得到有效管理与继续传承。仅将财富传给长子一人，只是保证财富从上代传至下代时的初始完整，而且完全依赖于长子一人，不能避免长子缺乏理财能力造成家族财富的流失，即便其余子女有良好的管理财富的能力，也因为僵硬的继承制度心有余而力不足。

（二）信托制度保障了封建家族财富传承

1. 封建时代的家族信托模式

封建时代的家族信托就是当时的用益设计（尤斯制）。具体做法是：土地持有人将土地转给第三者，但事前立定协议，将土地的收益归指定受益人，以达到按自己意愿处理财产的目的。

用益设计的广泛使用是由其优点所决定的。其优点在于：通过将土地实际所有权转移给第三者，土地不再在原持有人名下，那么原持有人因这些土地受到的各种法律限制将不再起约束作用，同时，原土地持有人因风险面临土地损失的可能也将不存在。

如图 2-1 所示，财产原持有人将自己的财产通过用益设计，转到第三者名下，那么不在自己名下的财产，就不会因为自身可能面临的风险而遭受财产损失，通过用益设计相当于把财产放进了一个保险箱。

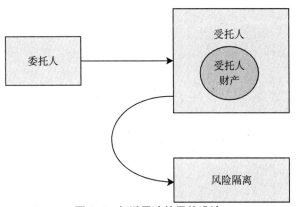

图 2-1　规避风险的用益设计

如图 2-2 所示，在没有使用用益设计之前，自己名下的财产因为受到封建法律的约束，需要缴纳各种赋税；但是通过把财产转移给第三方，自己不再是财产名义上的所有人，那么转移的那部分财产可以规避封建赋税，从这个角度来看，用益设计可以减少财产的损失。

如图 2-3 所示，封建时期的英国盛行的是长子继承制，家族名下的所有财产在传承时，只能传给长子。但用益设计的参与，即将一部分财富转给第三方，该部分财富不再属于家族财富，那么这部分财富的分配就可以不受长子继承的限定。对于由用益设计保护的"自由"财产，父母可以按照自己的意愿分配给其余子女，从而达到家族财富的合理分配。

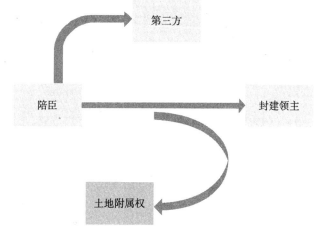

图 2-2　规避土地附属权利的用益设计

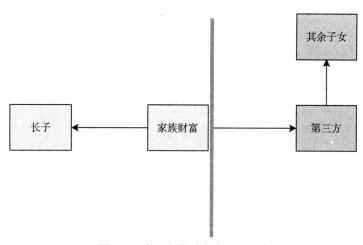

图 2-3　合理安排财产的用益设计

2. 隔离风险保障财产安全

通过用益设计，将财产转移到他人名下，能够规避自身生命风险给财产传承带来的损失。中世纪的英国大小战事时有发生，比如 15 世纪的"玫瑰战争"，根据当时战争规则，战败方的土地会被战胜方没收。为了避免因战败而被没收财产，大批骑士纷纷利用用益设计来保障财产的完整，即转移土地占有权，同时指定自己及后代享有土地收益权。

3. 规避封建附属权利保证财产完整

用益设计可以规避封建附属权利，减轻陪臣的经济负担。按照中世纪英国土地法，拥有土地的陪臣对于领主负有大量义务，对领主的义务会造成家族财富的损失。用益设计可以使得陪臣规避其中一些义务。

用益设计可以规避继承金的缴纳。陪臣长子在继承土地时要向封建领主缴纳继承金（相当于遗产税），若未按时缴纳则土地会被领主收回；但使用用益设计，在生前将土地交予他人管理，所生利益生前由本人享有，死后由其长子享有，这种设计使父死子继承时不发生土地使用权的继承，避免了继承金的缴纳及土地被领主收回的可能。

用益设计也能规避监护权。如果继承者未成年，那么由于不能履行随领主外出征战的义务，则领主作为监护人全权负责该继承人及遗产。在这期间，领主可能滥用职权掠夺财产及收益，使继承者处于非常不利的地位，而且极大地损害了陪臣的家族财富，但使用用益设计就可以避免这些不利情况的发生。

4. 规避继承制度缓解了家族财富传承的潜在不稳定

如图2-4所示，限嗣继承可以有效实现家族财富完整地传承，但却与人伦相悖。通过用益设计，将财产转至他人名下，解决了限嗣继承带来的家族财富分配不合理的问题，一定程度上缓解了家族内部矛盾。父母在将财富传承给长子的同时，往往也希望其余子女能享有财富，但是限嗣继承及普通法禁止与土地有关的

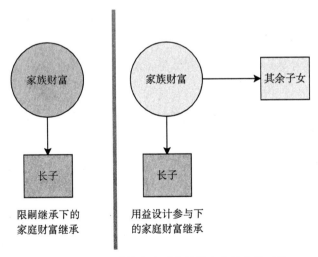

图2-4 用益设计使家族财富继承产生的变化对比

遗赠，那么，这就使父母的想法落空。家族财富的完整传承与父母对子女财产的安排，二者矛盾凸显，选择用益设计恰巧能缓解该矛盾。父母在生前将土地转予他人经营管理，所生利益由转让者自己享用，死后该利益转由除长子以外的人享有。而土地一经转让，就不再属转让人所有，不列入遗产范围，从而其余子女也能顺利地享用到父母的财富。

用益设计也有利于财产得到有效管理。通过用益设计，使有理财能力的子女管理财富，避免了将财富系于长子一人所面临的风险，可以更好地积累传承家族财产，给财富传承制度的稳定提供了保障。

二、现代英联邦国家家族信托模式

（一）现代家族财富传承的特征分析

现代家族财富由之前单一的土地变为多样的动产和不动产。封建社会时期的英国，土地是财富的主要形态，财富传承大部分通过土地继承实现。但随着英国由农业社会进入工业社会，除了以土地为主的不动产传承外，财富的形式和财富来源也发生了巨大变化，工业生产、商业贸易和金融服务等日益显示出比农业经营更加能创造财富的潜力，股票、债券和其他投资工具成为累积财富的主要形式。按照传统的动产与不动产的划分，这些新的财富形式被归为"动产"，于是动产之上的财富也成为现在财富传承的主要形式。

不动产的财富传承主要表现在家族企业的继承中。在这些流淌着家族血液的上市公司中，家族财富庞大到并不是靠简单的财产分割就能解决问题。这些家族成员为了将家族财富传承并发扬光大，将信托制度与公司制度相互配合，并通过设立信托的方式，以达到加强对上市公司的有效控制。这种信托与公司制度结合的方式有两种常见模式：一种是家族内部设立信托；另一种是通过银行设立信托。

在英美国家，财富继承形式更多的是立定遗嘱信托。工业革命后，随着个人资本的积累，以整个家族的观念来衡量财富的理念逐渐淡化。在财富传承时不去强调整个家族财富的保全，更多的是希望将个人名下财产如愿安排，因此除少部分拥有企业的大家族会设立家族信托外，大部分都是通过立定遗嘱信托，对身后财富进行安排，以保障子女的生活。

（二）英联邦国家家族信托模式

1. 家族专属独立信托

大型的财阀拥有自己的律师、会计师，也有自己专门的信托机构。委托人常常在信托契约或意愿书中设立家族财产不可分割和转让或信托不可撤销的条款，并将名下资产转入家族信托，通过信托控股企业和通过信托进行投资。

李嘉诚、邵逸夫及杨受成信托就是典型的家族专属独立信托。李嘉诚家族信托是比较少见的复式信托设计；邵逸夫和杨受成的相对简单，都是先建立资产控股平台，然后委托给家族信托；另对比李嘉诚和邵逸夫家族信托，可以发现，李嘉诚家族信托仅用于家族成员持有上市公司的权益，不涉及他的慈善事业，但邵逸夫的家族信托集家庭和慈善为一体，是多功能信托。

（1）李嘉诚家族信托。如图 2-5 所示，李嘉诚家族信托通过复式结构的信托关系设立，实现了灵活调度和腾挪名下 2000 亿港元资产的目的。如长江实业，李嘉诚通过其成立的私人信托公司，建立了两层信托关系。

第一层关系由两个信托及其对应的受托人组成。李嘉诚设立的两个全权信托 DT1 和 DT2，李嘉诚为两个全权信托的成立人。Li Ka-Shing Unity Trustee Corporation Limited（下称"TDT1"）及 Li Ka-Shing Unity Trust Corp Limited（下称"TDT2"），分别为 DT1 和 DT2 的受托人。TDT1 和 TDT2 各自持有房产信托 The Li Ka-Shing Unity Trust（下称"UT1"）中的若干物业，但上述全权信托在 UT1 的任何信托资产物业中并无任何利益或股份。DT1 及 DT2 的可能受益人包括李泽钜、其妻子及子女以及李泽楷。

再下一层，Li Ka-Shing Unity Trustee Company Limited（下称"TUT1"）为 UT1 的受托人，并以这一身份控制其他公司，TUT1 及其控制的其他公司共同持有长江实业 936462744 股。

在对信托的控制上，TUT1、TDT1 与 TDT2 的全部已发行股本由 Li Ka-Shing Unity Holdings Limited（Unity Holdco）拥有。李嘉诚、李泽钜及李泽楷各自拥有 Unity Holdco 全部已发行股本的 1/3。TUT1 所拥有的长江实业的股份权益，只为履行其作为受托人的责任和权利而从事一般正常业务，并可以受托人的身份，独立行使其持有的长江实业股份权益的权利，而无须向 Unity Holdco 或李嘉诚、李泽钜及李泽楷征询任何意见。

TUT1 及其控制的其他公司共同持有长江实业 936462744 股股份和长江基建 5428000 股股份。

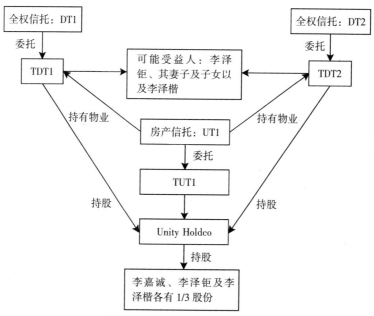

图 2-5　李嘉诚家族信托设计

（2）邵逸夫家族信托。如图 2-6 所示，邵逸夫家族信托是集家庭和慈善为一体的多功能信托。有关邵逸夫名下的基金，被广泛报道的主要有三个：邵逸夫慈善信托基金、邵氏基金（香港）有限公司和邵逸夫奖基金会有限公司。其中，邵氏基金（香港）有限公司是最常见的捐赠主体。而邵逸夫奖基金会有限公司（以下简称邵逸夫奖基金会）则是为运营被誉为"东方诺贝尔奖"的邵逸夫奖而成立的。邵逸夫慈善信托基金是为儿女成立的信托基金，是邵氏家族财产的最终持有者。而这一基金，被委托给一个注册在百慕大的 Shaw Trustee（Private）Limited 的神秘机构运营，以完成家族财产的增值保值。

Shaw Holdings Inc.是一个投资控股公司，是邵氏家族财产的控股平台。2008 年年底，控股约 75% 的股东 Shaw Holdings Inc.发出要约，以 13.3 亿港元的价格收购公众手中的 25% 股份，完成对公司的 100% 控股，即私有化。同时 Shaw

Holdings Inc.也经确认为邵氏基金的全资母公司，按照合理推论也可能是邵逸夫奖基金会的全资母公司。

邵逸夫慈善信托基金通过 Shaw Holdings Inc.成为家族财产最终持有者。邵逸夫慈善信托基金全资拥有 Shaw Holdings Inc.，即邵逸夫慈善信托基金通过 Shaw Holdings Inc.这个控股平台，在私有化后 100%地持有了邵氏兄弟的股权，也 100%地持有了邵氏基金的股权，同时也可能 100%地持有邵逸夫奖基金会的股权。

邵逸夫将邵氏家族财产的最终持有者——邵逸夫慈善信托基金，委托给 Shaw Trustee（Private）Limited 运营，而受益人则为邵逸夫的家人以及慈善团体。目前，无法确认这个信托的受益人都有哪些，但几乎可以确定包括邵逸夫的四个子女，但同样可能包括方逸华，因为方逸华是邵逸夫慈善信托基金的主席。

邵逸夫家族信托规模近百亿港元。邵氏兄弟股权被出售变现得到 86 亿港元，成为母公司 Shaw Holdings Inc.的现金。邵氏基金持有 TVB 3.64%的股份，市值 4437 万港元。邵逸夫奖基金会规模没有公开过，除此之外，邵氏家族还有海外地产，在中国香港还有影视资产，加总的邵氏家族资产有近百亿港元。

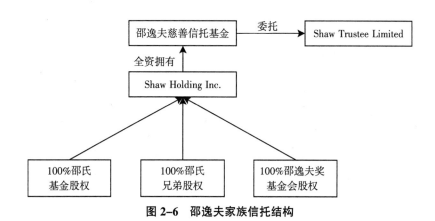

图 2-6　邵逸夫家族信托结构

（3）杨受成家族信托。如图 2-7 所示，杨受成家族信托中成立的全权信托为 The Albert Yeung Discretionary Trust（下称"AY Trust"），其受托人为 STC International Limited（下称"STC"）。STC 全资拥有亿伟控股有限公司（下称"亿伟"），亿伟则持有 Charron Holdings Limited（下称"Charron"）全部已发行股本，再由 Charron 持有英皇国际 2532991824 股。

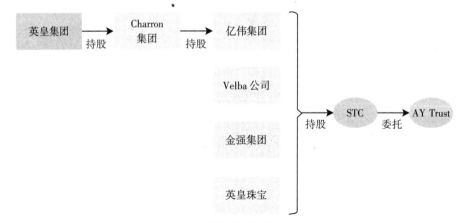

图 2-7 杨受成家族信托结构

AY Trust 另有一家全资附属公司隽皓有限公司（下称"隽皓"），杨受成作为 AY Trust 的创立人被视为在 Charron、隽皓及亿伟的股本中拥有权益，其妻陆小曼被视为在相同股份中拥有权益。

除了控股英皇国际，杨受成还通过 STC 持有其他几家上市公司的股份。

STC 全资拥有的亿伟持有一家名为 Velba 的公司的全部已发行股份，Velba 继而持有新传媒 4.5 亿股股份；亿伟的全资附属公司全强集团，还持有英皇钟表珠宝有限公司（0887.HK）超过 35.1 亿股股份，杨受成及其妻子被视为在上述股份中拥有权益。

此外，AY Trust 还间接控制着英皇钟表珠宝的附属公司——丽盟有限公司、贤毅有限公司及 EWJ Watch and Jewellery Company Limited 的主要股东。英皇证券集团有限公司的全资附属公司嘉奇发展有限公司和瑞典欧化（远东）有限公司的主要股东，也由 AY Trust 间接控制。

2. 通过金融机构设立信托

并不是每一个家族企业都富可敌国，可以设立自己独立的信托公司，以汇丰、巴克莱大型银行为代表的公司解决了大部分无力拥有专门信托机构却需要金融指导的家族问题——通过银行系信托公司在家族公司中构架信托。

2002 年，SOHO 中国为了在海外上市，搭建了红筹架构。潘石屹、张欣二人通过私人公司控制了 SOHO 中国（Cayman）股权。接下来，SOHO 中国（Cayman）设立了 7 家 BVI 公司，控制其境内 7 家地产项目公司。其中，潘石屹通过 Boyce（BVI）控制 SOHO 中国（开曼）47.39% 的股权，张欣通过 Capevale（BVI）

控制 SOHO 中国（Cayman）47.39% 的股权，夫妻二人的股权共计 94.78%。此时，潘石屹和张欣分别拥有 SOHO 中国（Cayman）的均等股权。2005 年 11 月 14 日，潘石屹将其在 Boyce（BVI）的全部股份以馈赠方式转让给张欣，如图 2-8 所示。

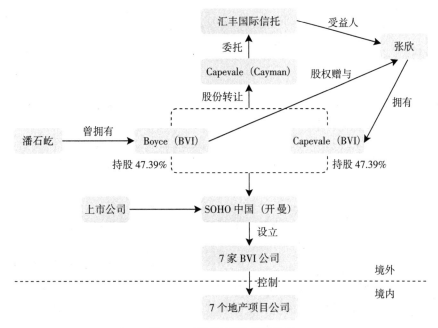

图 2-8 潘石屹家族信托结构

3. 遗嘱信托

除少数家族企业在传承时需要设立家族信托，多数情况下的个人财富只能通过遗嘱进行合理分配。遗嘱信托被称为"从坟墓中伸出的手"，巧用遗嘱信托不仅可以避免遗产在无人监管的情况下贬值，也可以避免伤害亲情的"遗产争夺案"的发生。

一般来说，遗嘱信托有以下三个特点：

第一，可以防止挥霍。香港艺人梅艳芳 2003 年 12 月 30 日因患癌症病逝。梅艳芳的遗产据统计约 1 亿港元。梅艳芳身前知道自己的母亲不善理财，为防止财产被挥霍，或被别有居心的人骗走，她在去世前 27 天订立遗嘱，将财产委托给汇丰国际信托有限公司，通过遗嘱信托的方式对财产予以管理和投资。

按照订立的信托文件，从 2003 年 12 月 30 日起，财产受托人开始从这笔遗产的收益中，每月拨出 7 万港元作为信托受益人梅母的生活费至其去世；同时，支出 170 万元教育经费供哥哥的两个女儿和姐姐的两个儿子读书至大学毕业；赠与挚友刘培基香港和伦敦的两处物业；剩余款项全数赠给慈善机构，如图 2-9 所示。

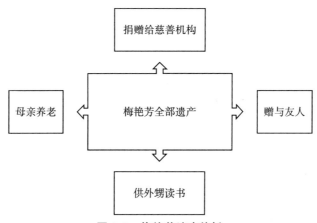

图 2-9 梅艳芳遗产信托

第二，可以防止侵占。香港明星沈殿霞也采用了遗嘱信托的方法，如图 2-10 所示。沈殿霞的财产净值达 1 亿港元，鉴于当时其女郑欣宜才满 20 岁，没有经验处理多种不同类型的资产项目，为了避免涉世未深的女儿被骗，她在去世前已订立信托。另外，她的遗产信托指定了资金用途的大方向：等到郑欣宜结婚时可以领走一定比例的资金，或是一笔固定金额，如 1000 万港元等，这样就可以避免郑欣宜一下子把遗产花光。而且，将钱与不动产信托在受托者名下，动用时必须经过所有监察人同意，这样可以避免别有用心人士觊觎郑欣宜继承的财产。

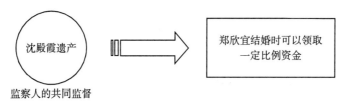

图 2-10 沈殿霞遗产信托

第三，可防止风险。戴安娜王妃在其 32 岁时立下遗嘱，要求其去世后将遗产交给信托管理人，两个儿子作为受益人平均享有收益，从 25 岁开始可以自由支取收益的一半，30 岁开始可以自由支取本金的一半，如图 2-11 所示。

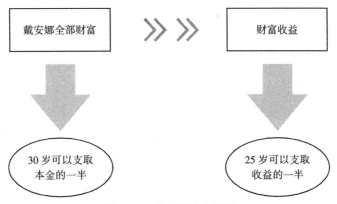

图 2-11 戴安娜遗产信托

英国王妃戴安娜 1997 年猝然离世后，留下了 2100 多万英镑遗产，在缴纳
850 万英镑的遗产税后，还有 1296.6 万英镑的剩余。而这笔财产经过遗产受托人
多年运作，信托基金收益估计达到 1000 万英镑，在保障子女生活之外，能发挥
这种保障收益的防风险作用，也是信托基金的优势之一。

三、英国家族信托的制度保障

（一）英国信托法的完整性

历史地位决定了英国信托法律的完整性。作为现代信托的发源地，英国信托
业已经有 600 多年的历史。从信托的发展史可以看出，家族信托的起源就是整个
信托业的起源。而受传统因素的影响，个人受托业务是英国信托业的主体，所以
经过几百年的实践与探索，伴随着社会的不断进步，信托法律也不断完善。如今
英国家族信托法律已经相当健全，涉及各个方面。

在英国，目前最为重要的一部信托制定法是《受托人法》，《受托人法》适用
于各类信托中的受托人。这部法律规定了受托人能够从事的投资行为种类，受托
人在管理信托财产与处理信托事务等方面所享有的一般权利以及该人在几种特殊
的信托中所享有的特殊权利；受托人解任所应当具备的条件及法院发布与信托执

行有关的各项命令的权力等。随后在 1896 年颁布的《官设受托人》，是英国受托人从个人到法人的转折，规定了官选受托人的责任、报酬及损失补偿。1906 年颁布的《官营受托人》是对《官设受托人》的补充，其规定对于执行信托业务的单独受托人，政府支付报酬。还有为了加强受托人管理颁布的《受托人报酬法》，对受托人收取管理报酬方式及比例做出详细说明。1961 年颁布的《受托人投资法》进一步说明了受托人投资范围、投资类型等，有助于现代信托由被动理财转为主动理财。

英国的信托法众多，涉及面极广，从内容来看侧重于对受托人行为的规定。对受托人行为规范的细化，能更好地保障受益人利益，进而保证信托的正常运转。

（二）英国信托法的灵活性

英国信托法是判例法，所以具有很强的灵活性。信托制度为英国衡平法院首创，并随着衡平法的发展而走向系统化。衡平法通过一系列法院判例，确立起关于信托的各种分类标准以及对不同类型的信托所适用的相应的基本规则和关于处理各项主要的信托事务的基本准则，指出了关于信托设立、变更与终止的必备条件，明确了关于受托人的条件、权利、义务、责任与承担责任的条件，信托人与受益人的条件、权利与义务，以及法院对受托人的监督权和对信托的变更与撤销权，等等。这些判例所体现的全部法律规范，共同构成了英国信托法规的核心内容。

英国信托法的灵活性体现在其法律对于信托构建中各方的规定。英国法律没有具体限定信托财产的形式，而是指各种权利的组合，便于多样化财富的传承。对于订立遗嘱信托并不限于"书面形式"，在内容上也只要求有表达自己设立信托的意愿即可，这样的便利性促使遗嘱信托在英国非常发达。在信托的变更与终止上，委托人原则上不具备变更、终止权利，除了文件说明，受益人享有变更、终止权，这样的文件说明目的在于避免按照委托人意愿长期控制财产，从而有可能造成财产的损失。在信托管理上，法律以规范受托人为核心，充分保障信托财产安全，受托人享有管理、投资、收取报酬等权利，同时负有信托与信义义务。

英国信托法的灵活性还体现在对各种意外状况的弥补措施上。英国法律不会让信托没有受托人或被拒绝而失效。在受托人缺失或死亡时，法院出面干预指定新的受托人。在信托终止权上，除受托人与受益人外，还值得一提的是"禁止永续法"的规定，该法对信托存续时间加以限制，阻断信托财产转移时间及对信托财产规模控制，达到强行终止信托目的，归附受益人处置财产的权利。

（三）英国信托法的延续性

英国信托法体现的对财产的保护意识即信托财产的独立性，是贯穿英国各类信托法律的核心。英国作为现代信托的起源地，发展至今已有600多年的历史，英国人最初使用信托的目的是为了转移财产，规避严格的法律制度，而这一规避过程得以顺利实现的根本原因在于信托财产独立性的保障。信托财产独立性是指从信托关系成立后的那一刻起，便不再因为委托人的变化或受托人情况的变化而受到影响，信托财产与委托人的固有财产及受托人的固有财产区别开来。在英国法律的发展史上，这样的信托财产的独立性不受普通法的保护，但却受到衡平法系的保护。衡平法院的大法官们基于良心道德，对于转移给他人的财产予以特别保护，在此基础上形成大量判例法，而这些判例法最终发展成为英国的信托法主体。所以，英国信托法的基石是各类判例法，这些判例法无一不体现出对信托财产独立性精神的继承。

信托财产独立性作为信托制度的重要原则，其法律价值主要体现在三个方面：对信托财产安全的保障；使信托财产运营效率最大化；实现信托财产关系各方信托当事人的自由。

第三章

信托转型模式国际借鉴：
美国转型基金创造财富

- 美国没有封建财产和封建制度制约，其信托业创造财富的特点是通过对传统信托业务的不断创新和完善实现的
- 美国创新型信托最终转型为各类基金，由银行板块走向证券板块
- 美国传统信托最终转型为综合资产管理机构或专业理财服务机构

一、美国基金业崛起的历程

（一）美国基金业的现状

2013 年年底，美国国内拥有超过 16000 家基金投资公司，管理着超过 16 万亿美元的资产，占全球基金资产的 57%。其中有 8899 家经营共同基金，618 家经营封闭式基金，1059 家经营交易所买卖基金，此外，还有 1977 家经营可转让证券集合投资计划，4049 家经营单位投资信托，如图 3-1 所示。

美国国内基金净资产总额逐年增加，从图 3-2 中可以看出，除了 2008 年受金融危机影响有一定下降外，美国基金净资产总趋势是不断上升的。

美国家庭持有基金资产量逐渐超过股票和债券。如图 3-3 所示，21 世纪，美国家庭股票投资一直处于负向变动，基金投资则处于正向变动。2010 年，美国证券业总资产合计将近 30 万亿美元，而基金总资产达到 12 万亿美元，由此可见，基金的持有量逐渐超过股票和债券，成为美国国内家庭投资的主要方式。

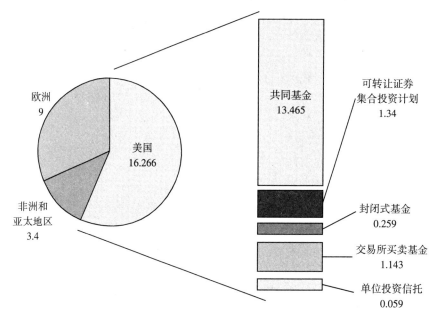

图 3-1 2013 年全球基金资产分配以及美国国内基金资产结构（单位：万亿美元）

资料来源：ICI 2013 年年度报告。

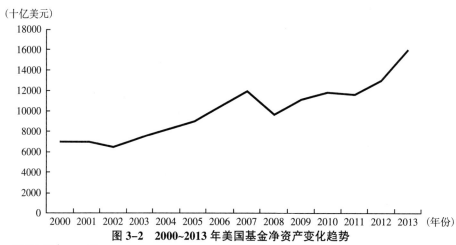

图 3-2 2000~2013 年美国基金净资产变化趋势

资料来源：2013 年 ICI Factbook。

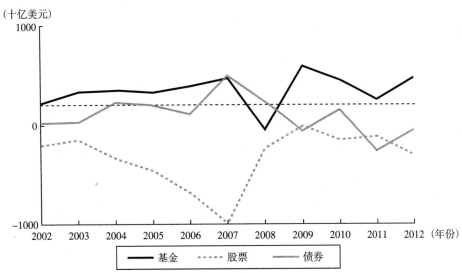

图 3-3　2002~2012 年美国家庭持有股票、债券以及基金的变动情况

资料来源：2013 年 ICI Factbook。

（二）封闭式基金开创投资方式标准化

19 世纪 20 年代是美国经济的繁荣时期，封闭式基金在美国兴起。1921 年 4 月，美国出现了第一个封闭式基金类型的投资基金组织——美国国际证券信托。

相对于股票市场，封闭式基金的出现带来了标准化投资方式。首先，投资者与基金委托人、托管人之间形成了体系化的投资关系，投资者将资金交予委托人进行专业化基金投资，基金托管人负责托管投资资金，风险共担，收益共享；其次，基金交易方式规范化，封闭式基金属于信托基金，基金份额总额在合同期限

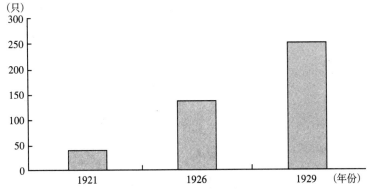

图 3-4　1921 年、1926 年、1929 年美国封闭式基金数量变化情况

资料来源：李正强：《美国投资基金业结构：演变与启示》。

内固定不变，可以在依法设立的证券交易所交易且不得申请赎回。

市场投资热潮推动了封闭式基金的发展。1924~1929 年的 6 年中，美国建立了 56 个封闭式投资信托，截止到 1929 年美国股市"大崩溃"之前，封闭式基金的总资产规模达到 45 亿美元。在大危机发生时，89 个公开发售的封闭式投资信托向公众披露其所持有的资产价值总额约为 30 亿美元。

（三）开放式基金推动交易灵活化

随着投资活动的日趋频繁，开放式基金持续性交易优势逐步显现。相对于封闭式基金的封闭式管理方式导致价格被操纵、高杠杆操作以及交叉持股的缺陷，开放式基金则通过持续地向投资者发行股份、允许投资者可以随时赎回基金份额，同时规定不能过度借款等方式，使之保持了较好的投资组合流动性，推动了开放式基金资产的不断上升。

1924 年，美国出现了第一只首次在设立时就向公众出售的开放式基金——马萨诸塞投资信托（MIT）。第一年，这只基金就吸引了 200 名投资者，32000 份单位信托，价值总额为 39.2 万美元。马萨诸塞投资信托是从投资 19 只蓝筹股、14 只铁路股、10 只公共事业股和 2 只保险公司股开始的，并把销售费用有效地控制在 5% 的水平上。发展至今，马萨诸塞投资信托资产已经超过 10 亿美元。

20 世纪 40~70 年代，美国开放型基金的增长远远超过封闭型基金。美国开放型基金净资产从 1940 年的 4.47 亿美元增长到 1972 年的 624.56 亿美元，增长了 138.72 倍，平均增长 16.5%，而封闭型基金资产额只增加了 10 倍，平均递增率只有 7.54%，如图 3-5 所示。

（四）货币市场基金带动利率市场化

20 世纪 70 年代，大额储蓄利率的上限废除后，中小储户面临的利率歧视是促使货币市场基金产生的最直接原因。1971 年，美国的鲁斯·本特和亨利·布朗为了规避 Q 条款 5.25% 的存款利率限定，集中中小储户存款投资于大额定期存单市场，之后进行较高收益分配，货币市场基金由此诞生。货币市场基金较银行存款收益高、风险小、可开支票，但法律上不被视为存款，既不受 Q 条款限制，也不需要向联储缴法定准备金，因而得到迅速发展。

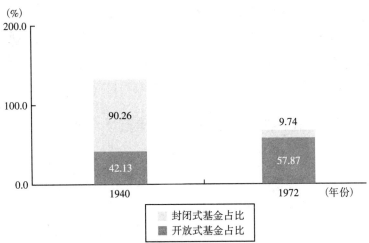

图3-5 1940年、1972年美国封闭式基金与开放式基金占比情况

资料来源：深证证券交易所：《美国封闭式基金的发展和对我国的启示》。

货币市场基金转变为企业现金管理工具。可观的收益性与良好的流动性，使货币市场基金迅速超越流动性证券，成为当下在非金融企业中流行的现金管理工具。1990年，非金融企业通过货币市场基金持有的短期资产比重为6.1%，至2002年该比重上升到27.2%。

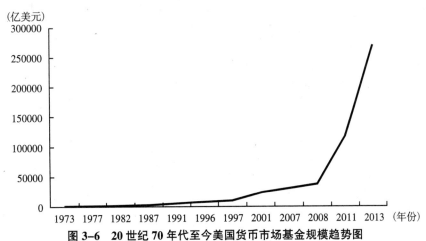

图3-6 20世纪70年代至今美国货币市场基金规模趋势图

资料来源：中国基金业协会：《2013年第三季度全球共同基金发展情况》。

从图3-6中可以看出，美国货币市场基金规模在20世纪90年代后迅猛发展。1973年仅有4家基金，资产总额只有1亿美元。但到了70年代末，由于持续的通货膨胀引发市场利率剧增，国库券等货币市场工具的收益率远远超过了银行存款利率上限，货币市场共同基金的总资产从 1977 年的不足 40 亿美元剧增到 1982 年有 200 多家基金持有 2400 亿美元的资产，并在总资产上超过了股票和债券共同基金，直至 2013 年第三季度美国国内货币市场基金已经达到 27 万亿美元。

（五）ETF 投资多样化引领基金投资跨市场发展

作为指数化投资工具的一种特殊形式，ETF（Exchange Traded Funds，交易型开放式指数基金）优点显著。首先，ETF 具备了指数投资的优点，即投资操作透明、费率低廉、组合投资分散风险等；其次，ETF 还集开放式与封闭式基金的优势于一身：与封闭式基金一样，ETF 拥有二级市场通道，同时 ETF 又可以和开放式基金一样在交易日申购和赎回。

世界上第一只 ETF 是 1993 年在美国上市的 SPDR（标准普尔托凭证），上市之后，迅速席卷了欧美金融市场。继此之后，又逐渐出现了一些新的 ETF，如 OPALS、MidCap SPDRs、WEBS、Diamond、Select Sector SPDRs、QQQ、iShares 等，其大部分资产规模主要分布在资源、房地产、金融、信息技术和消费五大行业。

表 3-1　全球 ETF 发展进程

时间	ETF 发展进程
2000 年	第一只债券 ETF 产品——Ishares DEX 在加拿大成立
2003 年 3 月	第一只商品 ETF Physical Gold 在澳大利亚成立
2003 年 7 月	第一只货币 ETF Goldman Sachs Liquid BeES 在印度成立
2005 年 2 月	第一只杠杆 ETF XACT BULL 和反向 ETF 产品 XACT BEAR 同时在瑞士成立
2005 年 8 月	第一只主动管理的 ETF 产品 Ishares CAN Fincl Monthly Inc Adv 在加拿大成立
2005 年 12 月	第一只外汇 ETF 在美国成立，绑定的货币种类为欧元

资料来源：海通证券：《创新 ETF 蓝图：全球 ETF 发展状况》。

ETF 投资种类多样化发展。最早的 ETF 是投资股票的，随后随着固定收益、商品以及衍生品的丰富，ETF 的投资标的也在不断扩张，债券 ETF、商品 ETF、贵金属 ETF、货币 ETF、外汇 ETF 以及基于衍生品的多种投资策略的 ETF 纷纷面世。就投资种类而言，目前传统股票 ETF 依然占据主要位置，固定收益类 ETF 发展迅速，随后日渐成熟的商品 ETF 同样占比超过 10%。其余各品种 ETF 占比均较小（如表 3-2 所示）。

表 3-2 各类 ETF 占比（截至 2012 年 12 月底）

类型	净资产（十亿元）	规模份额占比（%）	数量（只）
混合	3	0.16	65
另类投资	50	2.69	892
商品	191	10.16	544
可交换	1	0.05	2
股票	1299	69.23	2306
固定收益	311	16.58	494
税务优先	12	0.62	29
未分类	3	0.17	22
货币	6	0.34	27

资料来源：海通证券：《创新 ETF 蓝图：全球 ETF 发展状况》。

二、美国基金业崛起的启示

（一）具备经济基础：适应了发达的资本市场

19 世纪 60 年代，有价证券成为美国经济的主要募集方式。南北战争后，美国掀起了建设的热潮，无论是国债发行支持战争债务重组，还是运河和铁路股票上市促进经济一体化和农牧业规模化生产，所需的巨额资金大部分都通过发行股票和公司债券来筹集。

表 3-3 历史上美国资本市场对经济发展的作用

时 期	作 用
19 世纪上半叶	大规模运河和铁路建设的重要融资渠道
19 世纪 60 年代	南北战争期间发行战争债券
19 世纪末	重工业化浪潮中的融资支持，推动了财团的形成
20 世纪下半叶	科技革命和资本市场共同推动新兴产业发展

资料来源：中国证监会研究所：《资本市场与中国经济社会发展》、《资本市场与大国崛起》。

美国信托业逐渐确立了以证券信托为主的模式。随着英国信托投资、信托制度的引入和产业资本的发展，社会富裕阶层对股票和公司债券的需求增加，带动了相关代理经营机构的发展，于是有价证券逐渐取代了以土地为主的信托对象。

良好的经济环境助力美国证券信托的繁荣。基于美国发达的资本市场与完善的法制体系，股权制的盛行极大地推动了财产的证券化，随之带来的便是证券信托业务如雨后春笋般的发展。

美国成熟的资本市场和股份制体制为信托业的发展提供了充足的资本和体制支持，为美国基金业的创新与发展奠定了金融基础。

（二）夯实制度基础：推行标准化与保护投资者

20世纪20年代，美国投资信托开始引起社会广泛的关注。"一战"后，美国在世界范围内取得了工业发展的优势地位，国内投资活动开始普及。这一方面是由于政府的鼓励与引导，另一方面也离不开当时股票牛市的吸引。而此时投资信托的出现所带来的优越性也获得了大量投资者的青睐。

从美国20世纪20年代开放式基金到封闭式基金的出现可以看到当时美国国内投资理念的变化。开放式基金在封闭式基金的基础上拥有了更加专业化的管理和低风险的组合投资，更重要的是满足了按需变现的要求，这不仅是投资理念变化的反映，同时也体现出对个人投资者利益的关注。

"大萧条"推动美国基金投资监管机制的完善。20世纪20年代末的"大萧条"不仅反映了相关行业法律规范的缺失，同时也暴露了20年代思维方式造就的封闭式结构的缺陷，展现出了开放式结构的基本价值。联邦政府因此开始加强对基金的管理，遏制之前放任期所造成的使金融服务领域产生诸多问题的不当行为。1934年《税法》的颁布使共同基金行业获得了重要的税收减让，同时还通过了四个共同基金行业的主要法律（见表3-4），这些都为基金行业的发展提供了有效的法律支持，使美国基金行业开始完善监管，朝着标准化体制的方向发展。

表3-4　大萧条时期美国国内四个基金行业的主要法律

1933年《证券法》	建立了任何公开发行证券的规则
1934年《证券交易法》	提出了公开交易有价证券的交易规则，建立了销售机构和过户代理人必须遵守的规则
1940年《投资公司法》	详细规范了投资基金的组成及管理的要件，为投资者提供了完整的法律保护，从而奠定了投资基金健全发展的法律基础
1940年《投资顾问法》	严格规定和限制投资咨询顾问与基金公司注册要求

资料来源：中国证券网·上海证券报主编：《美国基金业的发展史》。

基金的迅速增长推动了基金三方参与者权责的平衡发展（见表 3-5）。20 世纪 60 年代，美国证券交易委员会调查及委托调查的三份报告，基于关注基金参与者之间的潜在利益冲突，督促国会起草 1940 年《投资公司法》的修订案，推动对共同基金的有序管理，尤其新增了保护基金份额持有人、规范化基金管理费用等调整。

表 3-5　20 世纪 60 年代后期基金业新发展

年　份	进　展
1972	出现了 46 只债券和收入个人基金
1974	退休账户出现
1976	第一只免税政府债券基金出现
1978	401（K）退休计划和自雇者个人退休计划出现

资料来源：中国证券网·上海证券报主编：《美国基金业的发展史》。

与此同时，基金服务也上了一个新的台阶。投资者开始享受到更多不同的服务，例如 24 小时电话服务、计算机化的账户信息、经常性的股东信件等，这些措施都推动了美国基金业又一个黄金发展阶段的来临。

（三）扩大客户基础：将中产阶级散户变为机构投资者

中产阶级成为美国社会重要的改革力量。19 世纪末 20 世纪初，美国工业化促使中产阶级力量急剧增强，其中的专业技术人员出于社会责任感积极推动社会改革，寻求社会公正，以使美国社会和平而有序地向现代社会转型，中产阶级也就成为社会的中坚力量。中产阶级人员可笼统地分成两大类：第一类属于专业技术人员，如医生、律师、经济师、行政管理人员、社会工作者和建筑师等；第二类包括企业界、劳工界以及农业方面的专家。

就收入而言，美国的家庭年收入在 3 万~20 万美元的即可认为属于中产阶级。据估计，大约 80% 的美国人属于中产阶级。美国最富裕的州集中在美国东部沿海，中南部的州普遍收入偏低，美国北部各州明显比南方各州收入更高。2013 年，全美 50 个州中，中产阶级年收入最高的是马里兰州，达到了 67469 美元，其次为新罕布什尔州，为 67287 美元，最低的是密西西比州，为 39078 美元，如图 3-7 所示。

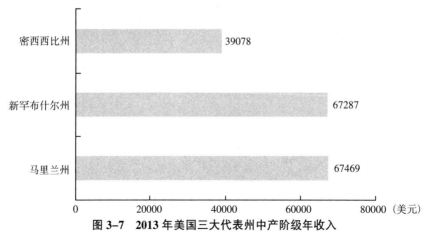

图 3-7　2013 年美国三大代表州中产阶级年收入

资料来源：美国统计局。

基金行业积极适应了中产阶级的投资方式。美国社会中富有阶层倾向于进行大额专业投资，贫困阶层由于资产较少几乎不存在投资行为，而位于中间的中产阶级则处于拥有一定资产可进行小额投资行为的状态。美国社会中中产阶级在各行各业分布广泛，普遍性使之成为了社会市场需求的代表，庞大的群体为投资市场提供了充足的消费力，因此由个体散户聚集成阶层大户对美国投资行业无疑会产生巨大的影响，也为聚大众小财进行专业投资管理的基金行业的发展提供了一定的客户基础。

基金投资业的发展推动了中产阶级投资理念与生活态度的转变。首先，在教育方面，中产阶级大多数为专业领域的成员，投资行为推动了对家庭成员教育的关注，直接影响家庭成员投资消费理念的升级转变，同时又反过来为投资理念的形成提供了认知基础；其次，相对于股票等风险性投资市场，稳定型的基金投资更符合中产阶级中等家庭收入的条件，满足了他们舒适、安全的生活态度的要求。

（四）保持创新动力：货币市场基金、开放式基金与 ETF 的创新

货币市场基金产品的产生成功突破了利率管制，是规避存款利率限制最成功的金融创新，满足了中小投资者对利益的追求（见表 3-6）。20 世纪 70 年代初，基于美国《Q 项条例》的限制，许多中小投资者无法进入货币市场，货币市场共同基金利用这一事实，将许多投资者的小额资金集合起来进行专业化操作管理。

货币市场基金的价值所在，即符合了金融市场发展的需求。货币市场共同基

金的出现是基于管制压力上的创新，虽然在一段时间内引起了商业银行和储蓄机构的强烈反应，但并没有得到美国国会的禁止，反而给商业银行和储蓄机构发行一种类似货币市场基金的新型金融工具即货币市场存款账户（MMDAS）提供了经验。

表 3-6 货币市场基金——缘起美国，飞速成长

20 世纪 70 年代，应时诞生，"拯救"中小储户
美国允许 10 万美元以上存款利率上浮 各商业银行竞相提高大额存款利率，而中小储户受到利率"歧视" 货币基金出现（1971 年），汇聚中小储户资金，赢得"大户"收益率
20 世纪 80 年代，收益稳定可观，顺势成长
美国货币市场基金收益率，在 1980~1985 年平均为 10%以上 在稳定收益的刺激下，美国货币基金规模连续数年以近 600%的速度增长
20 世纪 90 年代，稳步发展，成为家庭理财重要部分
美国货币市场基金年收益率始终超越储蓄存款 1994~2000 年，美国家庭持有货币市场基金的比重持续上升

资料来源：交银施罗德：《美国货币市场基金的发展》。

货币市场基金较低的风险、良好的收益以及灵活的交易形式吸引了中小家庭投资者。家庭货币基金持有率从 1990 年的 11%发展至 2000 年的 22%，短短 10 年间，呈现了翻倍的增长。

开放式基金赎回创新便利了投资交易。从 1924 年美国出现了第一只开放式基金后，基于其新型交易模式的开放式资产迅速超过封闭式基金资产。目前，开放式基金已成为国际基金市场的主流品种，美国、英国、中国香港和台湾地区的基金市场均有 90%以上是开放式基金。

开放式基金的产生主要有以下三个原因：

第一，国际投资者的投资需求推动了开放式基金的发展。国际投资者要直接购买不在美国证券交易所上市的股票既困难又有许多花费，因此开放式基金不失为一种重要、理想的购买国外股票的工具。

第二，美国退休基金壮大了开放式基金的投资渠道。"二战"后，美国等西方国家普遍建立了发达的社会保障体系，但其所积累的巨额社会储蓄资金早已超越了现收现付的需要，具备了长期投资的能力，这些个人和机构投资者都选择了开放式基金作为投资对象，这就促进了开放式基金的发展。

第三，规模经营使基金管理的成本不断下降。开放式基金这种集体投资方式

在如今信息技术高度发展、管理水平不断提高的情况下，降低了交易成本、信息成本和风险管理成本等各种费用，实现了投资管理的规模经济效应。

相对于封闭式基金，开放式基金在激励约束机制、流动性、透明度和投资便利程度等方面都具有较大的优势：首先，较强的市场选择性能有效促进基金业绩发展，这是基于开放式基金规模大、成本高的必然要求。其次，良好的流动性有助于风险防范。为了应付可能出现的赎回，保持基金资产充分是前提。最后，高度透明维护投资者利益。开放式基金除定期进行信息披露外，还每日按时公布资产净值，动态操作实况的呈现有助于初级投资者更好地管理自身投资资金。

ETF 投资策略创新丰富了投资选择。以 SPDR 1993 年 1 月在美国证券交易所（AMEX）上市交易为标志，ETF 开始出现并得到迅速发展。2003 年年底，ETF 基金数量达到 119 只，净资产规模已超过 1500 亿美元。由于 ETF 使任何一个投资者在交易所买卖开放式基金变成现实，满足了广大投资者的流动性需求。同时，其特有的套利机制使 ETF 交易价格与其净资产（NAV）趋于一致，再加上其低廉的管理费用，ETF 很快得到了投资者的认同，资产规模迅速增长。

ETF 因其在产品设计上的种种创新而在国际市场中迅速崛起。在交易方式上，ETF 结合了封闭式基金和开放式基金的交易特点，既可以在交易所买卖交易，也可以进行申购、赎回，方便了投资者交易。加之 ETF 采用指数化投资策略，且与标的指数偏离度小，相关手续费较低，大大降低了交易成本，使投资者能获得与标的指数相近的收益。这些优势促使了 ETF 在全球范围内的迅速发展，如图 3-8 所示。

美国是 ETF 数量最多、规模最大的国家。截至 2012 年年底，美国拥有的 ETF 净资产达到 1.35 万亿美元，占比达到全球 ETF 的 70%，形成一家独大的格局，但其 ETF 数为 1447 只，占比仅为全球 ETF 数的 1/3。

另外，相对于国际上普遍被动跟踪指数的 ETF，近年来美国主动管理 ETF 加速了创新发展。2013 年，全美已有 61 只主动管理 ETF，管理了 143 亿美元资产，美国富达基金、富兰克林基金等大型基金公司都纷纷向美国证监会上报主动管理外汇 ETF。从目前美国市场上已发行成立的主动管理 ETF 来看，涵盖的主要领域包括固定收益、外汇、金融衍生产品以及股票市场。

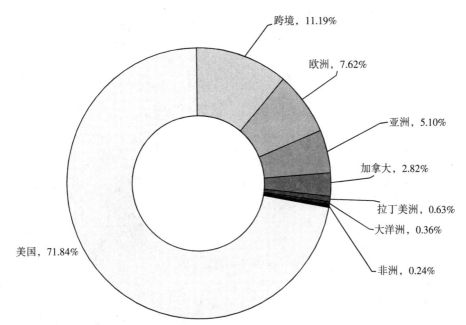

图 3–8　2012 年年底全球 ETF 地区分布

资料来源：海通证券：《创新 ETF 蓝图：全球 ETF 发展状况》。

三、美国传统信托公司的转型

（一）从尼克博克信托公司到纽约梅隆银行

1. 纽约梅隆银行发展历程

高风险运作资产导致尼克博克信托公司破产倒闭。作为 20 世纪初纽约第三大信托公司的尼克博克公司，主要业务是作为受托人为个人企业和庄园管理资产。然而在 1907 年金融危机中，纽约一半左右的银行贷款都被高利息回报的信托投资公司作为抵押投在高风险的股市和债券上，大规模银行挤提现象导致整个金融市场陷入极度投机状态，尼克博克信托公司也不例外，由于缺乏相应援助最终导致破产。后来经过了一系列的收购与兼并，最终于 1988 年被纽约银行整体收购。

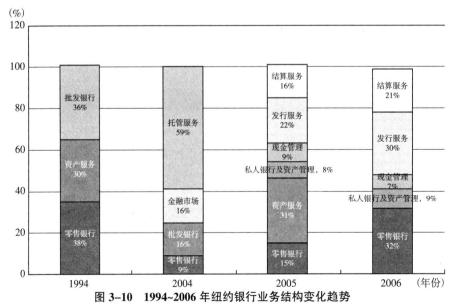

1784 年，纽约银行成立

1832 年，纽约开始为私人客户提供理财服务

19 世纪末 20 世纪初，尼克博克信托公司成立

1907 年金融危机，尼克博克信托公司破产倒闭

1912 年，哥伦比亚信托公司收购尼克博克信托公司

1922 年，纽约银行收购纽约人寿与信托公司

1923 年，欧文信托公司收购哥伦比亚信托公司

1933 年，纽约银行把信托资产投入股市

1988 年，纽约银行收购欧文信托公司

2006 年，纽约银行用所有的零售分支与 JP Morgan
交换公司信托业务

2006 年 12 月 4 日，纽约银行和梅隆金融公司宣布
合并，名称改为纽约梅隆银行

图 3-9　纽约梅隆银行发展历程

纽约银行通过资产调整，逐渐从传统银行转型为以信托为主的新型金融机构。20 世纪 90 年代末，纽约银行抛却了所有的传统银行业务，变身为一家专门服务于资本市场的结算、托管和投资绩效评估银行，它用自己的传统业务从 JP 摩根、美洲银行、富国银行、瑞士一波、巴克莱银行、苏格兰皇家银行、蒙特利尔银行手中换取了公司信托业务，在整个金融价值链的专业化裂变与重新聚合中

图 3-10　1994~2006 年纽约银行业务结构变化趋势

资料来源：杜丽虹：《纽约梅隆银行：转型中的价值》。

找到了自己的独特定位，成为全球结算托管领域的"领头羊"。

从图 3-10 中我们可以看到 1994 年、2004 年、2005 年、2006 年这四年纽约银行业务收入结构的变化路径。1994 年，纽约银行的资产服务、零售银行、批发银行三项业务各自贡献了利润总额的 1/3，但到 2004 年资产和资本市场服务业务已占到利润和资产总额的 3/4，传统银行业务仅占 1/4，2005 年，随着批发银行业务的全面剥离，传统银行业务的比重进一步减少到 15%，2006 年用零售银行业务与 JP 摩根交换公司信托业务后，传统银行业务被彻底剥离。

2006 年 12 月 4 日，纽约银行和梅隆金融公司宣布合并，将名称改为纽约梅隆银行，创造了世界上最大的证券服务提供商和顶级的资产管理全球公司，如图 3-11 所示。

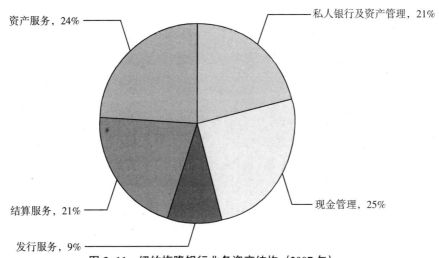

图 3-11　纽约梅隆银行业务资产结构（2007 年）
资料来源：杜丽虹：《纽约梅隆银行：转型中的价值》。

2. 纽约梅隆银行业务现状

目前，纽约梅隆银行的业务主要分为三个部分：投资服务、投资管理和财富管理（见表 3-7）。

在资产服务方面，纽约梅隆银行是全美最大的基金托管人与证券发行托管人之一，也是全球最大的第三方抵押资产管理机构与投资管理人绩效分析公司之一，为美国 50% 的政府证券提供结算服务，为美国 40% 的 ETF 提供交易服务，为英国 35% 的养老基金提供托管和结算服务，为美国财富 500 强中的 85% 和全球

500 强的 70% 提供资产服务。

表 3-7 纽约梅隆银行业务分类

业务项目	业务范围
投资服务	可选择投资服务、资产服务、券商服务、中央证券登记、抵押服务、公司信托、存托凭证、衍生工具、全球市场、流动性服务等
投资管理	养老金计划发起人、公司、基金会、捐赠基金、顾问、中介机构、个人、家庭以及家族理财室的理财需求
财富管理	富有的个人及家庭、家庭办公室、捐赠计划、捐赠基金、专业人员与机构客户

资料来源：纽约梅隆银行官网。

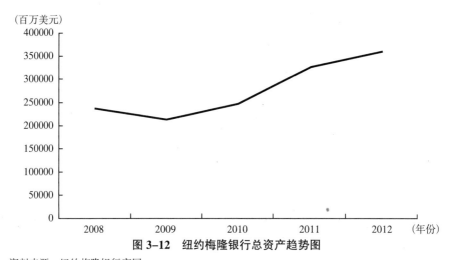

图 3-12 纽约梅隆银行总资产趋势图

资料来源：纽约梅隆银行官网。

从图 3-12 中可以看到，纽约梅隆银行总资产呈逐年递增的趋势，2012 年年底银行资产总额达到 35899 亿美元。从表 3-8 来看，2008~2012 年，纽约梅隆银行管理的资产从 9280 亿美元增长到了 13860 亿美元。与此同时，托管类资产也随之上升；相反，该银行所持有的有价证券的市场价值却逐年下降，可以看出近年来随着银行业务多样化的发展，纽约梅隆银行在资产负债结构上也进行了一定的调整。

表 3-8 纽约梅隆银行资产管理分类

年 份	2008	2009	2010	2011	2012
管理资产（十亿美元）	928	1115	1172	1260	1386
托管资产（万亿美元）	—	—	24.1	25.1	26.2
证券市场价值（十亿美元）	326	247	278	269	246

资料来源：纽约梅隆银行官网。

从纽约梅隆银行的发展历程可以看出（见表 3-8），随着经济和金融环境的变化，传统的信托业务虽然会发生翻天覆地的变化，但信托在金融行业中的功能却日益增强，专注于信托业务的金融机构也能成为全球顶级的金融机构。纽约银行通过不断地置换业务，将传统银行业务置换成现代信托业务，最终成为全球顶级的专业化资产管理公司。

（二）美国信托公司（US Trust）

1. 美国信托公司发展历程

美国信托公司成立于 1853 年，但相对于尼克博克信托公司而言，在 1907 年的金融危机中美国信托公司获得了摩根银行等财团的紧急贷款安排，从而得以顺利渡过难关，让美国信托公司在危机中得以生存下来并一直发展至今。两个多世纪以来，美国信托公司已帮助许多美国最富有的家族庄园计划和实施了财富转移策略，同时在履行重要的慈善承诺和降低房产税、遗产税以及对债权人和第三方资产保护上也提供了有效的管理办法。

20 世纪 60 年代，房地产信托助力美国信托公司实现收入大幅度增长。1960 年，美国通过了《房地产投资信托法案》，标志着美国房地产信托的正式设立，当时该公司总收入的 85% 来自信托投资业务和房地产信托（REITs），与此同时，借助银行投资管理业务的契机，该公司开始向银行和保险公司销售投资服务，帮助它们管理它们不断增长的存款。这一转变对美国信托公司有很大的影响，到 1977 年银行管理方面的收入占到了公司总收入的 50%。

20 世纪 70 年代，激烈的市场竞争导致该公司传统业务利润下降。到了 70 年代后半叶，利润已经大幅下降，尽管管理层努力扩大公司的物理空间，但仍失去了大型养老基金客户。由于业绩不佳和价值 3.97 亿美元的市政债券凭证库存消失，美国信托公司开始停止买卖国际借贷，并关闭了日内瓦和伦敦分支，同时减少了较低的资产级别（不超过 200 万美元）的客户的特权。

20 世纪 80 年代，公司重组推动投资组合的新发展。这主要包括推出一家附属公司，推广金融国际科技和向金融机构授权计算机软件，中止企业和房地产贷款以及销售价值 2.75 亿美元的商业、工业和房地产投资组合。

2007 年 7 月 3 日，美国银行（Bank of America）完成了对美国信托公司的收购，并在此基础上创立了私人财富管理机构"美国银行信托资产管理公司"，如

图 3-13 所示。

20 世纪 60 年代	推行房地产信托（REITs）
20 世纪 70 年代	关闭日内瓦和伦敦分支
20 世纪 80 年代	公司重组推动投资组合发展
2007 年 7 月 3 日	美国银行收购美国信托公司

图 3-13　美国信托发展历程

2. 美国信托公司业务现状

当今美国信托业务主要分为三块：投资管理（Investment Management）、财富结构（Wealth Structuring）以及银行信贷（Credit and Banking），如图 3-14 所示。

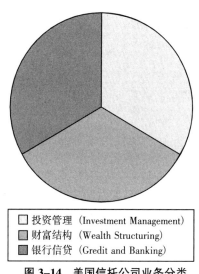

□ 投资管理（Investment Management）
▨ 财富结构（Wealth Structuring）
▨ 银行信贷（Credit and Banking）

图 3-14　美国信托公司业务分类

投资管理业务主要是提供投资组合咨询以及主要在非金融资产方面的专业资产管理，比如农场和牧场土地、油气资产、房地产以及民营企业等；财富结构业务主要涉及信托和不动产、慈善事业以及托管服务三个方面；银行信贷业务则是提供先进的银行信贷和现金管理解决方案。

从美国信托公司的发展变迁可以看出，私人银行可以成为信托公司的转型方向。信托制度从英国传入美国之后，快速实现了从民事信托向商事信托的转化，大部分信托公司的服务对象转向了证券市场和证券市场投资者，而经历了低谷被并购的美国信托公司却逐步转型为美国银行的私人银行部门。

（三）北方信托公司（Northern Trust）

1. 北方信托公司发展历程

1889年8月，拜伦·拉福林·史密斯以服务城市的富裕个人和组织为宗旨，在芝加哥创建了北方信托公司，到1906年，北方信托公司已经从一个办公室单间成为一个蓬勃发展的组织，如图3-15所示。

北方信托公司发展历程
1832年 创建了第一个服务于人寿保险的信托业务
1889年 北方信托公司成立
1912年 推出雇员人寿保险计划，建立了全国第一个退休金计划
20世纪50年代 成为第一个应用自动化财务报表的公司
1962年 成为首家在全国以电子方式处理支票的金融机构

图3-15 北方信托公司发展历程

北方信托公司多次成功实现电子数据处理技术在金融领域的应用。20世纪五六十年代。北方信托公司适应了新的技术进步，推出了自动化银行业务流程，并引进新的产品和服务，成功实现财务报表和支票的电子数据自动化。

北方信托公司积极关注员工自身利益，促进员工福利的实现。1974年，随着美国雇员退休和收入保障法案的通过，该公司借助先进的个人信托会计和报告系统，以独立的受托人身份成为了托管服务以及企业员工福利资金的领先供应商。与此同时，北方信托公司在发展进程中还多次提出许多突破性解决方案（如表3-9所示），使公司实现了一个又一个的跨越性发展。

表 3-9 北方信托公司发展史上突破性的解决方案

年份	解决方案
1974	24 小时外汇
1981	证券借贷
1984	折扣经纪
1990	全服务经纪
1992	制度互惠基金
1993	环球投资每日估值
1994	个人互惠基金
1997	量化投资
1998	综合风险管理，跨国公司总部报告
2000	价值投资
2001	跨境资金池，对冲与私募股权基金
2007	全球房地产基金，负债驱动投资，交易所买卖基金
2010	常见的契约型基金
2011	实施与监督措施

资料来源：北方信托官网。

2. 北方信托公司业务现状

北方信托公司总部设在芝加哥，在美国 18 个州以及北美、欧洲、中东和亚太 18 个地区都设有办事处。截至 2016 年，北方信托公司拥有 6.07 万亿美元的托管资产和 8753 亿美元的投资管理资产。

目前，北方信托公司国内财富管理（Wealth Management）业务主要涉及 6 个方面：投资（Investing）、信托及遗产（Trust and Estate）、银行业（Banking）、财务规划（Financial Planning）、慈善事业（Philanthropy）及家庭办公室（Family Office），如图 3-16 所示。

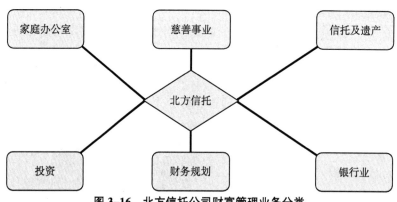

图 3-16 北方信托公司财富管理业务分类

2008~2012 年北方信托公司财富管理业务在管理资产和托管资产中的资产值如表 3-10 所示。

表 3-10　财富管理资产额（2008 年第四季度至 2013 年第三季度）

单位：十亿美元

		资产管理	资产托管
2008 年第四季度		132.4	288.3
2009 年第四季度		145.2	331.1
2010 年第四季度		154.4	370.3
2011 年第四季度		173.7	385.2
2012 年	第一季度	179.1	406.6
	第二季度	175.9	411.2
	第三季度	184.1	429.5
	第四季度	197.7	446.3
2013 年	第一季度	206	455.3
	第二季度	202.5	452.6
	第三季度	211.6	470.5

资料来源：北方信托官方网站。

从表 3-10 可知，北方信托公司财富管理业务无论是在资产管理或是资产托管业务上资产总额都呈现出逐年增加的趋势，但资产托管的资金总额大于资产管理的总额，有接近于两倍的差异。无论是管理资产还是托管资产，两者股票在 2013 年第三季度时逐渐占到资产总量将近一半的份额，固定收益证券和现金以及其他资产的份额则相对比较平均。

从北方信托公司的发展历程可以看出，专注"信托服务"也可以成为全球顶级信托机构，而其成功的秘诀在于其托管服务的专业化。北方信托公司曾被评为"最佳第三方管理和外包服务商"、"亚太区最佳全球化托管人"等称号。北方信托公司依靠其专业化的托管服务，吸引了大量高端客户和机构客户，其服务对象中机构客户规模占比 90%。同时，福布斯全美富豪排名前 400 位的富豪中有 1/5 都是北方信托的客户。

| 第四章 |

信托"本土化"模式借鉴：
日本拓展特色服务信托

- 日本信托业的发展体现出"服务"特色
- 日本信托公司能够根据本国经济发展、法律制度和人口趋势，不断培育和开发服务性信托业务
- 日本年金信托对我国有直接借鉴价值

一、日本信托发展历程

（一）日本信托业现状

1. 信托业总体规模庞大且发展平稳

日本信托业不仅资产规模庞大，而且发展平稳。日本信托业资产规模从2005年的589.8兆日元，发展到2007年806.3兆日元，达到近年来的峰值，2007~2012年日本信托资产规模一直保持在760兆日元左右，资产规模远超过日本国内生产总值和证券市场资产，如图4-1所示。2007年开始，受美国次贷危机的影响，日本国内生产总值增长乏力，证券市场更是受到冲击，资产规模不断缩小，而信托业在面临金融危机时仍能将资产规模保持在760兆日元且发展平稳。2013年，日本信托业资产规模稍有突破，达到797.1兆日元，约合47.5万亿元人民币，而2013年日本国内生产总值在480兆~490兆日元。

2. 不断开发新型特色服务业务

日本信托的一大特点就是能够根据国内的情况审时度势，不断开发出适合国情的特色服务信托，而且特色服务始终贯穿于信托发展历程中。从信托发展的早期到现在，甚至将来，日本信托业不断在布局特色服务信托。

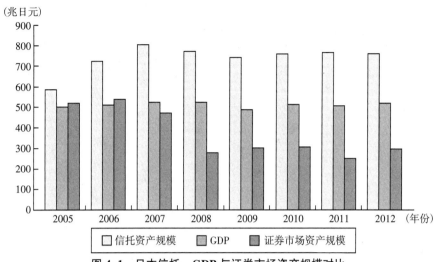

（兆日元）

图4-1 日本信托、GDP与证券市场资产规模对比

资料来源：日本统计局。

企业年金信托和财产形成信托是日本信托业早期推出的特色服务信托。企业年金信托作为企业内部的一项福利制度，是效益较好的民间企业为了更加丰富员工退休后的生活，在已加入各种公立保险制度的基础上，另给员工增设的养老保险制度。截至2013年3月末，日本企业年金信托共办理19457件，金额达到85.6761兆日元，约合5.1256万亿元人民币。财产形成信托是为了促进劳动者的财产形成，由企业或者财产形成基金把信托资金交给信托公司管理以期望该财产增值而设立的信托。财产形成制度是日本为了在储蓄和住宅等积累方面赶上西欧各国的水平所推出的一种制度，并于1972年在立法之后开始实行由"劳动者财产形成储蓄制度"和"劳动者财产形成私房部分出售贷款制度"组成的日本"财产形成制度"。2012年，日本财产形成储蓄规模达到22281亿日元，约合1333亿元人民币。

随着日本老龄化和少子化程度不断加剧，日本信托据此开发出一系列特色服务信托，逐渐回归信托的本源，不断开发出新型事务信托，虽然目前发展基数不大，但是发展迅速。教育资金赠与信托就是在日本面临老龄化和少子化问题时开发出来的一种特色服务信托。教育资金赠与信托是指祖父母在法律规定免税限额内赠与孙子（孙女）教育资金的新型信托。截至2013年5月末，日本共办理教育资金赠与信托9717件，金额达到680亿日元，约合40.6816亿元人民币。针对环境问题，因地球气温不断上升，环境不断恶化，日本信托为改变现状特开发排出权信托，实现排出权的交易。

2014年，日本个人储蓄账户制度的推出将会推动投资信托的发展，开发各类信托产品以迎合个人储蓄账户的需求已经成为信托业的主要任务。

3. 公益信托覆盖面广

公益信托虽然规模小，但其覆盖面广，得到信托业和公益事业热心人士的重视。公益信托设立手续简单，只需要受托人向政府主管部门申请即可。截至2013年3月，日本信托业共办理公益信托505件，受托金额为596.41亿日元，约合36亿元人民币。公益信托覆盖面非常广，从奖学金支付到保护环境，再到国际交流合作领域，公益信托都有所覆盖，如表4-1所示。

表4-1　2013年日本公益信托受托情况

单位：百万日元

信托目的	件　数	信托金额
奖学金支付	162	16142
自然科学研究基金	80	9160
教育振兴	67	2658
促进国际交流合作	42	4065
社会福祉	37	3384
艺术文化振兴	24	5202
保护城市环境	28	7557
保护自然环境	20	4700
人文科学研究基金	15	860
保护文化财产	3	183
动植物的保护繁殖	1	309
绿化推进	1	30
其他	26	5386
总计	505	59641

资料来源：日本统计局。

2012~2013年，日本共新设三种公益信托：松下电器东日本大地震孤儿育英基金、山内健二纪念助学育英基金和NEXCO分支机构公路防灾措施支援基金。山内健二纪念助学育英基金委托人为个人，设立金额为3亿日元。松下电器东日本大地震孤儿育英基金和NEXCO分支机构公路防灾措施支援基金的委托人均为法人团体，设立金额分别为5000万日元和15亿日元。

（二）信托萌芽催生信托从无到有

1. 信托因经济发展瓶颈应运而生

明治维新期间，日本政府在经济上鼓励学习欧美经验，掀起工业化浪潮。在经历明治维新后，日本经济得到快速发展，生产力水平大幅提高。伴随着工业经济的快速发展，日本经济上资金匮乏的瓶颈显现出来。日本政府在这种情况下开始从美国接触信托制度，逐步完成对信托制度的理解、消化和吸收。一些经济界人士也认识到信托制度对于日本经济进一步发展的重要性，于是开始大力宣传信托制度，为信托制度在日本顺利推行奠定了思想基础。随后，为解决经济发展的瓶颈，弥补工业经济发展中的资金缺口，日本政府开始引进信托制度。

2.《日本兴业银行法》带来了信托业务

日本的信托业务是从《日本兴业银行法》颁布后开始的。1900 年，日本政府颁布《日本兴业银行法》，从法律上正式允许兴业银行经营地方债券、公司债券、股票等信托业务。1902 年，日本兴业银行依照《日本兴业银行法》成立，并按照该法进行信托业务的经营，日本信托业务便开始在日本发展起来。之后，安田银行（今富士银行）、第一百银行（今三菱银行）和三井银行等几家主要的银行先后开始办理信托业务。

1904 年，日本首家专业性信托经营公司——东京信托公司正式成立，日本信托事业的发展再次迈出重要的一步。1906 年，东京信托公司根据日本公司法改组为股份公司，名称改为东京信托株式会社，公司主要经营不动产管理和不动产抵押贷款，东京信托株式会社开启信托公司为委托人代理管理财产的大门，单纯的证券代理业务结束。

（三）法律制度规范信托从混乱到有序

1. 缺乏监管导致信托业发展快中出乱

日本经济的快速发展为信托机构提供了发展平台。紧随东京株式会社，日本信托机构如雨后春笋般成立起来。到 1921 年，日本的信托机构达到 488 家，信托业务品种达到 30 多个，在这看似繁荣的背后却暗藏着混乱的发展态势。由于缺乏必要的监管，这些信托公司的发展可谓鱼龙混杂、良莠不齐，约有 80% 的信托机构的资本都不足 100 万日元，同时，信托机构所经营的信托业务也存在很大的问题，信托机构内部管理混乱，严重扰乱信托业的发展，许多信托机构借信托之名行高利贷之实。

2.《信托法》和《信托业法》出台整顿信托业

经历了大混乱时代后，为了信托业的健康、规范化的发展，日本政府于1922年制定了规范信托法律关系的基本法律《信托法》和监督信托业经营的《信托业法》。《信托法》对信托的定义、信托财产的管理及处理、当事人的权利义务等都做出了明确规定，《信托业法》则对信托营业机构做出了规范。1923年，《信托法》和《信托业法》正式实施。

《信托法》和《信托业法》实施后，日本开始了一场信托业整顿的浪潮。按照《信托业法》的规定，日本国内的488家信托机构中真正符合要求的信托机构只有50家，因此大量的信托公司在这次整顿中关闭。经过1923年的清理整顿后，日本的信托公司到1928年仅剩下37家，同时，日本的信托业和银行业也进行了分业经营。在这次整顿浪潮中留存下来的信托公司都资金雄厚、信誉卓著而且规模较大。在"两法"规范下的良好市场中，信托机构得到了迅速的发展，日本信托业也得到了极大的发展，整个信托业经营的信托财产总额从1924年整顿初期的1亿日元猛增到1928年的12.6亿日元。

（四）金融定位引领信托从混业到专业

1. 混业经营助力信托渡过"二战"难关

第二次世界大战中，日本经济萎靡不振，信托业遭受沉重打击，加上激烈的市场竞争，大量信托机构破产倒闭，幸存的信托机构也多被商业银行吸收兼并。第二次世界大战结束后，只有三井、三菱、住友、安田、川崎和第一劝业6家信托公司以及专门从事投资信托受托业务的日本投资信托公司共7家机构作为专门的信托公司留存下来。至此，日本信托业由1928年的37家信托公司合并成7家信托公司。

日本大藏省于1948年颁布了《证券交易法》，规定信托公司不再办理除国家债、地方债和政府担保债以外的证券业务，日本信托业陷入了深深的泥潭中，遭受了沉重的打击。为了帮助仅存的7家信托公司渡过难关，以便更好地发挥信托公司金融筹资职能，加快恢复生产，发展经济，日本政府根据1943年颁布的《兼营法》的相关规定，同时，为回避1922年的《信托法》中关于信托公司不得兼营银行业务的规定，允许信托公司先变身为银行，再兼营信托业务。在日本政府的帮助下，仅存的 7 家信托公司中有 6 家转型为信托银行，另外一家信托公司则转型为证券公司。日本政府这次出手的保护措施，帮助信托公司渡过了难关，避免了信托公司在"二战"后夭折的厄运。通过将信托公司转型为信托银行，日本的信托业进入了混业经营阶段。

2. 因混业弊病信托银行定位长期金融机构

"二战"后，混业经营帮助日本信托业渡过了难关，但是混业经营本身固有的弊端也很快显现出来。在混业经营下，金融业竞争激烈，经营情况复杂混乱，同时，混业经营也给金融监管带来了很大的难度。1953 年 6 月，日本金融监管机构大藏省决定对金融业进行规范整顿，提出"信托分离"的建议。1954 年，日本政府对金融业进行规范整顿，要求信托业和银行业分离，长期金融和短期金融分离，信托银行要以信托业务为主业，执行长期金融职能，信托银行只能在与信托业务有关的范围内经营银行业务，商业银行不得再经营信托业务。经过这次金融业的规范整顿，日本商业银行转变为短期金融机构，信托银行转变为长期金融机构，为国民经济的发展提供长期资金融通服务。虽然信托银行可以在与信托业务有关的范围内经营银行业务，但是在内部却还是要严格地加以分别核算、分开经营并且对其的监管也是分业监管。此次调整后，日本信托业务再次集中到 7 家信托银行，即三友三井信托银行、三菱信托银行、住友信托银行、安田信托银行、东洋信托银行、中央信托银行及日本信托银行。至此，日本特有的信托银行体制形成。

在这个分业经营阶段，正是日本经济高速发展的黄金期，作为上层建筑的信托业也跟随经济的发展得到了蓬勃的发展。在此阶段，日本信托业务品种不断创新，创设了许多基于本国国情和国民经济需要的新品种。

（五）全球化浪潮逼迫信托业开放与特色服务并举

1. 信托业开放国内市场并走出国门

20 世纪 80 年代中期，日本经济泡沫开始出现，股市和房市等资本市场价格急剧上涨。在经济泡沫形成的过程中，日本许多信托银行不可避免地被牵扯。在 20 世纪 90 年代经济泡沫破灭后，日本经济遭受了严重的损失，导致信托业资金大幅缩水，不良债券大量增加。同时，在经济泡沫破灭后，日本经济持续低迷使日本信托业再次陷入泥潭，举步维艰。20世纪后期，尽管日本信托业遭受经济泡沫的影响，但欧美等国的金融机构得益于由分业经营转向混业经营而得到很大的发展，其服务范围进一步扩大，金融产品日趋丰富，成了名副其实的"金融百货公司"。

在经济全球一体化和金融全球化的浪潮冲击下，1984年，日本和美国达成协议，日本向美国等国的国家银行开放本国的信托市场。随后，美国摩根银行、纽约化学银行、花旗银行等获得正式批准开始在日本开展信托业务。同时，西方国家也向日本的银行开放国内信托市场。在这样的背景下，日本信托市场竞争日益激烈，在来自国外金融机构的激烈竞争和国内持续低迷的经济双重压力下，日本信托业不得不走向一条合并重组之路以达到优化资源配置，从而稳定国内信托机构的生存。1999年，三井信托和中央信托合并；2000年，三菱信托、日本信托和东京三菱银行决定实行联合经营；2005年10月1日，三菱信托银行和UFJ信托银行合并，组成三菱UFJ信托银行，成为三菱金融集团的重要成员之一，也成为了日本信托业的巨无霸；2007年年末，住友信托银行决定收购英国巴克莱银行在日本的信托业务；2008年12月16日，花旗集团以约2.76亿美元将其在日本的信托银行售予三菱UFJ金融集团旗下分支。

2. 老龄少子国情带动特色服务不断创新

根据日本信托业日本总务省统计局的预测，日本老龄化和少子化程度在不断加剧，如图4-2所示。2010年，日本65岁以上人口占全部人口的23%，而14岁以下人口仅占全部人口的13%。2025年，日本65岁以上人口比例将达到30%，到2050年，这一数字将达到40%。日本14岁以下人口比例在2025年将降低到10%，到2045年，14岁以下人口比例将降低到9%。日本人口数的锐减以及老龄化和少子化程度的恶化迫使日本信托业不得不进行转型。在原有信托业务的基础上，对信托业务品种进行修正，或增加新型信托产品，以适应日本的特殊国情。日本信托的转型，更多的是回归信托的本源，事务性信托凸显，创新信托产品以提供特色服务。

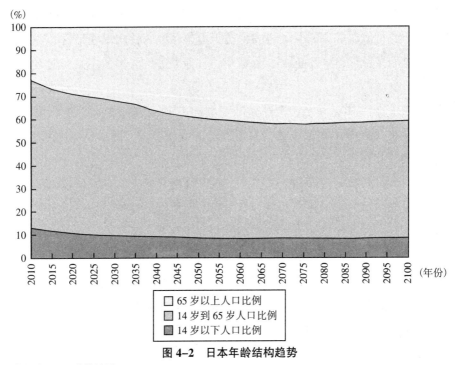

图 4-2 日本年龄结构趋势

资料来源：日本统计局。

二、日本信托业发展的启示

（一）"三位一体"奠定信托发展基础

1. 制度铺路

健全的信托法律体系对日本信托业的发展起到了很大的推动作用。在大陆法系的国家中，日本是第一个从制度上引进信托的国家。首先，日本信托法律体系在数量上占据了优势，出台了多部基础性法律以及针对性法律；其次，日本这些法律往往遵循一个不变的规矩："法制先行"，使得具体的信托业务在有法可依的基础上面世；最后，日本信托业总是"有法必依"，严格按照法律办理有关的信托业务。

（1）多法出台规范信托业。日本的信托法律体系主要由《信托法》、《信托业法》、《兼营法》、《贷款信托法》、《投资信托与投资法人法》、《抵押公司债券信托法》、《日本（信托）业务种类及方法书》等构成，如表 4-2 所示。《信托法》和《信托业法》都颁布于 1922 年，并都于 1923 年 1 月开始实施，这两部法律是日本信托法律体系的重中之重，具有非常高的法律地位。《信托法》是日本信托法律体系的基本法，是规范信托行为和信托关系的基本法规，该法对信托的概念、信托各方当事人的权利和义务、信托财产的范围等方面都做出了规定。日本的《信托法》对韩国、中国及中国台湾地区的《信托法》都有很大的影响。除了《信托法》外，日本还制定了《信托业法》、《兼营法》、《抵押公司债券信托法》等与营业性信托有关的法律，这些法律相对《信托法》而言是信托经营的特别法；《贷款信托法》、《投资信托与投资法人法》又是相对《信托业法》、《兼营法》的特别法。

（2）法律法规推动信托业发展。日本信托业中许多新创设的信托业务都是依据相关法律法规而开发出来的。在 1952 年颁布实施《贷款信托法》后，次年就依据该法而开设了贷款信托这一新型信托业务。20 世纪 60 年代，依据《法人税法》和《福利养老金保险法》开发了退休金信托和福利养老金信托。

健全的法律法规使得日本信托业能够严格按照相关法律法规办理相关信托业务，日本信托业也因此得以规范，这也促进了日本信托和信托业的健康、平稳而又快速的发展。正因为"有法可依、有法必依"，日本信托业在发展过程中除特殊阶段外均保持快速的发展。此外，日本信托法制体系还能在规范信托业发展的同时，通过整顿改变信托业的整体格局和结构。

表 4-2　日本信托法制体系沿革

1900 年	《日本兴业银行法》出台
1905 年	《附抵押公司债信托法》出台
1905 年	《附抵押公司债信托法》出台
1922 年	《信托法》和《信托业法》颁布
1923 年	《信托法》和《信托业法》开始施行
1929 年	《信托业法》修订
1943 年	《关于普通银行兼营信托业务的法律》颁布
1948 年	《证券交易法》颁布
1951 年	《证券投资信托法》实施
1952 年	《贷款信托法》颁布并实施
1997 年	新《日本银行法》颁布

1998 年 4 月 1 日	新《日本银行法》开始实施
1998 年	《特定非营利活动促进法（NPO 法)》实施
1998 年 6 月 5 日	《金融体系改革法》颁布
1998 年	《与资产的流动化有关的法律》颁布
2000 年	《与资产的流动化有关的法律》修订
2004 年	《信托业法》修订并实施
2006 年	《信托法》修订公布
2007 年 9 月	《金融商品交易法》出台

资料来源：日本信托协会。

2. 教育推广

日本从一开始就非常重视对信托法律制度的宣传教育，甚至在小学课本中都会有信托的相关内容介绍。明治维新后，日本从美国了解到信托制度，并完成了对信托制度的理解、消化和吸收，经济界的头面人物也认识到信托对于筹资的重要性并极力对其进行宣传。如今，日本信托思想和观念已经非常普及，这主要归功于日本所推出的多项措施。

（1）成立信托协会研究信托。日本信托业协会成立于 1919 年 2 月，最初命名为"信托公司协会"。1923 年 1 月，随着《信托法》和《信托业法》的实施，信托公司协会经大藏省同意更名为日本信托业协会，并于 1926 年改制为法人组合社团。2011 年 10 月 3 日，为应对新的公共利益法人制度改革，日本信托业协会转型为"信托协会研究所"。日本信托业协会主要职能如下：收集数据和信托研究、改善信托制度和信托服务调查规划、向有关当局提出调整性建议、关于促进信任管理的规划研究、有关信托的社会功能等公关活动、增加信托用户的便利性和规划、解决有关冲突的咨询业务以及投诉处理、管理。

（2）创办《信托》杂志。《信托》是日本信托业协会创办的期刊，每年出版四期（季刊），《信托》主要刊登信托业的发展趋势的各种论文以及演讲、信托协会的活动等文章，同时也发布各种信托统计数据。

（3）设立信托研究奖学金。信托研究奖学金制度由日本信托业协会发起，用来奖励对信托进行研究的个人或团体，以此推动对日本信托制度的研究，促进信托业在日本快速发展。2013 年，日本信托业协会共发放 58.55 万元人民币信托研究奖学金。

3. 监管保障

信托业作为日本金融体系组成部分的重要成员之一，监管亦必不可少。与英、美相比，日本的信托业起步较晚，但发展很快，尤其在依法监管方面。《信托法》和《信托业法》是日本对信托业的两部单独的立法，除此之外，还有一套较为完整的配套法规，如《贷款信托法》、《信托投资法》及《关于普通银行兼营信托业务的法律》等。日本信托从三方面进行全方位监管，大到顶层监管设计，小到企业内部自我监管，协会做引领的自律监管则起到承上启下的作用。

（1）顶层监管设计掌管大局。在政府和央行的监管体系方面，日本信托业的监管一直由日本财政部即大藏省根据《信托业法》对信托业实施集中监管，而名义上同样有监管权的日本银行的监管内容和范围以及自身的权限远不如大藏省。对信托银行，大藏省规定其信托业务和银行业务要严格分开经营，分别核算，对其的监管也是行业内部分别监管。

大藏省在日本政府部门内部地位相当高，因为其拥有预算决策权，而且在对金融监管部门的监管方面，大藏省大权独揽，既有检察监督权，也有行政命令权。大藏省的监管权很大，而且具有行政强制力。尽管大藏省大权独揽的模式存在着很大的弊端，在经历了权利分化后，大藏省更名为财务省，其权利仍然高度集中。大藏省不仅负责信托机构的准入机制以及对信托机构的经营及业务实施监督检察管理权，还负责信托登记管理及会计处理管理等，可以随时指令信托公司报送业务报告，还可以检察信托公司的业务和财务状况。

（2）信托协会引领行业自律。日本信托业的行业自律监管主要指日本信托业协会的监管。日本信托业协会本身并不具有法律上的行政权及监督权，但是因为可以通过发表提案将自己的观点立场表达给相关的部门和机构，所以日本信托业协会实际上也发挥着极大的监管作用。日本信托业协会还发行季刊《信托》，对促进日本信托思想的普及和行业本身的监督管理发挥了积极作用。

日本信托业的行业协会组织除了日本信托协会还有日本全国银行协会和其他一些银行协会，如地区银行协会、第二地区银行协会等。日本全国银行协会由日本的主要银行组成，其历史可以追溯到1945年。日本全国信托业协会对日本信托银行同样有一定的监管作用，如规范其业务操作以提升银行业的客服服务水平以及提出政策建议以促进整个行业的发展等。由于立法的完善和监管的高效率，日本信托协会的监管任务相对较轻。

（3）企业内部加强自我监管。日本信托银行设有内部监管部门，即风险管理部门，以加强自身监管，防范金融风险，特别是操作风险等。除了银行内部设立风险管理部门外，日本银行之间还形成相互委托监管的特殊关系。

（二）找准信托业长期金融的定位

日本信托业发展经历了三次大的"集聚"。创办初期，日本信托业发展混乱，1922 年，《信托法》和《信托业法》颁布实施，日本信托业开始清理整顿，信托机构锐减到 28 家。"二战"时，日本信托业为摆脱战争带来的经济困境，对信托业进行规范整顿，最后仅剩下 7 家信托机构。与此同时，信托银行出现在历史舞台上，日本信托业也开始定位长期金融的职能，采取分业经营的模式。20 世纪 90 年代，日本经济泡沫破灭，信托公司资产缩水，日本信托机构开始走上了一条兼并重组的道路。日本信托的三次"集聚"促进了信托业的发展，规范了信托业，金融监管也更加容易，业务开展更加顺利有序。

20 世纪 50~90 年代，日本政府要求信托业和银行业实行分业经营。1953 年 6 月，日本金融监管机构大藏省决定对金融业进行规范整顿，提出"信托分离"的建议。1954 年，日本政府对金融业进行规范整顿，要求信托业和银行业分离，长期金融和短期金融分离，信托银行要以信托业务为主业，执行长期金融职能，信托银行只能在与信托业务有关的范围内经营银行业务，商业银行不得再经营信托业务。

基于"金钱信托"等特色业务的创新发展，信托公司金融业务渗入铁路、矿业等行业，成为仅次于银行的大型金融机构。至此，日本商业银行转变为短期金融机构，信托银行转变为长期金融机构，与长期信用银行成为日本长期金融业务领域中的主要从业者，为国民经济的发展提供长期资金融通服务。

信托业定位长期金融，推动信托经营向专业化和高效迈进。通过信托业长期金融的定位，信托业找准了发展方向，避免了和商业银行竞争的局面。同时，长期金融的定位也帮助信托业在面临市场冲击时，能更加平稳地过渡。2007 年开始，受美国次贷危机的影响，日本国内生产总值增长乏力，证券市场更是受到冲击，资产规模不断缩小，而信托业在面临金融危机时仍能将资产规模保持在 760 兆日元并且发展平稳。

（三）业务发展不断创新

日本信托业根据本国的具体国情，适时开发出新型信托业务，如贷款信托、财产形成信托、年金信托、职工持股信托、特定赠与信托、收益期满兑取信托等。很多信托业务都是配合经济发展形势要求的产物，其中贷款信托就是一个典型。第二次世界大战后，日本国民经济基本上陷入瘫痪，为恢复经济，需要大量资金来对电力、煤炭、钢铁、矿业等基础工业加以重建。但是，由于通货膨胀严重，银行资金来源非常少，无力提供充足资金为其国民经济的恢复融资。在这样的背景下，日本政府制定了《贷款信托法》，并根据此法创立了贷款信托，为日本经济的恢复和发展筹措长期建设资金。

日本信托业能够根据国内的情况审时度势，不断开发出适合国情的特色服务信托，而且特色服务始终贯穿信托发展历程中。从信托发展的早期到现在，甚至将来，日本信托业始终在布局特色服务信托。企业年金信托和财产形成信托是日本信托业早期推出的特色服务信托。

三、日本信托模式（以企业年金信托为例）

（一）企业年金制度

日本年金保险体系由三层结构组成：第一层为全民皆加入的"国民年金"；第二层为按收入比率缴纳的"厚生年金"和"共济年金"；第三层为"企业年金"。其中国民年金、厚生年金和共济年金为国家直接运营的公立年金，如表4-3所示。据统计，截至2007年4月，全日本加入公立年金总人数达到7044万人。企业年金是效益较好的民间企业为了更加丰富员工退休后的生活，在已加入各种公立保险制度的基础上，另给员工增设的养老保险制度。

1965年，日本相继出现了两种企业年金制度，即适格退职年金制度和厚生年金基金制度，如表4-4所示。这两种制度虽然在法律依据、监管、税制和批准条件等方面均不同，但都取得了顺利的发展。

表4-3 日本年金类型一览

公立年金	国民年金	
	共济年金	
	厚生年金保险	
私立年金	企业年金	厚生年金基金
		确定给付企业年金
		确定缴费年金（企业型）
	确定缴费年金（个人型）	
	国民年金基金	
	个人年金	

表4-4 日本企业年金制度概况

名称	厚生年金基金	适格退职年金
法律依据	厚生年金保险法	法人税法
经营管理主体	厚生年金基金（公法人）	企业主
使用对象	民营企业职工、公务员	民营企业职工、公务员
参保方式	自愿加入	自愿加入
资金来源	保险费、企业负担金额运营事务费及福利设施费	保险费、企业负担金额运营事务费及福利设施费
给付种类	老龄给付	退休给付

资料来源：根据相关资料整理而得。

（二）信托银行与保险机构共同提供企业年金信托服务

1. 信托银行与保险机构协力运营企业年金信托

日本在企业年金制度设计之初，效仿美国采取在信托银行和人寿保险公司实施全线服务的信托模式。

企业年金由信托银行和人寿保险公司管理经营和支付，年金管理和运用采用总干事制度及"一揽子"受托交易，这是日本的企业年金制度运营的一大特征。企业实施企业年金制度时，首先根据劳资协议确定加入资格、支付内容等年金规章。其次，通过签订年金信托合同，由委托信托银行办理企业年金的有关事宜。信托银行提供制度设计咨询、精算（缴费确定型年金不需要）、年金资产的投资运用、年金资产的事务管理、加入者的数据管理、支付年金和一次性退休金等与企业年金服务有关的事务管理。信托银行与人寿保险公司需同时分担总干事与副干事职位，总干事公司主要负责资金归集预分配以及财政事务等，副干事公司则负责对该行业的情况进行整理说明。

2. 信托银行与保险机构企业年金受托情况

截至 2013 年 3 月，日本信托公司企业年金受托件数为 8493 件，占全部受托件数的 43.65%，受托金额为 70.7445 万亿日元，占全部受托金额的 82.57%。

日本确定缴费年金（企业型）由信托公司办理，但厚生年金基金和确定给付企业年金的业务中，信托公司均存在竞争对手，寿险公司是信托公司在企业年金业务中最大的竞争对手。整体上，日本信托公司在企业年金业务发展上占据优势。在厚生年金基金业务办理中，信托公司办理件数和金额远超过寿险机构。在确定给付企业年金业务上，信托公司办理件数仅仅是寿险机构的 1/3，但受托金额为寿险机构的 3 倍，如表 4-5 所示。

表 4-5　日本企业年金受托情况

受托机构	厚生年金基金		确定给付企业年金		确定缴费年金（企业型）	
	件数（件）	资产总额（兆日元）	件数（件）	资产总额（兆日元）	件数（件）	资产总额（兆日元）
信托	433	26.5159	3839	37.4676	4221	6.761
寿险机构	127	2.3732	10455	12.1706	—	—
其他	—	—	382	0.3875	—	—

资料来源：日本信托协会。

（三）企业年金信托种类丰富、选择灵活

日本企业年金信托品种多，企业选择灵活。日本的企业年金信托有厚生年金基金信托、确定给付企业年金信托和确定缴费年金信托（企业型）。

不同类型的企业年金信托的经营模式不尽相同。

1. 厚生年金基金信托运作模式

在得到厚生劳动省的认可后便可设立厚生年金基金，企业主在和劳动者达成厚生年金基金规约后由企业主将劳动者的缴费上缴给厚生年金基金，厚生年金基金与信托银行达成信托协议并缴费，由信托银行将符合条件的年金给付给厚生年金基金，之后由厚生年金基金下发年金给付金给劳动者，如图 4-3 所示。

2. 确定给付企业年金信托运作模式

企业主和劳动者制定的年金规约在得到厚生劳动省大臣认可之后，由企业主上缴从劳动者处收缴的年金给信托银行，并与信托银行签订信托协议，信托银行

要按照信托协议的基础进行资产管理，同时发放年金给付金给劳动者，如图4-4所示。

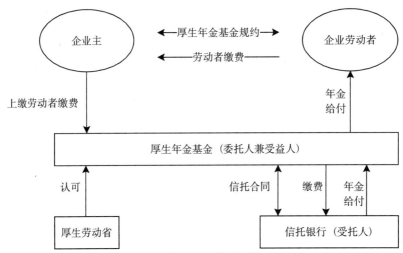

图 4-3 厚生年金基金信托运作模式

资料来源：日本信托协会。

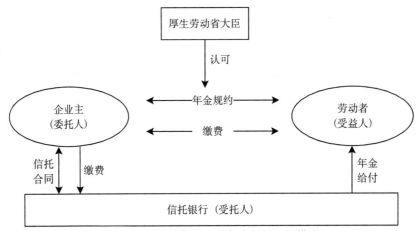

图 4-4 确定给付型企业年金信托运作模式

资料来源：日本信托协会。

3. 确定缴费年金信托（企业型）运作模式

实施企业型确定缴费年金的雇主，需与劳动者签订年金契约并得到厚生劳动大臣的认可。雇主与信托银行等（资产管理机构）签订资产管理契约并缴费。运营管理机构在综合劳动者的指令后，向信托银行等（资产管理机构）发送指令，信托银行等（资产管理机构）在指令下将资产投向不同机构，并发放企业年金，如图4-5所示。

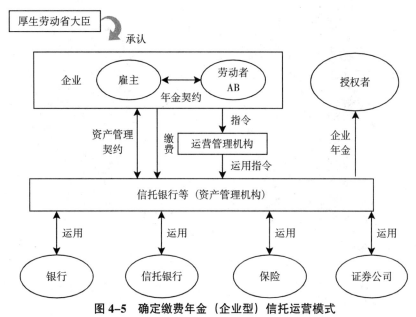

图4-5 确定缴费年金（企业型）信托运营模式

资料来源：日本信托协会。

（四）企业年金信托推新退旧以应对下滑趋势

日本企业年金中厚生年金基金信托和适格退职年金信托余额逐年下降，固有的企业年金制度面临生存危机，这主要是由以下两方面的原因造成的：

第一，目前，由于少子高龄化（如图4-6所示）和一些社会问题的逐渐凸显，社会上的一部分人，特别是年青一代对他们通过辛勤工作并缴纳保险费所建立起来的年金体系表现出了不安和怀疑的态度。他们认为，等到他们老后，应享受年金给付的时候，现有的年金体系制度可能已不能为他们创造幸福的晚年生活。日本真正意义上的少子高龄化社会的到来，使得传统的年金政策中的问题逐步显现，这些问题成为了威胁国计民生安定的一个大问题。简单来讲，就是随着人口老龄化的加剧，在工作期并缴纳社会保险费的人口所占比例越来越少，但是，取得社会养老金的人数却越来越多，这就自然使得现行的年金体制中所存在的问题暴露无遗。

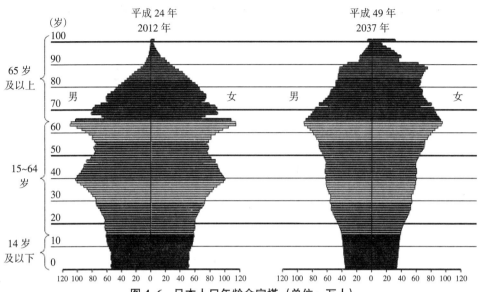

图4-6　日本人口年龄金字塔（单位：万人）

资料来源：日本统计局。

第二，以日本泡沫经济的崩溃为转折点，企业已经很难再继续支付巨额的退休金。其原因除了资本成本和人事费的增加以外，还有一点就是企业的效益大大降低。在以全球化规范为基准的竞争日渐激烈之际，如果日本仍继续坚持过去的雇佣方式，维持传统的退休金制度，那么就很可能将日本的企业逼上破产的绝路。所以养老金制度逐渐开始崩溃，企业养老金作为退休金的部分财源，也亮起了红色信号灯。

面对这样的困境，日本信托业审时度势，在完成厚生年金基金信托和适格退职年金信托使命的同时，积极推出更加适合国内环境的新型企业年金信托：确定给付企业年金信托和确定缴费年金信托（企业型）。新型企业年金的推出，很快收到国内市场的强烈反响。自确定给付企业年金信托和确定缴费年金信托（企业型）推出后，其受托额基本上弥补了适格退职年金信托和厚生年金基金信托受托额的下降金额。

日本信托业通过创新，在企业年金领域通过推新退旧的方式，解决了企业年金信托市场额下滑的问题，再次推动了企业年金的发展。

企业年金信托余额情况如表4-6所示。

表 4-6　企业年金信托余额情况

年份	适格退职年金信托	厚生年金基金信托	确定给付企业年金信托			国民年金基金信托	合计
			规约型	基金型	总计		
1990	58780	168234				—	217143
1991	61726	183702				168	231909
1992	64335	196735				622	243913
1993	66810	208426				1113	258985
1994	68492	217323				1631	268083
1995	71047	226308				2301	281031
1996	75380	235945				3974	300783
1997	80224	247355				4787	318512
1998	84317	247525				5386	328568
1999	90505	258888				6115	352255
2000	96444	267588				6837	371498
2001	98869	272559				7103	382516
2002	95797	257193	1928	—	1928	7539	372084
2003	90975	221105	7499	33174	40673	8138	368603
2004	71704	139135	26758	72492	99251	8974	338052
2005	69860	117940	36219	91938	128157	12745	351847
2006	62784	121164	47503	97834	145337	13829	385659
2007	53166	108379	53034	101662	154697	14054	363706
2008	41512	107083	59240	106310	165551	14453	337215
2009	29095	105315	64557	108781	173338	14960	320687
2010	14990	103409	75980	112458	188439	14841	335590
2011	—	96545	87883	113783	201667	14508	326187
2012	—	89142	89411	120795	210207	13912	341646

资料来源：日本信托协会。

第五章

大资管时代的大信托：
发达国家资产管理行业透视

● 除特色信托业务之外，发达国家信托业务也表现出了相同的趋势：从事资产
管理业务

● 资产管理业务的世界趋势：资产管理分布于各个金融子行业中，不被某类金
融机构垄断

一、英国资产管理

（一）资产管理现状

1. 产业规模

从全球范围来看，英国的资产管理规模名列第二，仅次于美国。成立于2001年的投资管理协会是英国投资管理业的行业协会。截至2012年12月，由该协会管理的总资产估计有4.5万亿英镑，比2011年增加了3000亿英镑，增长率为7.9%。整个资产管理业在2012年的年收益为130亿英镑，比2011年多出10亿英镑。

2. 资产管理分布

英国资产管理活动基本上集中于伦敦，但是也有近11%的业务或者说5000亿英镑的资产管理活动在苏格兰。

从业务上来看，英国资产管理业分布相对不集中，排名前10的大公司只管理了总资产的54%，但基本集中在排名前100的基金中。

3. 资产投资分布

资产管理业务中的股票投资与以往相比是最少的，占整个英国股票的33%，欧洲和新兴市场的股票分别占到22%和14%。

最大的固定收益种类是英镑公司债券（26%）、金边债券（18%）、与指数挂钩的金边债券（16%）和其他英国债券（3%）。

4. 资产管理的方式

近些年来，"一对一"与"一对多"的管理方式所占比重相对来说比较稳定，2011年二者所占比重分别为55%与45%，到了2012年二者所占比重分别为52%和48%，对于这一变化，能否得出英国资产管理的方式到底会趋向于哪种，还不能过早下结论。

从被动管理与主动管理角度来看，2006年到2012年，英国资产越来越倾向于被动管理，且被动管理的资产一直处于增长状态，在2011年占比最大，为22%，但是总体来看，主动管理还是处于绝对地位，如图5-1所示。主动管理资产的年增长率为11%，远大于被动管理资产5.4%的年增长率。

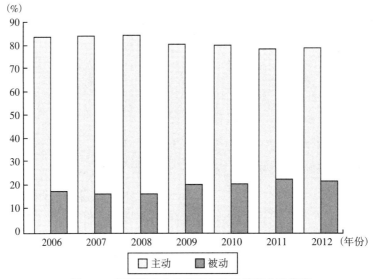

图5-1 英国资产主动管理与被动管理占比变化

5. 资产管理客户类型

2012年资产管理客户类型与2011年相比基本没有变化。从总体上来看，机构客户仍然占主要地位，占英国所管理资产的81%，零售客户和私人客户分别占17%和1.6%。机构客户中最大的客户群体是养老金，占整个资产管理客户市场的38%；以投资信托为主的英国封闭式基金是机构客户市场的另外一大组成部分，占比为8%左右。零售客户市场主要是指单位信托。

（二）资产管理运作模式

1. 英国养老金的运作模式

（1）养老基金现状。经过几十年持续不断的变革和发展，现行的英国养老金体系主要由"三支柱"构成：国家养老金计划、职业养老计划和个人养老计划。职业养老金和个人养老金计划统称为私人养老金。其中，职业养老金全部是通过信托进行管理，称为"养老金信托"，是养老金计划中最重要的部分（下文主要讨论职业养老金信托，所以养老金均指职业养老金）。在创设职业养老金信托时，首先由雇主出资建立基金，其次由受托人以受益人的利益为目的对基金进行管理和运用。

国家养老金仅能保证普通职工退休后的基本生活需要，更高的退休待遇主要依靠养老金信托来满足。现在英国的职业养老金基本已经可以替代国家养老金。截至2012年，约有1580万人参加了职业养老金计划，约30万人参加了个人养老金计划。英国养老金的资产截至2012年共有近2万亿英镑，其中职业养老金有近1.7万亿英镑，占比85%，个人养老金资产有0.3万亿英镑，占比15%，可见，职业养老金是英国养老金体系中最主要的支撑，如图5-2所示。

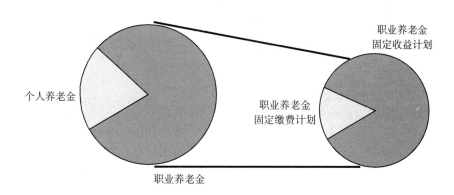

图5-2 英国养老金资产分布

英国养老金按照缴费方式可以分为确定收益型计划和确定缴费型计划两类，其中确定收益型计划资产为1.2万亿英镑，占比76%，确定缴费型计划总资产为0.4万亿英镑，占比24%，可见，英国的养老金计划是以确定收益型计划为主。

英国的养老金采用内部受托模式，即企业年金理事会。内部受托模式下，董事会分别由雇主、雇员、工会的代表独立组成，能有效保护养老金受益者的利益，但该模式也存在潜在的受托人抉择能力不足的劣势。

（2）养老金信托的资金来源。养老金信托的来源依职业养老金计划的缴费方式分为基本缴费、自愿补充缴费和独立自愿补充缴费三类。

英国职业养老金计划雇员的基本缴费率以雇员工资收入的15%为限，同时在此范围内可免除个人所得税，而对雇主的缴费率则无限度。特别要说明的是，独立自愿补充缴费是独立于主要养老金计划之外的，如果雇员离职，可以不受雇主限制按照雇员的意愿转移。

不同的职业养老金计划中，雇主与雇员的缴费率之间的差异很大。据统计，职业养老金中雇员平均缴费占比为25%，雇主平均缴费占比为75%，而雇主缴费一般相当于雇员收入的固定比例。

（3）英国养老金信托资产业务。在英国，由于职业养老金的信托投资业务可以免除所得税和资本利得税，所以资产业务不会被税收扭曲，有很大的自主性。总体来看，英国养老金信托资产业务主要分为英国公司有价证券、英国政府债券、海外有价证券、国内不动产、短期资产（主要是现金和银行存款）。除此之外，英国职业养老金还从事购买艺术品、商品和金融期货或期权等资产业务。

图5-3反映了自我管理型职业养老金的资产组合情况。短期资产占总资产的小部分，相对于个人投资者和共同基金，养老基金更偏向于对中长期资产的持有，扮演着中长期资金"转换器"的角色，在2008年总资产中一度达到85%的占比。养老资金偏好长期投资可以用其资金性质和资金规模来解释，它可以通过更加多元化的资产配置和更长的持有期限来降低资产组合的短期波动风险和非系统性风险，并因此获得更高的收益率。而个人投资者和共同基金的资金期限都较短。

长期资产主要分为三大类：公共部门有价证券、公司有价证券和其他长期资产。其中公司有价证券占比最大，1990年，公司证券占长期资产的73.11%，1996年上升到78%，2004年又下降到65.24%。20世纪80年代到21世纪初，随着英国股市的变化，养老金资产价值也呈现正向的波动。2000年，养老金总资产价值7000亿英镑，由于股市回落，2002年养老金资产下降到6000亿英镑，但在2012年又回升到1.4万亿英镑。

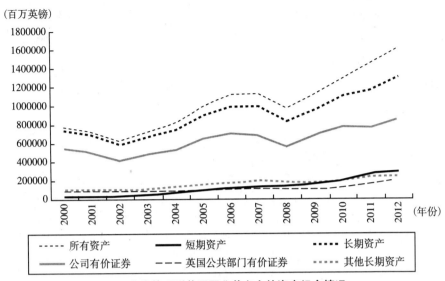

图 5-3 自我管理型英国职业养老金的资产组合情况

资料来源：Investment by Insurance Company, Pension Funds and Trusts Office for National Statistics.

　　随着养老金计划的发展，投资者风险意识加强，相对于股票，债券份额会逐步上升。由图 5-4 可知，英国股票占主要投资地位但不稳定，2000~2012 年期间股票份额有大幅下降，共同基金份额则有所上升，海外公司证券份额波动较小，占比最低的是英国公司债券。

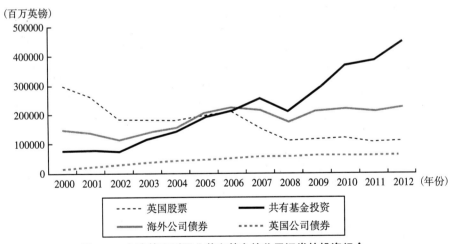

图 5-4 自我管理型职业养老基金的公司证券的投资组合

资料来源：Investment by Insurance Company, Pension Funds and Trusts Office for National Statistics.

图 5-5 和图 5-6 反映了自我管理型职业养老基金的公司证券在 2000 年和 2012 年的投资结构变化情况。自我管理型职业养老基金持有的英国股票占比从 2000 年的 55% 下降到 2012 年的 13%，而共同基金和英国公司债券的持有占比则呈现上升趋势，尤其是共同基金占比上升较快，从 14% 上升到 53%。

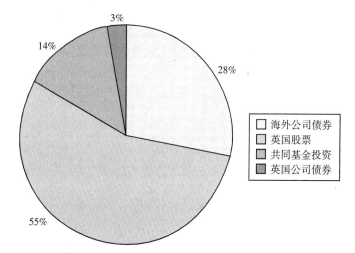

图 5-5 2000 年职业养老金投资组合

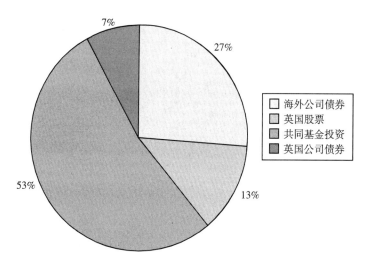

图 5-6 2012 年英国职业养老基金投资组合

2. 英国投资信托运作模式

（1）投资信托现状。投资信托是将从公司股东那里获得的资金分散投资于多种证券、房地产或其他投资领域，以帮助投资者获得较高的投资收益和减少投资风险，属于公司制的封闭基金。这些基金在法律意义上是一家股份有限公司，有固定的资本结构，其普通股在英国的证券交易所上市。投资信托基金不能追加发行股票，也不能赎回，买卖只能通过证券交易所。目前，投资信托已经成为英国资本市场上一支重要的力量，是英国中长期资金的重要来源之一。

自20世纪80年代以来，英国的信托投资行业发展较快，投资信托公司的业务不断完善。比如1963年，"投资信托公司协会"管理的资产不到30亿英镑，到1995年10月，协会已管理价值488亿英镑的资产。到2013年12月31日，英国共有投资信托公司464家，投资信托公司管理的资产有1100亿英镑。

在组织上，投资信托基金作为一家有限公司，其董事会对基金资产负最终责任。基金的日常管理和投资组合决策通常委托投资经理人（即基金管理公司）进行。一家经理人公司可以同时管理和经营几家基金的资产，但它不是基金资产的所有者，只依据信托法拥有占有、使用、支配和管理的权利，收取的管理费用大约是基金资产的0.4%，这是经理人公司的主要收入来源。值得一提的是，在英国，并非所有的基金都委托经理人管理，也有少数基金是由它自己管理和经营的。

（2）投资信托的资金来源。投资信托公司是依据信托原理通过公开招股的方式筹资的，它们的资金主要来源于两个方面：①大量的小额储蓄（投资）者。投资信托公司是为小额投资者进行集体投资的，它有如下两大好处：通过投资信托公司的专业理财能够降低小额投资者的风险及提高收益；通过投资信托公司分散风险。②其他工商企业。

（3）投资信托的资产业务。英国投资信托行业资产组合情况见表5-1和图5-7。

表5-1 英国投资信托行业资产组合

单位：百万英镑

年份	英国政府证券	英国普通股	海外普通股	其他公司证券	单位信托投资	海外政府证券	土地、房产等	其他长期资产	长期资产	短期资产	总资产
2008	628	14366	18385	1436	28	410	142	3684	39079	3397	42476
2009	585	17646	23865	1604	33	256	141	3824	47954	2522	50476
2010	466	18883	29341	1864	42	410	197	4618	55821	2174	57995
2011	681	18766	29083	1873	76	254	1522	5439	57694	2893	60587
2012	857	20018	30758	1599	53	251	1538	5744	60818	3015	63833

注：其他公司证券包括英国公司证券和海外公司证券。

资料来源：Investment by Insurance Company, Pension Funds and Trusts Office for National Statistics.

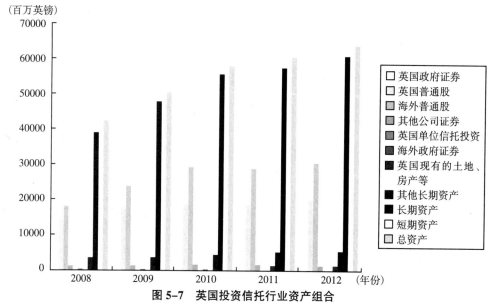

（百万英镑）

图5-7 英国投资信托行业资产组合

注：由于投资信托各类资产数值上差异明显，所以只选取所占比例较大的几类。

资料来源：Investment by Insurance Company，Pension Funds and Trusts Office for National Statistics.

投资信托主要是将股东提供的资金和发行银行通过债券等方式筹集的资金以自己的名义投资于金融资产，特别是从2012年英国投资信托业的投资资产组合中可以看出，在英国投资信托公司所持有的金融总资产中，长期资产居于主要地位。

长期资产中主要有英国政府证券、英国普通股、海外普通股、英国授权的单位信托、其他长期资产和其他公司证券。从种类上来看，海外普通股占比较大（这主要得益于英国在1979年取消外汇管制，从而促进英国投资信托公司大量购买海外公司的证券），为43.28%；其次是英国公司的普通股票，占比为33.82%。

从地域上来看，由于投资信托业务的开办对于集中社会闲散资金和发展海外其他国家的投资业务都起了重要的作用，因此投资信托业务在英国本土与海外都相对发达，特别是在海外。1994年国内投资198.16亿英镑，国内外信托投资总计395.86亿英镑。而2012年国内投资有2000亿英镑，海外投资有3200多亿英镑。

3. 英国单位信托运作模式

（1）单位信托的现状。在美国，单位信托被称为共同基金的投资基金，在英国则被冠以单位信托（Unit Trust）的名称。单位信托是开放式基金，最早的单位信托出现在英国 20 世纪 30 年代，在发展初期，以契约型封闭式基金为主。20世纪 60 年代后，开放式基金的总资产规模稳步增长，20 世纪 80 年代更以每年高达 25% 的平均增长率增长。到 2001 年年中，单位信托的资金规模约为 3200 亿美元，封闭式基金约为开放式基金规模的 25%，基金总值约占证券总值的 7%。2007 年，注册在英国的单位信托资产规模达到 4627 亿英镑，较 2006 年增长了13% 以上。同时，英国单位信托公司的数量也明显增加。

单位信托基金也由经理人管理和经营。经理人通常是单位信托基金的发起人，他负责基金单位的销售与赎回，以及将基金资产投资于证券市场。其投资决策由经理人单独做出，在遵循"信托契约"的前提下，经理人拥有很大的自主权。单位信托基金经理人所取得的管理费包括两部分：一是创业费，当它销售基金单位时，这部分费用包括在基金单位的价格里，通常高达资产价值的 5%；二是年管理费，一般为资产价值的 0.75%~1.25%。经理人要承担的费用有投资管理费用、受托人费用及审计费用等。

（2）单位信托的资金来源。英国的单位信托是一种开放式的共同投资工具，是一种集合众多顾客的资金投资于多种有价证券的信托业务。单位信托吸收资金的方法是将本公司资本份额变成"分单位"公开出售，投资者认购并且可以像兑换其他有价证券一样随时将手中的"单位"兑换成现金。分单位信托券的价值是按照构成总"单位"的那些有价证券的市价计算出来的。即分单位的计算是将各种不同的有价证券结合在一起，构成一个总"单位"，每个"单位"再分为若干个"分单位"，从而构成分单位信托券的价值。

单位信托发行的单位数不是固定的，视实际需求增减。同时，单位信托公司必须按反映其持有资产现行市值的市场价格来买卖"单位"。单位信托公司规模也会随着投资者对"单位"的需求量而变大或缩小。

在英国，"单位"买卖价格由统一规定的公式计算。单位信托公司经营管理者的利润收入取决于单位信托买卖数量。因此，为了本身利益，管理者会想办法使其管理资产不断增值，获得更高收益，以吸引更多人购买。

单位信托的"单位"目前主要分为"收入"和"积累"两种。"收入"单位信托是单位信托公司每年两次将获得的投资利益按单位持有人持有单位数多少直接支付给投资者；"积累"单位信托是单位信托公司将收益继续投资，帮助投资者进行积累以获得更高收益。

（3）单位信托的资产业务。英国单位信托行业投资资产情况见表 5-2 和图 5-8。

表 5-2　英国单位信托行业投资资产结构

单位：百万英镑

年份	英国政府证券	英国普通股	海外普通股	其他公司证券	海外政府证券	土地、房产等	其他长期资产	长期资产	短期资产	总资产
2008	33466	143550	113667	60616	5754	8518	42670	408241	35224	443465
2009	29331	167401	150863	79947	5810	7248	49417	490017	37263	527280
2010	33306	204616	200028	101884	9251	9484	60029	618598	48382	666980
2011	37116	179940	187714	101123	14797	13220	66640	600550	45001	645551
2012	36033	201822	215705	126416	19604	13498	81849	694927	53734	748661

资料来源：Investment by Insurance Company，Pension Funds and Trusts Office for National Statistics.

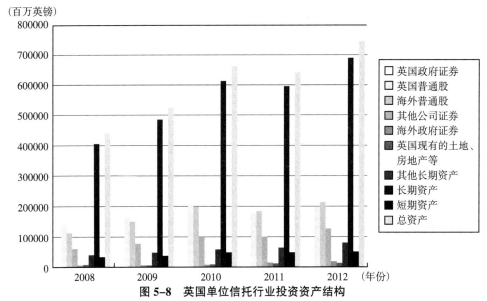

图 5-8　英国单位信托行业投资资产结构

资料来源：Investment by Insurance Company，Pension Funds and Trusts Office for National Statistics.

从英国单位信托公司的资产组合来看，长期资产持有占绝大多数，其中 2012 年长期资产占总资产的 92.8%。从图 5-9 中可以看出，英国的单位信托主要投资于普通股票市场，其英国普通股和海外普通股投资加起来占总投资额的 55% 以上。英国证券市场上的投资者主要为机构投资者，如银行、保险公司和投资集团，对单位信托这种以专家理财、分散化投资为特点的投资模式的需求并不旺盛。2012年12月，英国投资管理协会会员在英国所管理资产总量的81%属于企业年金基金和保险公司等机构投资者，零售市场只占总资产的19%。另外，单位信托公司所持有的政府证券的比重比较少，只有7.4%左右，可以说是微不足道的。

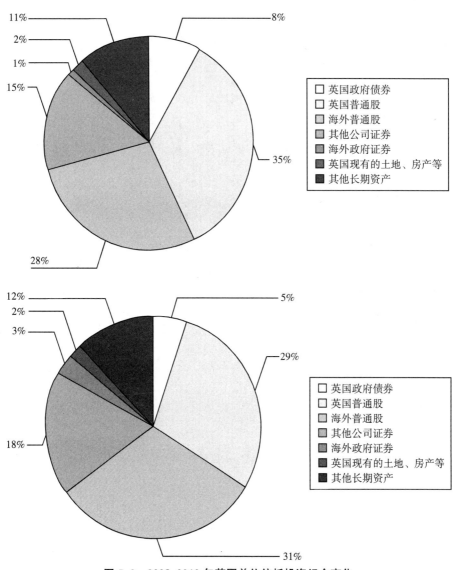

图5-9 2008~2012年英国单位信托投资组合变化

从图 5-9 中的两幅图对比可以看出，从 2008 年到 2012 年，英国公司普通股份一直是单位信托投资的重点所在。其他长期资产，英国现有土地、房产和海外政府证券的比例基本保持不变。英国政府证券比例下降，相应海外普通股和其他公司证券的比例稍有上升。这也佐证了单位信托偏向于对各类公司证券进行投资的结论。

（三）资产管理的制度保障

1. 养老金的制度保障

（1）职业养老金的监管体系。英国的职业养老金计划发展较完善，尤其体现在养老金监管体系上的多体系监管与自我监管的结合，由于尚未设立专门机构，目前暂由政府机构和非政府机构共同监管。英国的养老金监管体系如图 5-10 所示。

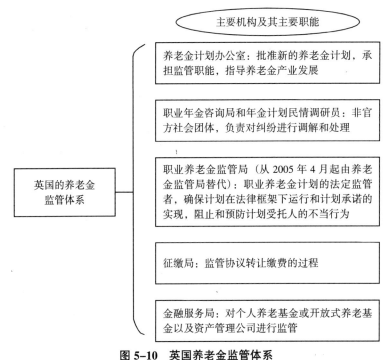

图 5-10　英国养老金监管体系

英国职业养老金监管局（OPRA）曾是职业养老金计划的法定监管者，但在 2005 年被养老金监管局所替代。设立养老金监管局的目的主要是为了确保职业养老金计划的顺利运行。与 OPRA 相比，养老金监管局进一步加强监管力度，主要是通过立法制定目标，使养老金监管局主要活动集中于使成员利益面临最大风险的计划上。不仅如此，养老金管理局比 OPRA 更主动收集相关信息，这能降低成员利益面临的风险并能有效改进运作方式。

（2）职业养老金的监管制度。英国政府建立了"仲裁"、"申诉"两大辅助性监管制度。前者主要是通过引进第三方仲裁者对受托不当行为进行约束，后者则是鼓励建言献策，以助于完善职业养老金计划监管体系。

除了《信托法》外，英国政府还通过《金融服务法》、《社会保障法》和《养老金计划规则》以及出台养老金法案等法律文件加强对职业养老金计划的监管。

（3）职业养老金的监管模式。英国职业养老金计划监管采取"审慎人"规则监管的模式。"审慎人"监管模式具有极大的灵活性，衡量的是投资决策过程，核心在于养老金的内部治理，对管理人的内部控制、治理结构，监管当局的监管能力和司法体系有较高要求，而英国的金融市场已经相当发达，监管当局也有对养老金内部控制的信息披露，所以在此基础上实行"审慎人"监管非常有效。

2. 投资信托的制度保障

（1）投资信托的监管体系。在整个英国的信托业中，个人受托是信托业的主体，受托人接受来自法院的监管；而法人受托业务主要由银行和保险公司的信托承办，还有少数的信托储蓄银行，它们是从邮政部门分离出来的，属于官办性质，当受托人是法人时，则接受来自英格兰银行和"证券和投资委员会"的监督，两者均对财政部门负责。

从事投资信托和单位信托的机构接受来自"证券和投资委员会"的监管。该委员会由《金融服务条例》授权，给予投资机构经营许可权；为实施监管，该委员会组织了一批自律性组织和被承认的专业团体。这些自律性组织包括：投资管理监督组织、证券和期货机构以及个人投资机构。

（2）投资信托的监管制度。投资信托公司是有限公司，在英国依照法律，其投资行为受到多重限制，主要有如下两点：对某一公司证券的投资不得超过该投资信托公司总投资的 10%；投资信托公司对非上市公司证券投资不得超过该公司总投资的 15%。因此，投资信托公司手头持有的资产大都是公司证券。

（3）投资信托的监管模式。在英国，投资信托公司的开设和营业必须得到英国证券与投资委员会的批准，以及投资管理法组织的监督管理，同时要符合伦敦证券交易所提出的上市要求，按照《公司法》披露相关信息。投资信托公司的协会组织是投资信托公司协会，但投资信托公司协会只是代表成员向政府及有关方面进行游说和提出建议，不行使监督管理职能。

3. 单位信托的制度保障

（1）单位信托的监管体系。单位信托与投资信托的监管体系类似，接受"证券与投资委员会"的监管。

（2）单位信托的监管制度。在英国，单位信托的协会机构监管相对来说并不是很严格，因此英国的单位信托公司必须严格依照信托章程经营，而对单位信托公司的投资范围的规定主要有以下几方面：单位信托公司不得在商品期货和房地产市场上进行投资；在单位信托公司的投资资产组合中，用于购买正式上市公司证券的资金不得少于所持有资产的75%，用于购买非正式上市公司股票的资金不得超过所持有资产的20%，用于购买未上市公司股票的资金不得超过所持有资产的5%；单位信托公司不得持有某一家公司10%以上的股份；单位信托公司对某一家公司的投资金额不得超过本公司所持有资产的5%。

（3）单位信托的监管模式。单位信托公司的资金监管与经营严格区分开，且相互独立。任何一家单位信托公司必须接受受托监管公司对其公司资产进行的监管，同时还要有另一家投资经营公司对其日常商业活动进行管理。一般来说，受托监管公司大都是银行或保险公司，是单位信托公司的法定代表人，代表投资者持有资产，进行有效投资。这点不同于投资信托公司，投资信托以自身名义持有资产，而单位信托是一家受托监管公司代表单位信托持有资产。投资经营公司一般是大中型金融机构的下属子公司，负责收集红利、买卖单位和维护市场。此外，投资经营公司可以在单位信托的章程内，为改变作为信托基础的各种不同类型的资产比例而进行必要的证券买卖。单位信托公司的受托监管公司有权监管投资经营公司，并可选择更换投资经营公司。

二、美国资产管理

（一）美国资产管理现状

美国资产管理行业主要包括注册投资顾问、保险公司、银行及其控股公司、基金公司以及私人投资等，如图 5-11 所示。2012 年年底，美国资产管理行业资产达到 153 万亿美元，其中私人可投资资产达到 84 万亿美元。

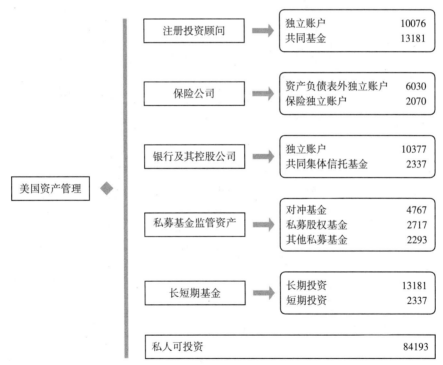

注册投资顾问	独立账户	10076
	共同基金	13181
保险公司	资产负债表外独立账户	6030
	保险独立账户	2070
银行及其控股公司	独立账户	10377
	共同集体信托基金	2337
私募基金监管资产	对冲基金	4767
	私募股权基金	2717
	其他私募基金	2293
长短期基金	长期投资	13181
	短期投资	2337
私人可投资		84193

图 5-11　美国 2012 年年底资产管理行业概览（单位：十亿美元）

资料来源：2012 Asset Management and Financial Stability. OFR.

资产管理行业中私人投资主要指富有阶层的投资行为活动。美国私人投资者群体主要包括退休的企业高级管理人员和精明而富有的企业巨头，以及商业银行和投资银行的富有客户。2012 年美国私人投资资产结构如图 5-12 所示。

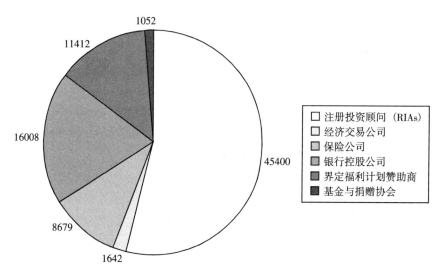

图 5-12　2012 年年底美国资产管理私人可投资资产结构（单位：十亿美元）
资料来源：2012 Asset Management and Financial Stability. OFR.

2012 年，美国资产管理行业规模前三的公司为贝莱德集团（BlackRock）、先锋集团（Vanguard）以及道富集团（State Street），其中贝莱德集团管理资产为 3.8 万亿美元，先锋集团管理资产为 2.2 万亿美元，道富集团管理资产为 2.1 万亿美元。美国国内大型国内资产管理公司业务分类如图 5-13 所示。

大型资产管理公司业务主要以权益性资产与固定收益型资产为主。贝莱德集团资产管理业务中权益性资产占 57%，固定收益型资产占 31%，其余是混合资产与替代性投资占比。道富集团 2.1 万亿美元的资产管理业务中，权益性资产达到 1.37 万亿美元，现金资产为 0.38 亿美元，固定收益型资产为 0.32 亿美元，混合资产与替代性投资居末位。

大型资产管理公司的投资类型主要分为积极型与指数型。就贝莱德集团而言，其投资类型占比如图 5-14 所示，贝莱德集团独有的 iShares 产品是专门针对交易所交易基金的投资工具，目前已经成为了领导业界的标准。

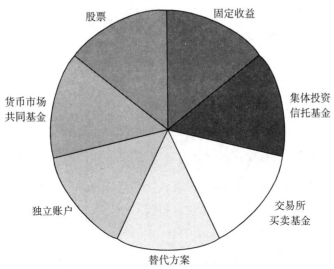

图 5-13　2012 年美国国内大型资产管理公司业务类别

资料来源：2012 Asset Management and Financial Stability. OFR.

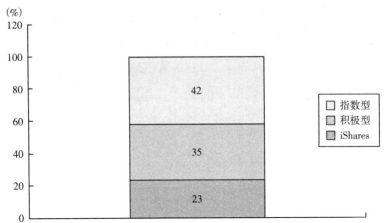

图 5-14　2013 年年底贝莱德集团资产管理投资类型

资料来源：贝莱德 2013 年年度报表。

（二）制度保障

1. 金融监管机构

（1）美联储（FED）。美联储根据《联邦储备法》（Federal Reserve Act）于 1913 年成立，负责履行美国中央银行的职责，主要由联邦储备委员会、联邦储备银行及联邦公开市场委员会等组成。美联储的三大职能是：货币政策、银行监管以及救助银行。

（2）美国证券交易委员会（SEC）。美国证券交易委员会是直属美国联邦政府的独立准司法机构，负责美国的证券监督和管理工作，是美国证券行业的最高机构，具有一定的立法权和司法权，专门对资产管理的发行与交易活动进行管理，并检查、稽核《投资公司法》和《投资顾问法》等的执行，以保护投资者的合法权益。

（3）金融监管局（FINRA）。金融监管局成立于2007年，由美国证券交易商协会（NASD）和纽约证券交易所监管局合并发起成立。作为美国证券场外市场的自律监管组织，美国金融监管局接受美国证券交易委员会的监管，类似中国的证券业协会，其主要功能是通过高效监管和技术支持来加强投资者保护和市场诚信建设，并主要负责场外交易市场（OTC市场）的交易行为以及投资银行的运作。而作为非政府组织，美国金融监管局的存在也是美国金融市场发展成为自我监管的有效市场的重要一步。

2. 市场准入要求

（1）最低资本要求。在美国，证券交易委员会并没有对投资顾问公司设定最低资本要求，但个别州的证券监管当局对在本州注册的投资顾问公司有一定的资本要求。1996年，美国国会在通过《全球证券市场促进法案》后，进一步划分了证券交易委员会与各州证券监管机构的权限，规定资产规模超过2500万美元或为投资公司进行投资管理的投资顾问必须在证券交易委员会注册，其余的可在各州注册。

（2）确保客户资产的独立。投资顾问可以担任客户资产的托管人，但必须符合一些额外的条件：客户的资金可开立一个或多个银行账户保管，以投资顾问作为该客户的代理人或受托人的名义开立账户，每个账户都单独记账保存，必须将账目的构成明细寄给客户；一旦投资顾问接受为客户保管资产，必须立即书面告知客户有关其资金和证券的保管方式，如果之后发生变化也须及时通知客户；至少每季度向客户寄送一次载有其托管资金和证券余额及该期间交易记录的对账单；至少每年一次在未事先通知的情况下接受独立审计机构的外部审计，审计报告须报证券交易委员会备案。

（3）信息披露。根据《1940年投资顾问法》，投资顾问必须向其目标客户提供一份书面说明，载有关于该投资顾问业务发展概况以及相关人员的教育和从业背景等内容。这些内容与投资顾问申请执业资格时必须填报的ADV表的第二部分基本一致。作为该投资顾问的现有客户，每年也应收到一份这样的小册子。投资顾问还有义务向投资者披露有关其所收取费用的重要信息以及其与客户之间可能存在的利益冲突（即使其认为该冲突不会对客户造成不利影响）等。如果投资顾问同时负责客户资产的托管，必须就其自身财务状况发生变化或有可能使其不再能够满足原来与客户签约时约定的条件或不能履行承诺的情况及时通知有关客户。如有违法违纪事件发生，使投资顾问的信誉和处理业务的能力受到重大影响，也应立即通知客户。

（4）强制执行。证券交易委员会的执行部（Division of Enforcement）负责执行联邦证券法律法规。该部门将对可能的违法违规行为进行调查，并提出救济或处理意见供证券交易委员会决定。个人如果被发现违反了证券交易委员会的禁令，将有可能被处以罚金或拘禁，但通常证券交易委员会会寻求经济制裁的方式，如罚款或没收非法所得等，同时，法院还有可能会限制或吊销该人的从业资格。如果机构违法违规，有可能被取消注册资格、吊销营业执照、限制或中止开展业务，同时也会处以罚金或没收非法所得等。

（5）审计。证券交易委员会的监察和检验局（The Office of Compliance and Examination）根据《1934 年证券交易法》、《1940 年投资公司法》以及《1940 年投资顾问法》负责对投资顾问（公司）进行审计监督。这种审计监督不仅针对投资顾问公司的财务状况，还涉及其业务开展的各个方面，重点对其业务开展的合规性进行检查，包括其是否遵守信息披露的规则、有无对客户的欺诈行为等。

三、日本资产管理

日本资产管理行业似乎正在经历一个拐点，将要从历时 5 年的金融危机中摆脱，一改停滞不前的颓势。在机构市场方面，日本资产管理行业将要从价格竞争层面转到价值竞争层面；在零售市场方面，日本资产管理行业将要从短线交易转为长期资产规划。

机构市场方面，安倍政府将要对机构市场主要客户——公共养老基金进行改革，将公共养老基金交给专业资产管理机构进行管理。公共养老基金要摆脱根据历史收益率支付较低管理费的定位，转变为根据资产管理公司提供的优越的投资产品的实际价值支付管理费用。除此之外，咨询业务在机构市场逐渐流行，日本资产管理公司面临着在日本没有实体的国外公司的竞争。机构市场将要进入价值竞争的新时代，资产管理行业必须提供有特色、有吸引力的业务，否则很难生存下来。

零售市场方面，个人储蓄账户制度可能是将信托投资转化为长期资产规划的媒介。个人储蓄账户制度不允许从事短线交易。调查表明，不仅仅是信托投资的主要客户——老年人对个人储蓄账户表示期待，年轻人也同样对个人储蓄账户表示欢迎。个人储蓄账户制度会使那些没有参与投资的人群转向长期资产投资，同时促进了信托投资的发展。

（一）日本投资者投资趋势

1. 金融资产规模恢复到金融危机前水平

2012 年，日本金融资产规模增加了 72 万亿日元，达到 1723 万亿日元，接近 2008 年金融危机之前的水平。金融资产规模的增加主要是由 2012 年 12 月日本自由民主党再次掌权后，股票市场增值和日元贬值造成的。2012 年，日本资产管理市场与前几年一样没有太大的变化，但是从 2013 年开始，日本资产管理市场因为新的税收优惠政策而发生变化。日本非常规货币政策会促进个人投资者进行证券投资，减持以国债为中心的证券投资组合。

日本资产管理公司客户主要有个人投资者、金融机构的企业和养老基金。考虑到金融机构的证券投资组合中有很大部分资金来源于个体投资者的存款，日本投资者的金融资产在 2013 年 3 月 31 日达到 1723 万亿日元，同比上一年增长了 72 万亿日元。增长的 72 万亿日元金融资产包括个体投资者的 55 万亿日元和养老基金的 17 万亿日元。金融资产中有接近 20%（367 万亿日元）的股票资产由资产管理公司管理，资产规模再次回到 2008 年 3 月时的最高值。

2. 个体投资者投资趋势

截至 2013 年 3 月，日本个体投资者金融资产达到了 1446 万亿日元，年增长资产为 55 万亿日元。个体投资者资产构成和上一年相比没有太大变化，银行存款和保险产品占个体投资者总资产的 80% 左右。

2014 年出台的个人储蓄账户制度对个体投资者产生了较大的影响，个人储蓄账户制度可能会引起投资信托资产规模激增。野村综合研究所数据显示，日本投资信托资产规模 2013 年达到了 70 万亿日元，个人储蓄账户制度的出台，将会导致投资信托资产规模在接下来的 5 年里增加到 100 万亿日元。

3. 养老基金和金融机构投资趋势

养老基金是日本最大的机构投资者，2013 年 3 月，养老基金规模达到 277 万亿日元。养老基金中，公共养老金计划占 176 万亿日元，较上一年增长 9 万亿日元；企业养老基金占 101 万亿日元，年增长 8 万亿日元，如图 5-15 所示。雇员养老金计划是公共养老基金中最大的项目，它的规模却在持续下降，2012 年下降了 4 万亿日元，2013 年下降了 5 万亿日元，而这一下降趋势在接下来的几年里仍将延续。

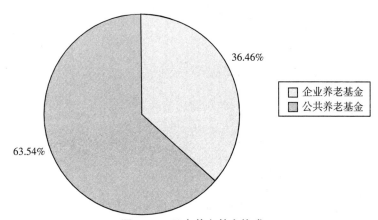

图 5-15　日本养老基金构成

资料来源：野村综合研究所。

截至 2013 年 3 月，金融机构证券投资规模达到 822 万亿日元。银行（日本邮政储蓄银行除外）占 285 万亿日元，日本邮政储蓄银行占 172 万亿日元，寿险机构（日本邮政保险除外）占 206 万亿日元，日本邮政保险占 73 万亿日元，非寿险机构占 21 万亿日元，信用社和其他占 67 万亿日元，如图 5-16 所示。

由于金融机构的主要投资目标是国债，而且金融机构的证券投资组合由其内部管理，金融机构收益远不如养老基金。由于银行贷款业务发展缓慢，证券投资仍然是金融机构的首选，但是对国债投资政策会发生变化。银行会增加非国债证券的投资，2012 年，银行持有的其他类证券（国外债券、国内非国债证券、市政和企业债券以及股票）持续增长。

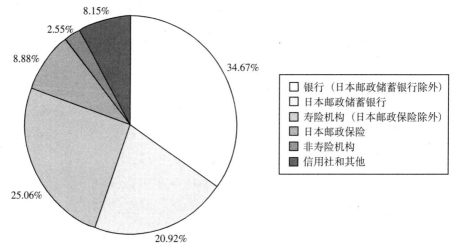

图 5-16　日本金融机构投资规模

资料来源：野村综合研究所。

（二）日本资产管理行业现状

1. 资产管理行业资产净流入和管理费收益较低

截至 2013 年 3 月，日本资产管理市场规模为 387 万亿日元，管理费收益为 7220 亿日元。

2012 年，日本资产管理市场价值从 11 月因为股票市场增值和日元贬值增加了 22.3 万亿日元，其中机构市场增加了 17.6 万亿日元，零售市场增加了 5.7 万亿日元。2012 年，机构市场资产并没有净流入。零售市场上，虽然公共投资信托总流入达到 68.8 万亿日元，为 2008 年以来最高，但是整个零售市场资产净流入仅仅为 4.7 万亿日元，这主要是股票市场上为锁定收益而进行的赎回所造成的。除此之外，开放式股票投资信托总红利约为 4.7 万亿日元，考虑到红利返还的因素，公共投资信托资产金流入几乎为 0。2012 年，虽然日本资产管理市场有所复苏，但资产管理公司并没有从大规模的资产流入中获利。

2012 年，日本资产管理公司管理费收益为 5527 亿日元，营业毛利率为 21.1%。2012 年的日本资产管理公司管理费收益和营业毛利虽有小幅度上升，但远低于 2006 年巅峰时期的收益和毛利。

2. 资产管理行业加大外部资源的利用

资产管理公司利用外部资源在日本已经很普遍，利用外部资源主要有雇佣咨询公司和外包业务两种工具。

资产管理公司雇佣其他公司用于咨询公司业务，尤其是证券投资组合管理业务。资产管理公司外包某一项主要业务已经很有经验。外包行政管理业务给其他资产管理公司已经很普遍，对于公共投资信托业务还有许多其他的外包形式，包括咨询业务等。除此之外，外包诸如后台业务给第三方公司也逐渐流行。

（1）咨询业务流行。资产管理公司将证券投资组合管理外包已经成为日本资产管理公司利用外部资源的正常方式。管理部门是进行证券投资组合管理的核心部门，资产管理公司将其外包给一个在日本没有分支机构的第三方，而自己则进行为国内投资者构建投资工具和市场营销等业务。

超过90%的日本资产管理公司雇佣咨询公司为它们管理零售市场上的高收益债券基金，由国外和新兴市场所提供的咨询业务占日本资产管理业务的很大份额，而国外的资产管理公司经常将证券投资组合管理业务再次外包给海外合作伙伴或者其他公司。

（2）业务外包将会增加。有90%的外国资产管理公司正在利用业务外包的途径，而仅有1/3左右的日本资产管理公司正在利用业务外包途径。此外，有另外1/3的日本资产管理公司（主要是中型和大型公司）有使用业务外包的倾向。

业务外包在日本资产管理公司和外国资产管理公司中的利用差异主要是因为双方对业务外包作为一种管理工具的看法不同。2/3的外国资产管理公司认为业务外包是最有效的管理工具之一，然而仅有1/3的日本资产管理公司有这样的看法。日本资产管理公司喜欢自己操作自己的业务，但事实上，有很多日本资产管理公司正在打算利用业务外包途径。

（三）日本资产管理市场发展趋势

1. 养老基金将交给专业资产管理机构运营

2012年，日本养老基金三年来首次实现增长，增长后的养老基金资产约为277万亿日元，年增长资产为17万亿日元。养老基金中，公共养老金计划占176万亿日元，较前一年增长9万亿日元；企业养老基金占101万亿日元，年增长8万亿日元。公共养老金计划中，雇员养老金计划和国家养老金计划占70%（126万亿日元），几乎都由政府养老金投资基金管理。截至2012年3月，政府养老金投资基金资产规模为120万亿日元，年增长资产为7万亿日元，2012年，政府养老金投资回报率为 10.2%。

2013 年 8 月，日本成立了一个专家委员会来讨论公共养老基金变革，将公共养老基金交给更专业化的机构管理。如果这项改革得以实施，公共养老基金的投资渠道将会更加多样化，同时，公共养老基金管理机构将公共养老基金外包给一流的资产管理公司。

截至 2013 年 3 月，企业养老基金规模接近 90 万亿日元，较前一年增长 8 万亿日元。2012 年，DB 型企业养老金计划增长 5 万亿日元，增长后达到 50 万亿日元，但是 DB 型企业养老金计划办理数量却下降了 300 件，这是 DB 型企业养老计划在日本首次下降。DC 型企业养老金计划资产为 6.8 万亿日元，较前一年增长 0.8 万亿日元，增长缓慢。

2. 证券投资成为金融机构投资者主要投资对象

2012 年，日本银行业证券投资总额为 285 万亿日元，较前一年增长 6.3 万亿日元，仅仅是前一年资产增长额的 1/3，证券投资占日本银行资产的 31%。城市银行证券投资额为 166 万亿日元，和前一年相比没有太大变化。地区性银行和二线地区性银行证券投资额持续增长，地区性银行增长 4.2 万亿日元，达到 75 万亿日元，二线地区性银行增长 0.7 万亿日元，达到 16 万亿日元。

国债仍然占银行证券投资很大份额。银行证券投资中，国债占 59%（167 万亿日元），其他证券占 18%（50 万亿日元），国内企业债券占 11%（32 万亿日元），国内股票占 7%（21 万亿日元）。2012 年，银行持有国债下降了 4.4 万亿日元，这是自 2009 年稳定增长之后的首次下降，其他证券增长 7 万亿日元，持有国内股票增长 2 万亿日元，国内公共企业债券增长 1.2 万亿日元，国内市政债券增长了 0.3 万亿日元。

银行持有其他证券规模为 50 万亿日元，年增长资产为 7 万亿日元，其中，外国证券占 44.2 万亿日元，较前一年增长接近 5 万亿日元，非外国证券的其他证券（基金、对冲基金等）占 5.5 万亿日元，较前一年增长 1.3 万亿日元。城市银行持有其他证券 29.8 万亿日元，年增长资产 3.7 万亿日元。地区性银行持有其他证券 9 万亿日元，年增长资产 1.7 万亿日元，二线地区性银行则持有 2.2 万亿日元，地区性银行和二线地区性银行持有其他证券比例在经历 2008 年的波动之后，在 2012 年大幅增长。对其他证券的投资热情已经是整个银行业的发展趋势，城市银行持有的其他证券中有 95% 的是外国证券，2011 年开始，城市银行也开始加大对外国债券的投资力度。为应对低利率的市场环境，城市银行开始在非外国其他证券上寻找机会。相比城市银行，地区性银行和二线地区性银行在外国证券上的投资并不像城市银行一样集中。地区性银行持有外国证券占所持有其他证券的77%，而二线地区性银行持有外国证券占所持有其他证券的66%。

3. 个人储蓄账户制度将推动零售市场上信托投资的新浪潮

投资信托销售在2012年下半年恢复了迅速发展的水平。2012年下半年，开放式股票投资信托销售额创下6年来的最高纪录。2013年，投资信托销售额继续增长，在上半年就超过18万亿日元。在经纪渠道上，信托投资销售额超过了金融危机前巅峰时期的30%。信托投资销售在银行渠道上也取得了不俗的成绩，在经历了几年销售的不畅之后，2013年上半年，银行渠道信托投资销售额恢复到先前巅峰时的80%。

各种类型的基金销售同样活跃。外国债券基金的销售额占股票投资的一半左右，而且还将持续增长，尽管国内股票投资信托销售额在经历萎靡后开始复苏。截至2013年9月，股票投资信托额达到54万亿日元，年增长资产达到9.2万亿日元。虽然股票投资信托销售情况乐观，但是股票投资信托的赎回也在大幅增长。

个人储蓄账户制度将在2014年实施。个人储蓄账户将对投资收益免税，这些投资收益包括通过个人储蓄账户的资本利得、上市股票和股票投资信托的收益。截至2013年7月，日本共有950万人打算使用个人储蓄账户，个人储蓄账户对没有投资经验的年轻人同样具有吸引力。对于金融机构来说，个人储蓄账户可能是提高投资信托投资者数量的好机会。

| 第六章 |

"号脉"中国信托业：
转型之路在何方

● 宏观经济增速放缓、金融改革加快、行业竞争的加剧、"互联网＋金融"的兴起，四大因素推动信托业进行战略转型

● 信托公司的渐进式改革战略：在产业布局上向新兴产业转移；在风险管理上加强风险控制与风险分散并举；在企业管理上利用"超级账户"整合资源

● 信托公司的战略转型，需要"人"、"财"、"网"、"管"四方面的基础

● 转型成功的信托公司，是一个构筑了完整金融生态圈并全面对接互联网经济的信托版私人银行

一、中国信托业现状分析

（一）信托业务重心分析

长期以来，我国的信托资金主要投向工商企业、基础产业、房地产、金融机构和证券市场五大领域，作为实体经济的基础产业、工商企业和房地产始终是信托资产投向的主要板块。特别是自 2010 年以来，基础产业信托、工商企业信托和房地产信托占总规模的比重，除了在 2011 年只有 57% 以外，均达到 60% 以上（如图 6-1 所示）。2013 年，基础产业信托、工商企业信托和房地产信托资产规模分别为 2.6 万亿元、2.9 万亿元和 1 万亿元，占比分别为 25.25%、28.14% 和 10.03%，成为推动信托发展的"三驾马车"。

1. 信托产品"三驾马车"之基础产业

2008 年，"4 万亿投资刺激计划"为信托公司开展业务带来了新的空间，基础产业类信托迅速增长，在 2010 年第一季度达到信托资产投向的 40.16%。之后受地方政府融资平台清理的影响，其比重大幅降低至 2012 年第一季度的 21.85%。2012 年，在"稳增长"的经济政策支持下，基础产业信托规模开始反弹至 2013 年第二季度的 26.84%。2014 年，随着地方债务压力增加，基础产业类信托规模下降至信托总规模的 21.8%，如图 6-2 所示。

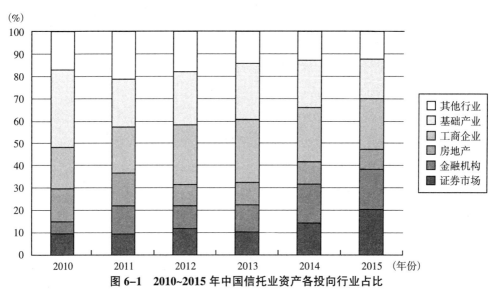

图 6-1　2010~2015 年中国信托业资产各投向行业占比

资料来源：中国信托业协会。

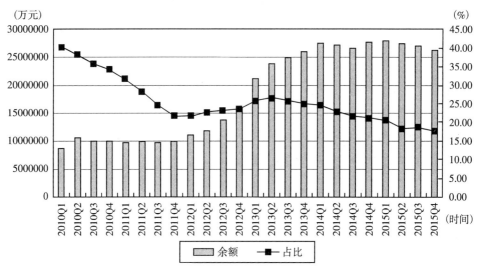

图 6-2　2010~2015 年基础产业信托资产余额及其占比

资料来源：中国信托业协会。

基础产业信托主要包括基础设施、矿产资源及开发、交通、地方城投公司和其他五大类（如图 6-3 所示）。

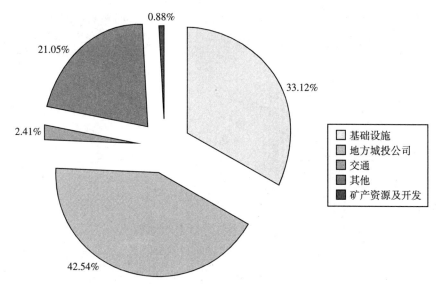

图 6-3　2015 年第三季度各类基础产业信托发行规模占比
资料来源：用益信托工作室。

2. 信托产品"三驾马车"之工商企业

自 2010 年以来，为顺应国家加大对实体经济的金融支持政策，工商企业信托余额呈逐渐上涨态势，工商企业信托余额占比除个别季度有所回落以外，总体也呈上涨趋势，并在 2012 年超越基础产业，占据信托资金第一大配置领域的位置（如图 6-4 所示）。

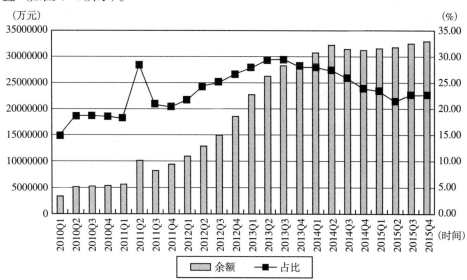

图 6-4　2010~2015 年工商企业信托资产余额及其占比
资料来源：中国信托业协会。

从工商企业信托产品投资方向来看，民营企业融资规模占比下降，但仍居首位；获取信托融资的民营企业以大型企业为主，但中小企业融资占比有增加趋势（见图 6-5）。

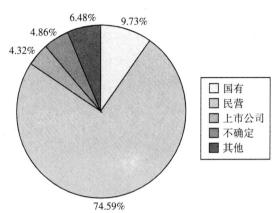

图 6-5　2015 年第三季度工商企业信托企业类型分布
资料来源：用益信托工作室。

3. 信托产品"三驾马车"之房地产

2010 年，房地产虽然经历了三轮严厉的调控，但房价仍高位运行，加之国家以大力收缩银行信贷来遏制开发商，2010 年 6 月以来的房地产信托因被开发商视为银行信贷的有力补充而得到了迅猛增长。

2011 年和 2012 年，受国家对房地产业宏观调控政策以及房地产兑付危机的影响，投向房地产业的信托资产规模无论是从绝对量还是相对量上来看都明显减少；2013 年之后，虽然房地产市场有一定回暖，但信托公司风控趋严，房地产信托占比没有出现大幅升高，如图 6-6 所示。

（二）信托业务优势分析

信托业近年来能够获得快速发展，原因是多方面的。不断发育成长的资产管理市场、业界自身的开拓创新是其中重要的发展驱动力，而信托业在利率管制和金融抑制的市场环境下所具有的独特业务优势也是信托业务规模迅速增长的主要原因。

1. 曾经的利率管制给信托业带来"制度红利"

在市场经济条件下，利率作为资金的价格信号，其水平的高低反映出资金稀

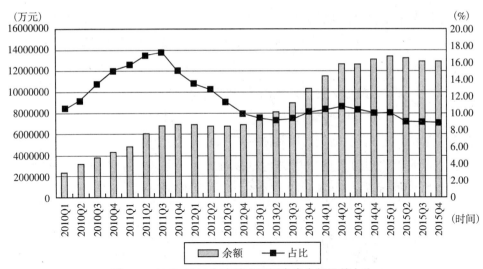

图 6-6　2010~2015 年房地产信托资产余额及其占比

资料来源：中国信托业协会。

缺程度。由于特殊国情和经济状况，中国的利率在 2016 年之前实际上受到严格管制，商业银行吸收存款的利率是官定的，不能高息揽储，而信托产品的高收益并能保证兑付，是信托能够吸引高净值客户的主要原因（如图 6-7 所示）。

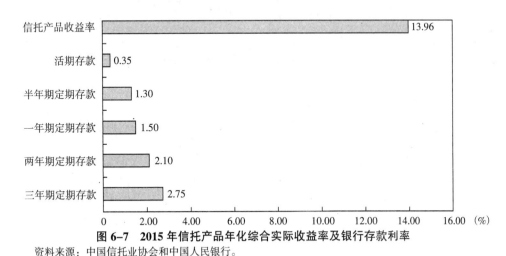

图 6-7　2015 年信托产品年化综合实际收益率及银行存款利率

资料来源：中国信托业协会和中国人民银行。

2. 资本市场发展滞后为信托业提供历史机遇

长期以来，我国处于金融抑制状态之中，无论是以银行贷款为主导的间接融资，还是以资本市场为主导的直接融资，均无法充分发挥市场化的融资功能，导致大量优质企业和项目的融资需求不能从正常的银行体系和资本市场获得满足。社会融资总量大体可分为三类：银行提供的间接融资、债券和股票等直接融资、委托贷款和信托贷款等形式的融资。银行提供的间接融资包括外币信贷、未贴现银行承兑汇票和人民币信贷，其占比从 2002 年的 92.2%下降到 2015 年的 74.5%，银行间接融资虽然大幅下降但仍居主导地位。债券和股票等直接融资由于股市低迷导致资本市场融资功能丧失以及债券市场的周期性和结构性的发展障碍致使大量中小企业无法通过债券市场进行直接融资，虽然占社会融资总量的比重从 2002 年的 4.9%提高到 2015 年的 13.2%，但仍占比较小（如图 6-8 所示）。

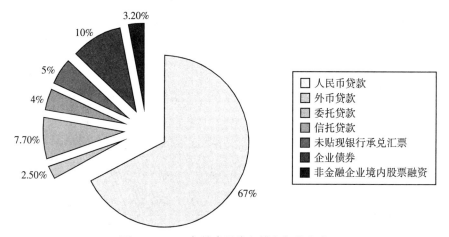

图 6-8　2015 年社会融资规模各部分占比

资料来源：中国人民银行。

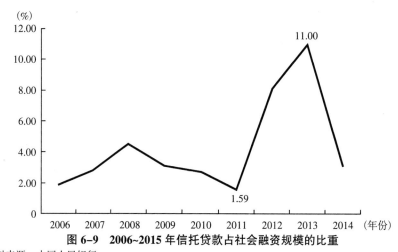

图 6-9　2006~2015 年信托贷款占社会融资规模的比重

资料来源：中国人民银行。

社会资金需求旺盛，而商业银行因受到贷款额度、贷存比和资本充足率三重制约，间接融资受限；股市低迷和债券市场的发展障碍使得直接融资规模有限；信托贷款成为增长最快的部分，占社会融资总量的比重从 2006 年的 1.93% 提高到 2013 年的 11%；但 2014 年，随着宏观经济走弱以及信托风险的爆发，信托贷款规模占社会融资总规模比重已经下降至 4% 左右（如图 6-9 所示）。但综合各年数据来看，融资类信托业务已经成为我国信托行业最重要的业务组成部分（如图 6-10 所示）。

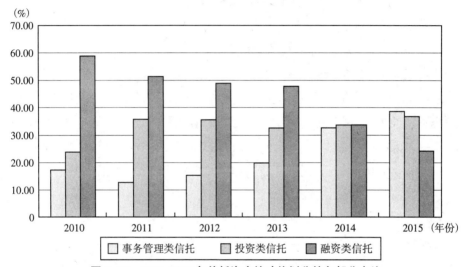

图 6-10 2010~2015 年信托资产按功能划分的各部分占比

资料来源：中国信托业协会。

（三）信托业务能力分析

信托业管理的资产规模已经达到了 16 万亿元，其中，信托公司与银行等合作通道业务的贡献不可小觑。然而，这一持续贡献信托公司利润的业务正随着证券、基金及银行理财资管计划等纷纷开展类似业务而逐渐萎缩，部分信托公司利润增长乏力将逐渐显现。

2012 年下半年以来，证监会、保监会开展了一系列创新业务，允许证券公司、基建公司、保险公司等资产管理机构通过自营或设立子公司的形式，开展与信托公司信托业务同质化的资产管理业务。其中，"类信托"业务对信托通道业务的争抢被认为是此轮创新对信托业最大的冲击之一。通道业务是指信托公司既不提供融资方，也不提供投资方，只是借助其牌照优势，帮助银行和其他金融机构将资金投向特定资产类别。而随着监管层对券商、基金、保险、银行等资管业务放闸，信托的牌照优势将越来越小。

由于信托公司开展通道业务的隐性成本高于券商和基金，信托公司的通道业务发展空间受到大幅挤压。资管新政出台前，信托独享通道业务红利，该类业务佣金率普遍维持在 0.5% 左右。2012 年，证监会资管新政的实施让券商资管获得了投资范围的松绑和审批上的便利，券商资管大规模加入竞争，通道费率降到 0.3% 以下，券商资管和银行的合作直接威胁到银信合作业务。而基金管理机构子公司通过开展专项资产管理加入通道业务，将使竞争变得更激烈。目前没有政策要求基金子公司从事通道业务时计提风险资本准备。而银证合作的核心优势在于风险资本占用较少，券商仅需要 2% 左右的风险资本，而信托的银信合作业务全部视为集合资金信托业务计提风险资本，对银信合作中的信托贷款业务、受让信托/票据资产业务按 9% 计提风险资本。因此，券商可以提供比信托更低的通道成本，抢占很大部分的银信合作业务。截至 2015 年，券商资管计划总规模已达 10.9 万亿元，其中很大一部分是银证合作带来的业务增量（如图 6-11 所示）。

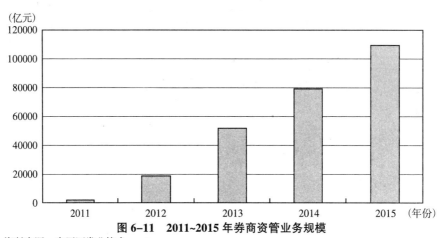

图 6-11　2011~2015 年券商资管业务规模
资料来源：中国证券业协会。

作为信托公司通道业务中最重要的一类形态，近两年，银信合作业务占信托业务的比重虽然有所下滑，但绝对规模和比重仍然很高，信托业仍然高度依赖银行业（如图 6-12 所示）。

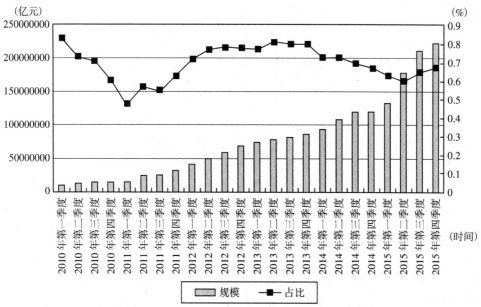

图 6-12 2010~2015 年中国信托业银信合作业务规模及占比

资料来源：中国信托业协会。

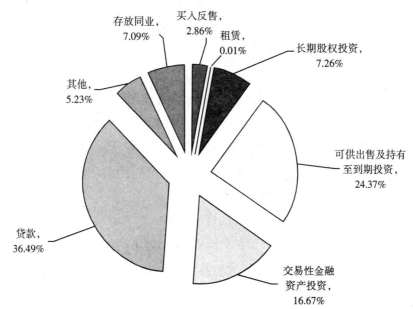

图 6-13 2015 年中国信托业的各种资金运用方式占比

资料来源：中国信托业协会。

二、中国信托业发展的竞争与挑战

（一）宏观经济环境变化对信托业务重心的影响

从信托资产投向的行业变动趋势中可以看出宏观经济环境变化对信托业务重心的影响。近两年来，证券市场萎靡不振，企业通过证券资本市场融资的难度增大，而货币市场中，由于信贷规模受控，通过银行融资的成本上升、融资额度减少，企业资金需求旺盛，因此便催生了对信托融资平台的需求，而信托产品凭借潜在刚性兑付特性及较高的资金回报，推动了信托行业的高速发展。但是，受世界经济疲软、大宗商品价格下跌的影响，矿产能源信托频陷"兑付危机"；受中国政府职能转换、政策调整的影响，基础设施信托业务受阻；受中国经济下行、增速放缓的影响，工商企业信托增长趋缓；受经济形势和政策调控的影响，房地产信托业务萎缩。严峻的宏观经济环境动摇了信托业务的重心。

1. 宏观经济环境对基础产业信托的影响

基础产业是支撑社会经济运行的基础，对其他产业的发展起着制约和决定作用，决定和反映了国民经济活动的发展方向与运行速度。基础产业的巨额投资性和投资的不可分性要求其要有较高的最低限度的投资作为创始资本，基础产业信托，尤其是基础设施信托和矿产资源信托的发展，不仅满足了基础产业的融资需求，促进了社会经济的发展，同时也受到了宏观经济环境的影响。

（1）宏观经济环境对基础设施信托的影响。基础设施的完善是经济长期持续稳定发展的重要基础，基础设施项目的资金除了由地方政府自筹外，主要是依靠银行信贷、委托贷款、公司债、信托等渠道进行融资。由于信托的期限灵活，资金匹配度好，监管审批时限迅速，所以信托成为基础建设项目的重要融资渠道之一。

受益于2009年财政刺激计划，我国基础设施信托规模和占比迅速增长，信政合作业务在2011年第一季度的余额达到1753.4亿元，占比为5.61%。2010年6月之后的半年间，从国务院到银监会接连出台六项政策规范压缩地方政府融资平台的政策，2011 年第二季度开始基础设施信托的快速增长势头被遏制。2012
年"稳增长"带来了大量重大项目和基础建设投资，信托行业的投资重点开始重
新转向基础产业领域，信政合作业务的余额从 2012 年第二季度开始上升，2012
年年末，中国财政部、国家发改委、人民银行和银监会四部委联合下发《关于制
止地方政府违法违规融资行为的通知》，基础产业信托的融资对象、征信措施等
方面受到进一步规范。2013 年 4 月，银监会发布的 10 号文中再度重申对地方政
府融资平台贷款风险的监管提示。2013 年 7 月，国家审计署根据国务院要求，
组织全国审计机关对政府性债务进行审计，信托作为地方政府融资渠道之一，基
础设施信托的地方债务以及兑付危机等方面问题一直备受关注。在多重因素的影
响下，2013 年的基础设施信托增长放缓，近两年随着保增长的持续推进，信政
合作业务重新迎来一波发展，截至 2015 年第四季度，信政合作业务余额为 1.11
万亿元，占比为 7.56%（如图 6-14 所示）。

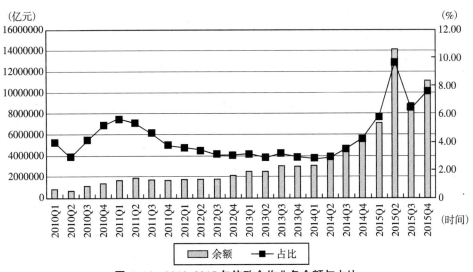

图 6-14　2010~2015 年信政合作业务余额与占比

资料来源：中国信托业协会。

　　承担主要基建任务的地方政府及下属融资平台带来的巨大资金需求在银行渠
道受限后，通过信托等社会渠道融资成为必然选择。近几年的基础产业信托融资
规模占比在信托融资中未出前三，尤其是在经济危机后政府加大投资带动下出现
快速增长。但是在地方政府债台高筑，地方融资平台投资冲动有增无减并不断融
资的背景下，基建类信托风险同样不容忽视。首先，不断高企的地方政府债务率

加大了偿债风险。审计结果显示，截至 2013 年 6 月底，地方负有偿还责任的债务约 10.9 万亿元；2014 年和 2015 年到期需偿还的政府负有偿还责任债务分别占 21.89% 和 17.06%，2013~2014 年是平台债务到期的高峰期，偿债压力很大。与过去平均每年约 10% 的增速相比，未来中国经济增速明显放缓，地方政府财政收入增速将放缓，偿付能力下降，部分三四线城市卖地收入迅速减少，提高地方偿债能力的回旋空间已越来越小。在存量债务部分被延迟偿还的情况下，未来如不能有效控制负债的增长，地方融资平台将最终因不堪债务重负而出现大面积违约。其次，融资期限与项目回款期严重错配带来了不确定性风险。信托融资期限平均在 2~3 年，而平台建设项目大都为基础设施公益类项目，自身缺乏经营性现金流，主要依靠财政收入还款，回款期限较长，如轨道交通项目回款期为 20 年，保障性住房回款期为 15 年等，这将给项目建设进度、银行资金回流保障带来不确定性风险。最后，融资成本高易诱发多方道德风险。基础设施信托融资成本普遍高于贷款基准利率水平，明显上升的利率水平给融资平台增加了持续扩大的付息压力。在高收益驱动下，信托公司会放松对平台的资质审查标准，从而造成对项目风险未能审慎识别、计量并采取相应监控措施。平台方面，一些回款能力较差的项目为在短期内获取融资，愿意承担高额财务费用，而从长远来看，这些平台已丧失基本还款能力，道德风险最终将演化为信用风险。

（2）宏观经济环境对矿产资源信托的影响。矿产资源行业属于资本密集型行业，但银行对此类企业的贷款要求却较高，证券资本市场融资的要求门槛同样也很高。作为补充四大金融支柱的又一重要融资平台，信托以其灵活的制度设计和广阔的投融资渠道赢得矿产企业的青睐。

得益于信托行业近两年来的迅猛发展，矿产资源类信托产品发行数量和规模均较之前有了较大幅度的增长。2010 年下半年以来，监管层对信托公司开展的银信业务和房地产信托业务相继出台严格的监管政策，信托公司的两大主要业务受阻。2010 年 8 月，国务院常务会议要求出台财政、金融方面的配套措施，坚持政府引导与市场机制相结合，支持矿产资源企业的安全改造和技术改造。同时，矿产能源价格受利于美元贬值导致的国际大宗商品价格持续看涨，引发市场对其的上涨预期，行业年均增速在 2011 年达到 20% 左右。因此，2010 年下半年的矿产资源信托业务较 2010 年上半年有较大幅度的提升。

信托行业的发展水平受实体经济的发展制约，从 2012 年 5 月开始，受世界经济形势增长乏力、国际大宗商品价格剧烈波动的影响，中国煤炭市场进入整体低迷状态，"十二五"规划中强调大力推动煤炭资源整合建设，增加了煤炭供给，但煤炭需求增幅却在持续回落，煤炭市场的供过于求直接导致了煤炭价格"跌跌不休"（如图 6-15 所示）。煤炭价格下跌，产品入库压港，企业资金回流不畅，矿产资源信托产品风险积聚。而 2012 年上半年的信托项目兑付风险问题特别是中诚信托的 30 亿元矿产信托项目风险暴露更是为矿产资源类信托产品蒙上阴影，受此影响，矿产资源类信托产品发行有所减少。

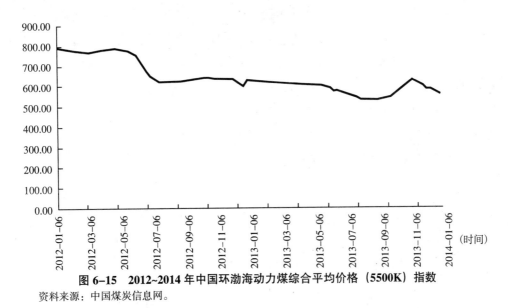

图 6-15　2012~2014 年中国环渤海动力煤综合平均价格（5500K）指数

资料来源：中国煤炭信息网。

2012 年，中诚信托"诚至金开 1 号集合信托计划"30 亿元规模风险的暴露，拉开了矿产资源类信托产品兑付风险事件频发的大幕。2013 年也成为矿产资源信托兑付的高峰年。2013 年 10 月 31 日，华润信托宣布原本应该在 2013 年 12 月 23 日结束的"焱金 2 号孝义德威集合资金信托计划"延期一年，并且在之前的半年中，华润信托旗下"焱金 3 号陕西德远集团集合资金信托计划"、"焱金 4 号山西咀头煤矿特定资产权益集合资金信托计划"、"焱金 6 号山西汾西太岳煤业股份有限公司集合资金信托计划"全部提前清算。而近期吉林信托爆出的"吉信·松花江〔77〕号山西福裕能源项目收益权集合资金信托计划"兑付危机，更是再一次将矿产资源信托的风险推上了风口浪尖。

2. 宏观经济环境对工商企业信托的影响

融资难是限制我国中小企业发展的主要原因。传统融资渠道因紧缩的货币政策而受到抑制，伴随着国内商业银行去杠杆化进程，工商企业信托成为扩充企业融资的重要渠道。

工商企业类信托的发展与宏观经济形势联系紧密。2009年以后，在国际需求和国内宏观政策环境改善等积极因素影响下，中国进出口总额逐步回升（如图6-16所示），国内经济形势好转，工商企业发展状态转好。随着2010年以来整个信托行业规模的不断扩张以及基础产业领域和房地产领域的资金配置逐渐降低，加之监管层不断引导行业资金向实业领域投资，作为当前第二大金融支柱的信托行业的资金更多地向包括工商企业领域在内的其他领域转移，加大了对实体经济的支持力度，工商企业资金信托余额占比呈逐渐上涨态势。自2011年以来，除2011年第四季度末工商企业资金信托余额占比回落以外，进入2012年后，工商企业信托产品迅速升温，余额占比一直呈上涨趋势，尽管到2013年第三季度后，增速明显放缓，但总体上涨趋势没变。

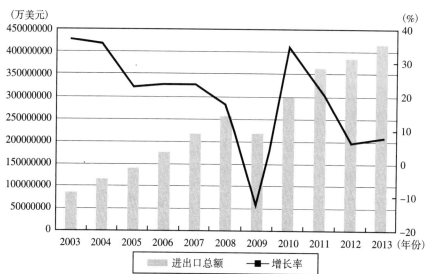

图6-16 2003~2013年中国进出口总额及其增长率

资料来源：国家统计局。

在工商企业信托融资规模不断增长的同时，企业的偿债风险也不容忽视。从银监会的统计数据可以看出，2012年之后，我国商业银行的不良贷款率开始逐渐上升（如图6-17所示），工商企业偿债风险在逐渐加大。工商企业信托的融资主体包含民营企业、国有企业和上市公司，其中民营企业占比最大。工商企业信托的最大融资主体——民营企业，没有强大的股东背景或实力，而占比逐渐增加的中小企业可供抵押担保的资产较少，并且受市场、行业等影响较大，发生道德风险的概率较大，还款能力和意愿相对较弱。另外，企业融资成本的上升也加大了偿债风险。利率市场化会推动金融机构负债成本上升，并将在货币政策稳健偏紧和融资供求关系相对偏紧的条件下，推动银行贷款利率水平上升，从而增加企业的融资成本。从不同规模类型的企业来看，利率市场化之后，由于金融机构争取优质客户的竞争更加激烈，大型企业的贷款利率因银行对其风险溢价的要求可能会小幅降低；中型企业面对的利率风险取决于系统性风险和自身财务状况；由于议价能力不强、本身风险较高、财务规范度和透明度较差，小型企业将面临贷款利率进一步上升的风险。信托的融资利率现在已超过10%，如果继续上升，将会加大企业的偿债风险。因此，一旦国内外经济不景气，工商企业的经营环境恶化，就会增大工商企业信托的风险。

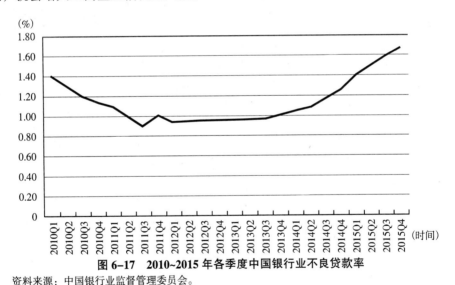

图6-17　2010~2015年各季度中国银行业不良贷款率
资料来源：中国银行业监督管理委员会。

3. 宏观经济环境对房地产信托的影响

由于房地产与经济发展和人民生活息息相关，房地产始终是社会关注的热点，房地产信托也成为信托业的一项主要信托业务。房地产的高度敏感性也让房地产信托业务的发展一波三折。

中国房价快速上涨始于 2003 年。2008 年受金融危机的影响，我国房价曾出现短期的下跌。2010 年，我国宏观经济政策重心由此前的"保增长"转为"防过热"，房地产市场自身出现房价过快上涨、投资投机活跃的问题。虽然政府出台了密集的稳健性货币政策和房地产调控政策以遏制房价过快增长，但房地产市场的矛盾长期积累、受宏观因素影响较大和利益主体多元化等原因导致政策执行差异较大，房价依然一直处于上升的态势。受国家政策对房地产的调控、银行信贷调控和从股市融资的能力有限等因素的制约，2010 年 6 月以来，大量房地产开发商开始转向房地产信托进行融资，为信托公司创造了丰厚的利润，房地产信托业务出现爆发性增长，于 2011 年第三季度达到顶峰水平。之后，受国家对房地产业宏观调控政策以及房地产兑付危机的影响，投向房地产业的信托资产规模无论是从绝对量上还是相对量上来看，都明显减少。2012 年，房地产信托余额总量未明显下降，但是业务占比下降非常明显，从 2011 年第三季度末的 17.24%大幅降至 2012 年第四季度的 9.85%，下降了 7.39 个百分点。从占比快速下降可以看出，房地产信托的风险正在逐渐释放，但房地产信托余额仍然处于历史高位。2013 年，房地产信托余额再创新高，占比在第二季度仍然持续下降，但到第三季度，下滑趋势逆转，房地产信托有所回暖。

从 2012 年开始，房地产信托到期规模迅速扩大，进入兑付密集期。2011 年、2012 年、2013 年集合资金房地产信托到期规模分别是 544 亿元、1573 亿元、1974 亿元，房地产信托产品风险事件开始频发。2012 年 4 月 12 日，"吉信长白山 11 号·南京联强集合资金信托计划"到期，但因南京联强项目资金困难未按时兑付，在华融资产接盘下才得以延期 8 天兑付，这被视作"房地产信托首个违约项目"。2012 年 6 月，华澳国际信托将大连实德诉诸法庭，成为近两年来房地产信托爆发式增长后上诉法院的首例金融借款合同纠纷案。2012 年 12 月，因无法偿还中融—青岛凯悦地产信托计划，凯悦中心部分资产被司法拍卖，被媒体称为信托投资资产拍卖第一例。2013 年，房地产信托风险也时有显露，开发商不能按期偿还融资资金，从而选择延期兑付，信托公司宣布提前清盘房地产信托项目，甚至还有一些房地产信托计划引入资产管理公司进行接盘，一时间，"保兑付"成为焦点话题。根据 2012 年以来媒体报道的违约风险事件进行的统计数据分析，有 27 款信托产品出现了不同程度的违约风险，其中有 15 款产品集中于房地产行业，房地产信托在风险事件中占据了主要部分，是信托兑付危机的高发领域。

以资产密集型为导向的房地产企业，受困于银根紧缩，不惜付出高成本，借道信托融资，房地产信托规模节节攀升。然而，一旦紧缩政策和调控持续，房地产调整期到来，那么巨额的存量如何实现兑付，将成为一个迫在眉睫的问题。

（二）金融市场化改革对信托业务优势的挑战

中国的金融约束政策在维系金融体系稳定、促进经济发展和金融深化等方面曾取得了举世瞩目的成就，但对金融市场的有序高效运行却存在很大的负面影响。近几年来，中国金融市场化改革的步伐加快，在一定程度上冲破金融约束，提高金融效率，这将对信贷业务在金融抑制环境下具有的独特业务优势提出挑战。

1. 利率市场化加速，高收益率难以持续

中国的利率体系按照利率形成与传导机制可分为中央银行利率、金融市场利率、金融机构存贷款利率等。中国利率市场化改革的提法始见于 1993 年中央文件中。1996 年，中国放开同业拆借市场利率，这标志着我国利率市场化改革正式起步（见表 6-1）。

表 6-1 我国利率市场化改革进程

领域	年份	主要政策措施
银行间同业拆借利率市场化	1996	放开银行间同业拆借市场利率上限，由拆借双方自主定价
债券市场利率市场化	1996	财政部在证券交易所市场采取利率招标、划款期招标等多种方式启动国债利率市场化
	1997	银行间债券市场建立，开办债券回购、现券买卖等业务，回购利率和现券交易价格同步放开
	1998	国家开发银行和中国进出口银行以利率招标的方式发行了政策性金融债券，金融债券利率实现市场化
	1999	国债发行开始采用市场招标形式；连续三次扩大金融机构贷款利率浮动区间，银行间债券市场全面实现利率市场化
存贷款利率部分市场化	2000	境内外币贷款利率和大额外币存款实现利率市场化
	2002	统一中外资金融机构外币利率管理政策
	2003	允许商业银行、农信社开办邮政储蓄协议贷款，放开英镑、瑞士法郎和加拿大元的外币小额存款利率管理，对美元、日元、港元、欧元小额存款利率实行上限管理
	2004	完全放开金融机构人民币贷款利率上限（除城乡信用社）；放开小额外币存款两年期的存款利率下限，保留上限
	2005	放开金融机构同业存款利率；债券远期交易正式登陆全国银行间债券市场

续表

领域	年份	主要政策措施
存贷款利率部分市场化	2006	计划建立报价式的中国货币市场基准利率 Shibor；明确开展人民币利率互换交易试点的有关事项；正式开始人民币利率互换交易。个人住房贷款利率可下调至基准利率 85%
	2007	中国货币市场基准利率 Shibor 正式投入运行
	2012	存款利率上限浮动区间扩大至基准利率 1.1 倍，贷款下限至基准利率 70%
	2013	取消金融机构贷款不低于基准利率 70% 的下限，全面放开金融机构贷款利率管制
	2015	存款利率上限由原先的基准利率 1.2 倍上调至 1.5 倍，并开始构建存款保险制度，离完全利率市场化仅差最后半步

资料来源：根据相关资料整理而得。

    随着全球通缩和我国经济进入新常态，预计我国货币政策将在较长一段时间内保持适度宽松的状态。从 2011 年年底至 2016 年 3 月，中国人民银行已经连续八次降息，九次降准，并且大量辅助使用新型货币政策工具来增加市场流动性，对其他存款性公司的债权从 1 万亿元左右规模增加到 2.6 万亿元，2016 年 1~2 月更是突增至 5.2 万亿元。与此同时，日本和欧洲央行相继采用零利率政策，美国则谨慎推迟加息，全球在较长一段时间都处于流动性充足状态。市场利率水平趋于下降，信托行业收益水平也随之下降（如图 6-18 所示），虽然从信托业协会的数据显示 2015 年第四季度信托收益率大幅提高，但这种提高极有可能是股市配资等业务导致的，不具备持续性，信托业最主要的竞争力——高收益率将难以为继。

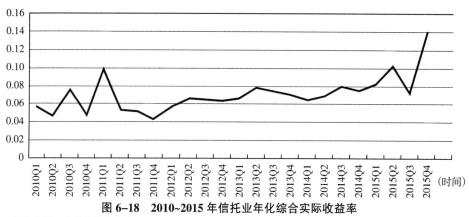

图 6-18 2010~2015 年信托业年化综合实际收益率

资料来源：中国信托业协会。

2. 资本市场逐步完善，企业融资渠道拓宽

目前可供企业使用的传统融资渠道有银行信贷、委托贷款、承兑汇票、信用证等，另外一部分是非银行渠道的融资方式，比如信托贷款、应收账款融资、各类受（收）益权、带回购条款的股权性融资、券商约定购回式证券交易等。随着金融改革进程的加快，企业的融资渠道正逐步拓宽，PE 投资和 IPO 上市目前也已经从低谷慢慢恢复，中小企业融资随着政府的重视而得到改善，投融资体制之间的堵塞现象也得到缓解，靠打通投融资体制新通道的信托行业"生存环境"开始恶化。

（三）行业竞争对信托业务能力的考验

现行制度安排赋予了信托公司管理信托财产时极其灵活的经营方式——信托财产的"多方式运用"和信托资产的"跨市场配置"，如图 6-19 所示。

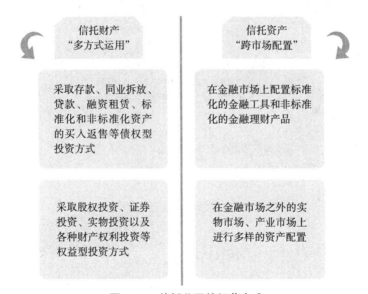

图 6-19　信托公司的经营方式

相比于其他金融同业资产管理机构，信托业资金的投资可以横跨货币市场、资本市场和实业三大领域，其他金融同业资产管理机构对受托财产的运用方式和配置领域多少还被限定在特定的市场范围内（见表 6-2）。因此，信托业在分享资产管理市场"盛宴"之时确实享受到了制度红利。

表 6-2　非信托金融机构的资产管理业务范围

金融机构	资产管理局限
商业银行	货币市场范围之内
证券公司	资本市场范围之内
基金管理公司	资本市场上的公募证券投资基金范围之内
保险公司	保险资金范围之内

资料来源：根据相关资料整理而得。

2012 年以来，相关监管部门针对资产管理市场密集出台了一系列新政策（如图 6-20 所示），以放松管制为主旨，开启了"泛资产管理时代"。因此，未来信托公司不得不面对券商、基金、保险等金融机构因政策松绑而形成的混业经营趋势下创新所带来的新挑战。

2012 年 10 月 12 日　保监会
《关于保险资产管理公司有关事项的通知》
《关于保险资金投资有关于金融产品的通知》
《基础设施债权投资计划管理暂行规定》

2012 年 10 月 18 日　证监会
《证券公司客户资产管理业务管理办法》
《证券公司集合资产管理业务实施细则》
《证券公司定向资产管理业务实施细则》

2012 年 11 月 1 日　证监会
《基金管理公司特定客户资产管理业务办法》
《证券投资基金管理公司子公司管理暂行规定》

2013 年 6 月 1 日　第十一届全国人大常委会第三十次会议
《中华人民共和国证券投资基金法》

图 6-20　2012 年以来相关监管部门出台的政策

"新政"的实施让券商、基金子公司等资产管理机构在受托财产的运用方式和配置领域等方面发生了巨大的变化，同时，对信托公司的业务能力产生了巨大的考验，如图 6-21 所示。

（四）"互联网+"时代对信托公司业务模式的考验

1. 中国金融业的"互联网+"时代已经正式开启

2015 年以来，"互联网+"已经开始向中国的各行业不断渗透，作为经济运转核心的金融业也受到了极大的影响。在微观层面，"互联网+"有助于提升企业

保险资产管理公司

● 允许其作为受托人设立资产管理产品，接受保险资金以外的资金，为受益人或者特定目的开展资产管理业务，无论从形式还是实质，均与信托公司信托业务相同

证券公司

● 针对单一客户开展的"定向资产管理业务"，其运用方式和配置领域完全由合同约定，与信托公司的"单一资金信托业务"基本相同

● 针对企业资产证券化开展的"专项资产管理业务"，允许设立综合性的集合资产管理计划，与信托公司通过受益权分拆转让方式开展的"资产支持信托"基本相同

● 针对合格投资者开展的"限额特定资产管理计划"，可以配置证券投资基金、证券公司专项资产管理计划、商业银行理财计划和集合资金信托计划等，与信托公司的"资金池信托业务"和"TOT信托业务"基本相同

基金管理公司

● 其通过子公司开展的"专项资产管理计划"，运用方式和配置领域为股权、债券、其他财产和证监会认可的其他资产，与信托公司的信托财产运用几乎没有什么区别，称其为"小信托公司"一点也不为过

私募基金管理机构

● 《中华人民共和国证券投资基金法》允许其设立信托型基金，并扩大其投资范围至未上市股票，实质上确立了其专项信托公司的法律地位

图6-21 "新政"对资产管理机构的影响

经营效率，推动企业创新发展；在宏观层面，"互联网+"有助于我国经济的转型升级，走出当前的经济困境。因此，中国近两年的互联网金融，既呈现由下而上的发展趋势，又呈现由上而下的发展趋势。由下而上，是指近几年市场上出现了大量互联网新兴企业。这类企业中，有依赖其客户和信息优势向金融领域延伸的传统互联网公司，如阿里金融、京东金融，也有新兴从无到有建立的去中介化金融机构，如质量良莠不齐的各类P2P网贷平台，还有部分是传统金融机构的创新之举，如陆金所。自上而下，是指中央政府积极支持互联网金融的发展。李克强总理在2015年政府工作报告中就提及"互联网金融异军突起"和"促进互联网金融健康发展"，2016年再次提及"规范发展互联网金融"，表达了在控制风险的前提下对互联网金融发展的支持。2015年，《国务院关于积极推进"互联网+"行动的指导意见》也专门提出"鼓励互联网与银行、证券、保险、基金的融合创新"。

2. "互联网+金融"的核心在于"用户+信息"

"互联网+金融"虽然被称作金融业的一种革命，但本质上并未改变金融业中"资金运动的本质"，即钱在储蓄者（投资者）和生产者（融资者）间流动的基本模式。但"互联网+金融"改变了"资金运动的模式"：在传统金融中，资

金运动，尤其是间接融资中的资金运动，需要强大的金融中介，而这些金融中介之所以变得强大，是通过在较长的时间内不断累积资产规模实现的。比如一家商业银行，从建立到资产规模上万亿元，可能需要几十年时间的积累，而在新兴的"互联网＋金融"中，只要能够利用好自身的信息和用户，可以在几年内将规模做大到万亿元。如管理余额宝资金的天弘基金，它从 2013 年 6 月开始余额宝业务，到 2016 年管理资产规模已经突破万亿元。

"互联网＋金融"的核心在于"用户＋信息"，是指"互联网＋金融"可以依赖自身大量的客户交易信息低成本快速地扩张。新兴的互联网公司，如阿里巴巴、腾讯、百度，都有数以亿计的忠实用户群体，而且这些用户在使用互联网公司的 APP 时形成了具备一定"排他性"的圈子，并留下了大量有价值的信息。而近年来大数据技术的广泛应用，使得这些"用户＋信息"数据可以得到广泛的商业化应用，其中最为典型的是淘宝网用户的数据。仅仅利用买家卖家的大量交易数据，淘宝网就可以方便地进行信用评级，给优质信用买家发放消费信贷，给优质信用卖家发放生产类贷款，甚至可以利用这些消费数据进行宏观消费预测。

"互联网＋金融"的核心在于"用户＋信息"，也意味着"互联网＋金融"机构可以通过轻资产化的"信息平台"模式对传统金融运转模式产生冲击。通过"信息平台"模式迅速扩张的"互联网＋金融"机构就是各类 P2P 公司。在互联网应用兴起之前，银行是经济运转中的枢纽，资金盈余者和资金需求者通过银行实现金融资源的重新配置。但在"互联网＋"渗透到经济各个角落之后，"互联网＋金融"机构只需要建立一个平台类网站，就可以将资金供求双方不分地域地集中到一起并且实现快速扩张。虽然 2015 年诸多 P2P 平台爆发了操作类风险，但其过去两年的飞速增长已经证明了这类业务模式的可行性，"小微金融"的"互联网＋"趋势已经不可逆转。只需辅之以合规的监管和更加完善的个人信用体系，P2P 模式未来很可能成为"小微金融"的主流模式。

3. 信托公司目前处于"互联网＋金融"的边缘

从金融业务属性看，信托公司业务与"互联网＋金融"的业务重合较少。现有的"互联网＋金融"业务主要集中在小额理财和小额信贷领域，因此中央政府关于互联网金融的规划也往往将"互联网＋金融"与普惠金融并列。比如阿里金融的主要业务是给淘宝买家提供余额宝类理财业务，给淘宝卖家提供小额贷款；P2P 平台则更多采用一种准众筹模式引导小额理财资金通过平台发放小额贷款。

这类业务对传统商业银行造成了一定的冲击，因为小额理财业务会减少商业银行的负债方业务和表外业务（存款或银行理财），小额信贷则会对商业银行的资产业务造成一定的冲击。

现有的监管框架下，信托公司所从事的主要业务是高端客户理财，在当前的形势下与"互联＋金融"竞争很少。但从长远看，随着中国金融监管逐步放宽，"互联网＋金融"自身的逐步强大，信托公司自身如果不能及时进行"互联网＋"的改造，信托业务终将面临"互联网＋金融"的严重冲击。这些可能的冲击来源于以下几方面：①信托产品相对收益率下降。随着整体市场利率的下行，所有的理财产品收益率都将呈现下降趋势，在多数理财产品收益率绝对值同步下降时，"互联网＋金融"中小额贷款的相对收益率可能会上升，这就导致一部分大额理财资金"化整为零"流向"互联网＋金融"产品。②"互联网＋金融"未来可能挤占信托公司的传统业务领域。随着"互联网＋金融"监管和运作的逐步完善，部分传统的大额融资需求可能转而寻求通过互联网融资。比如政府基础设施建设，由于有政府信用的隐性担保，只要运作规范，可以很容易从"互联网+金融"平台获取大量众筹类融资。③"互联网＋金融"的开放性和服务性可能会分流信托公司的客户。信托业"黄金十年"，给了信托公司巨大的发展机遇，但是也使得大部分信托公司重收益轻服务，在为客户提供高收益的同时，未能发展出一整套为客户服务的体系。而以阿里金融为代表的新兴"互联网＋金融"，其快速成长的过程，也是其不断开放和提升服务的过程。现在新兴"互联网＋金融"的手机APP，不但可以对外对接各类休闲消费，而且可以对接各类标准化资金池类理财业务，不断提升其客户体验。如果未来监管放开，"互联网＋金融"机构推出高端客户专用APP，对接私募基金或者非标业务（比如对接全国性信托产品转让平台），甚至直接采用众筹方式对接融资方，那么现有信托业务将面临被边缘化的风险。

4. 信托公司具备拥抱"互联网＋"的优势

从实施难度上讲，信托公司较其他传统金融机构更易于实施"互联网＋"改造。在业务种类上，信托公司主营业务为各类资金信托，业务相对集中，业务架构较银行、证券公司和保险机构简单，实施"互联网＋"战略的难度相对较小。在客户群体上，信托公司资金主要来源于高端理财客户，不像其他类金融机构高中低端客户群体分层差距较大，甚至可以通过赠送高端客户定制移动终端的方式推广信托"互联网+"。在分支机构和人力资源方面，信托公司分支机构相对较少，员工数量更远远少于传统金融机构，平均员工受教育程度则高于传统金融机构，进行互联网化升级和培训压力较小。

从竞争压力来讲，信托公司与当前"互联网+"公司存在很大的合作空间。作为中小型金融机构，信托公司实施"互联网+"战略的路径，不仅是自身实施改造，也包括与"互联网+"公司进行战略合作取长补短。传统金融机构中，银行自身体量较大，且与新兴"互联网＋金融"竞争较多，证券公司面对投资客户的经纪类业务本身就是高度互联网化的，两者很难与"互联网+"公司深度合作；保险公司和基金公司由于自身业务高度专业化难以被"互联网+"公司取代，同时也需要"互联网+"公司的新兴客户资源，因此能与"互联网+"公司积极合作，而这种合作，值得信托公司借鉴。天弘基金从一个排名靠后的基金公司，在短短几年的时间里迅速成长为国内最大的基金公司之一，就是传统金融业与"互联网+"公司合作双赢的范例。信托公司当前业务与"互联网+"公司业务竞争性较小，"互联网+"公司有信托公司目前不具备的消费休闲资源，如海外旅游、高端医疗体检、奢侈品海外购等。而且"互联网+"公司现有的高消费客户群体也是信托公司的潜在客户，而信托公司则有这些公司所需要的高端消费休闲客户群体，双方积极开拓性的合作很可能给双方带来大规模的业务增长。

中小信托公司的"互联网+"战略，应当是"内部互联"与"外部合作"并举。内部互联是指信托公司内部首先要进行互联网化。在信托发展的"黄金十年"中，多数中小信托公司依靠传统的部门化运作模式快速发展，取得了良好效果。但随着宏观经济下行，信托收益率下降，信托业务"量"的提升速度越来越慢，拓展新客户的难度不断加大。通过内部互联，整合内部资源，挖掘现有客户资源成为未来信托公司"提质"的优先选择。内部互联的核心是打破信托公司部门之间的内部分割，以公司内部信息系统为核心将各部门资源整合起来，甚至进一步进行内部架构的改造，将整个公司通过信息系统连接分为资金端、中心运营和资产端。外部合作是指中小信托公司应借鉴天弘基金的发展范例，积极与新兴"互联网+"企业进行战略合作，充分利用外部资源，抢占信托"互联网+"的发展优势。当前信托公司外部战略合作的潜在对象有高端医疗、教育、度假休闲等领域的互联网公司。

三、中小信托公司转型战略

（一）转型进程：压力推动下的渐进式改革

1. 外部压力推动信托公司转型

宏观经济压力推动信托公司转型。近几年来，受制于世界经济疲软和自身结构性矛盾，中国经济从 10% 的年增长水平下降至 7% 左右的年增长水平。在经济下行和经济结构调整阶段，"传统行业收益下降风险增加"的特征推动信托公司进行业务转型。信托公司现有业务偏重于传统行业，在很大程度上承担着弥补传统银行业信贷配给缺口的职能，即为银行"风险筛选"过的企业提供融资。一旦宏观经济下行，意味着信托公司的融资客户收益下降的同时风险增加，爆发兑付风险的概率大幅上升。这要求信托行业必须转型应对主营业务收益下降风险增加的现状。

金融改革压力推动信托公司转型。新一届政府已经形成了明确的金融改革思路：控制风险，降低实体经济融资成本。遵循这种思路，金融监管部门不断加强风险管理，并不断放开金融体系内部壁垒和金融体系对外壁垒。而这些改革措施，都推动信托业转型。在风险管理方面，刚性兑付已经给信托业发展带来沉重压力，信托公司需转型化解。在金融改革方面，利率市场化导致信托产品的"相对高收益率"优势下降，资管牌照的放开导致信托公司"制度优势"趋于消失，监管部门降低实体经济融资成本的改革方向则直接导致未来信托公司难以再大规模发展通道业务。

2. 信托公司现状不支持革命式转型

传统的业务模式无法在转型后的信托公司简单复制。2003~2015 年，信托业资产规模从 710 亿元增长到 16.3 万亿元，年均资产增速超过 50%，高速增长造就了信托公司"金融批发"的业务模式。超过 10 万亿元规模后，信托业务增长开始放缓，通道业务将逐步缩减。而新型的"批发类"金融信托业务，如资产证券化业务、债权型信托直接投资工具目前尚处于试点和拓展阶段。新型的事务管理信托业务将以服务为特色，不断探索，这就决定了信托公司过去十年运用娴熟的业务拓展模式难以复制到转型后的信托业务中。

传统的风险管理模式无法在转型后的信托公司简单复制。信托业务增长的"黄金十年"中，宏观经济稳定保证信托业投资的总体安全性，利率水平上升则维持了信托产品"以新换旧"的延续性。因此"抵押担保+以新续旧"的风险管理模式可以避免绝大部分风险。但是随着宏观经济条件变化，传统模式已经难以掩盖信托风险，在信托行业控制风险的监管指导思想下，以抵押担保为主的风险管理模式将转型为以风险计量模型为核心的量化风险管理。

传统的客户管理模式无法在转型后的信托公司简单复制。过去十年，信托公司能够提供高于其他金融子行业的超额收益率，因而可以采用批发式销售将信托产品销售给金融机构投资者和第三方理财的客户。这种模式保证了信托公司业务规模的快速增长，是最大化利用"制度红利"的理性选择。但随着资管业务牌照的放开，转型后的信托公司难以再为客户提供超额收益率，而必须采用"收益+服务"的方式逐步构建起自身的客户管理制度，第三方销售和对接银行理财等间接销售模式将逐步退到次要地位。

现有人力资源需要逐步适应信托公司转型。信托"黄金十年"的发展，造就了信托行业一大批优秀的销售人才和业务人才，这些人才是信托公司积累的宝贵人力资源，但信托公司的战略转型，既需要大量风险管理、创新型业务和专业研究人才的加入，也需要现有的部分人力资源进行转型。不论是新引进的人力资源的转型，还是现有人力资源的转型，都需要一个渐进的过程。

3. 巩固主业，建立特区，以创新带动转型

信托公司现有的主要业务在未来三到五年仍将是主要利润来源，现有的产业投资方向在短期内仍将是信托资金的主要去向。我国的经济放缓是有限度、主动式的放缓，我国的金融改革是有步骤、控制风险的改革，这决定了我国经济出现严重系统性风险的概率较小。信托公司现有的主要业务和主要产业投资方向风险水平会上升，但不会导致严重的系统性风险，信托公司可以通过不断强化风险管理巩固主业，顺利度过转型过渡期。

利用多级特区的方式推动转型。在信托公司转型过渡期，传统主业和创新业务并存，传统风险管理和量化风险管理并存，可以采取多级业务特区方式推动业务转型。业务特区由信托公司负责战略转型的高级管理人员直接负责，采用宽松的考核方式，以不降低总收入为条件，鼓励传统业务部门员工进入创新业务部门。对于受制于金融政策的业务，比如资产证券化，以政策放开程度为参考考核部门业绩，对于提供特色服务的事务管理信托，三年内不考核业务量，三到八年期内只考核业务量而不考核利润。

(二) 产业布局转型：以传统产业为基础、以新兴产业为驱动

传统的三大产业仍然是信托公司的基础业务。基础设施建设、工商企业贷款和房地产业随着经济增长速度下降，会出现收益率下降、风险上升的情况。但从规模上看，三大类产业只是增速下降，短期内融资量不会出现绝对值的大幅下降。从政策上看，三大产业中任一产业出现大规模风险都会导致中国宏观经济系统性风险，因此，未来政府会出台行业稳定政策，尤其是基础设施建设和房地产业不会出现短期内大幅下跌的政策预期。从公司自身业务延续性来看，三大类产业占信托业融资总量的 60% 以上，信托行业在三大类产业信托业务发展中已经积累了大量专业化人力资源，因此短期内不能放弃这类业务。

新兴产业是信托公司未来业绩的驱动力。从长远看，增长迅速、收益率高的战略性新兴产业是信托公司未来利润增长的驱动力。战略性新兴产业一方面是指国家战略性新兴产业目录中的产业，未来这些产业将在国家政策支持下得到快速发展和超额利润率，比如高端养老、健康和度假产业；另一方面是指对信托公司而言，由于金融改革而出现的行业性机会，比如资产证券化、债权型信托直接融资工具。

(三) 风险管理转型：风险控制与风险分散并举

业务拓展方面，加强风险控制，降低新业务风险，做增量风险的减法。降低增量风险应积极采取风险量化分析。

业务管理方面，加强风险处置，分散现有业务风险，做存量风险的减法。具体可以通过提前兑付疑似风险项目，积极披露信息，提示客户风险，尽到善良管理人义务，积极推进信托受益权二级市场转让等方式分散风险。

创新业务方面，积极拓展非风险中介业务，做风险比重的除法，扩大资产"分母"的同时不增加风险资产的"分子"。非风险中介业务既包括服务性质的事务管理信托，也包括资产证券化、养老金信托等金融信托业务。

（四）企业管理转型：用超级账户"互联网化"信托业务和服务

信托超级账户是指信托公司为委托人开设的唯一的、可以对接自身所有信托产品和事务信托服务的账户。构建信托超级账户的目的是将信托公司的所有业务和服务互联网化：首先是内部的互联网化，打破信托公司内部各部门的隔离，将客户信息统一到信托公司的信息平台，以便更好地存储和利用客户信息；其次是对外的互联网化，通过统一的信托超级账户，信托公司能够方便地对接外部合作伙伴，信托客户的资金与整个外部支付体系打通，可以方便信托公司未来为客户提供扩展的定制化服务，甚至向私人银行业务迈进。

信托超级账户对于客户即意味着一个简洁方便的电脑端软件或手机端APP。信托超级账户的优点包括：有利于提高客户服务满意度，增加客户忠诚度；有利于对信托公司自身资源的整合；为信托公司未来构建金融生态圈和挖掘大数据信息提供基础。

超级账户模式在金融体系内部、银行和证券公司都已经开始积极推进。比如中信银行与信诚基金合作已经可以实现货币基金的ATM取现和刷卡消费功能，比如国泰君安的超级账户已经将股票、债券和资管账户集中，并已经通过其获取的央行支付系统资格对接支付系统。而在金融体系之外，阿里巴巴也开始打造以余额宝为核心的超级账户，依附于其强大的客户资源构建金融生态圈。

四、信托公司战略转型基础

（一）人：人力资源是信托公司转型的前提

1. 信托公司转型需要四个专家级研究团队

信托公司转型需要以下四个专家级研究团队：

第一是宏观经济研究和金融政策研究团队。金融行业是天然顺周期行业，宏观经济走势和金融政策走向关乎金融机构的战略走向，因此国内大中型金融机构，比如银行、证券公司都有自己的宏观经济金融研究团队。

第二是风险管理研究团队。金融企业是经营风险的企业，金融企业的风险管理能力是其核心能力，风险管理能力是否合格，关乎信托公司能否成功转型和转型后能否具备竞争力。风险管理研究团队主要任务有三个：信托产品风险的量化、信托产品风险的分散、逐步构建起信托产品风险数据库并应用于风险计量模型。

第三是重点行业研究团队。中小信托公司应根据自身所投资的重点行业相应组建行业研究团队，有效的行业研究能够帮助公司发现行业性机会，避免行业性风险的发生。

第四是客户维护研究团队。客户是信托公司转型的业务支撑，中小信托公司普遍面临核心客户缺乏的困境，应当专门组建客户维护研究团队，研究在移动互联网背景下，受制于合作金融机构和第三方理财机构客户隔离的信托公司应当如何发展和维护核心客户。

2. 信托公司转型需要专业领域的人才团队

信托公司转型需要以下三个专业领域的人才团队：

第一是金融信托领域的专门人才。信托公司未来转型需要大量创新型业务，这类业务都需要至少 1~2 名该领域的专门型人才。比如开展资产证券化业务，必须要引进能进行结构化证券设计的专门人才；开展企业年金信托，则应专门引进养老金法律和政策领域的专门人才。

第二是事务管理信托领域的专门人才。信托公司未来要拓展事务管理信托业务，通过"理财+服务"模式增加客户黏性，首先需要引进相关领域的专门人才。比如信托公司要开展高端养老信托需要养老服务业的人才，开展高端休假信托则需要度假领域的专门人才。

第三是综合化的客户服务团队。转型后的信托公司将利用统一的信息系统为客户提供多接口的客户服务，因此中小信托公司需要一个综合化的客户服务团队，这个团队可以通过手机 APP、互联网、电话和柜台多个接口，回答和提供信托公司为客户提供的所有服务（类似于银行"大堂经理"），或将客户通过信息系统无缝转接到业务部门和研究部门。

3. 信托公司转型需要外部合作团队

在研究方面，信托公司需要借助外部科研力量。信托公司转型中一方面需要构建自身的核心研究团队，另一方面更需要通过自身的研究团队，加强与外部研究机构的合作。对中小信托公司而言，即使建立起了十余人的研究团队，也只能侧重于最重要的几个业务领域，即使与国内中等券商相比也存在较大差距（比如国金证券研究团队有 50 人以上，长城证券研究团队也超过 30 人）。因此建议借鉴"国开行模式"，加强与外部研究力量合作。国开行湖南省分行研究团队人员不多，但是通过与湖南省多所高校联合组建课题组的方式，极大地扩充了自身研究力量，许多课题成果最终成为国家开发银行与湖南各级政府战略合作的参考蓝本。

在事务信托服务方面，信托公司需要与相关企业进行战略合作。事务信托需要大量专业化服务，比如高端养老需要高层次医护人员，商务休假需要旅行社。这些领域与信托公司本业差别较大，信托公司不能采取简单的人员招聘方式解决，而应通过战略合作的方式将服务"外包"给相关产业的合作者。

（二）财：客户资金是信托转型的业务支撑

1. 信托公司当前依靠刚性兑付下的高投资收益吸引间接客户

2010~2014 年，信托行业为客户提供了 21169.19 亿元的信托收益，占信托资产总收益的 90%，平均收益率远高于银行存款和债券收益。但高收益并未能带来核心客户，信托公司的"客户"，大部分是金融机构或第三方理财机构，这些机构将信托公司与真实客户"隔离"开来。由于信托公司只注重高收益和刚性兑付，因此只要信托计划运转顺利，客户与信托公司就不会产生互动。在过去绝大部分信托计划最终安全兑付的背景下，合作金融机构和第三方理财机构可以有效实现信托公司与客户之间的"互动隔离"。

2. 只有信托服务才能培养出信托的核心客户

通过信托服务，信托公司提供的不再是无差异投资品，而是贴合客户需求的"定制化"产品。即使信托公司能够直接面对真实客户，在市场竞争充分的条件下，由于无法持续性提供明显高于其他公司平均收益率的信托产品，客户对信托公司也缺乏黏性。而通过"收益＋服务"的方式，将信托服务与信托收益捆绑在信托超级账户中，信托公司的产品就变成了"特色化"产品，只要不断调整这些服务，满足大部分目标客户的需求，客户黏性也会最终形成。通过信托服务，信托公司会与客户产生大量互动，这些互动一方面强化客户黏性，另一方面也会使得合作金融机构或第三方理财机构难以有效对信托公司和自身客户实施"信息隔离"。

3. 核心客户群是信托公司转型的业务支撑

信托公司将信托服务与信托收益捆绑以获取核心客户，但其利润来源最终要靠客户理财。首先，中国服务性人力资源丰富，服务行业平均利润率较低，中小信托公司采用高利润率的方式经营高端服务业可能存在很大风险；其次，信托公司所处的是金融行业而非服务行业，其员工大部分为金融从业人员，所提供事务信托服务的专业服务人员来自于外部合作伙伴，这决定了信托服务费用不会成为信托主要的利润来源。因此，采用"金融信托收益＋事务信托服务"捆绑的方式，不是寻找信托公司新的利润增长点，而是构建核心客户群，并使之成为未来信托公司转型的业务支撑。

（三）网：信息系统是信托互联网化转型的重要支撑

1. 信息系统是内部互联网化整合资源的重要工具

资源整合可以优化企业资源配置，是企业战略调整的手段。而信息系统，可以帮助信托公司实现内部互联网化，整合优化内部资源。通过建立信息系统，信托公司可以将内部资源模块化后放在统一的管理平台上，公司前后台不同的部门可以有效协同，各业务部门之间可以共享信息，整个企业可以形成互联互通的有机整体。而整合后的资源，可以为最高决策系统提供数据支持，可以通过统一的对外接口展示并提供给客户，降低客户获取信息成本和公司维护客户成本，可以为公司风险管理部门提供数据支持，可以为未来公司挖掘客户信息提供后续定制化服务提供数据支持。

2. 信息系统通过互联网为客户提供公司资源"接口"

在移动互联网时代，金融机构与客户之间互动关系已经发生变化，绝大多数交易已经不再通过面对面的交易或者柜台交易，而是主要通过计算机网络、手机APP等更为直观便捷的方式，该方面最为典型的例子是银行业。近两年来，国内大型商业银行纷纷开始推出手机APP，大力推广手机银行业务，客户通过手机可以完成大部分银行业务。信托公司的转型，同样需要软硬件结合的信息系统作为支撑。

信托公司信息系统的"前台"是客户进入公司与公司互动的接口。因此在设计上，前台的接口应当以客户需求为导向，以客户为第一视角。在类型上，提供多个无差异接口。中老年客户可使用柜台服务和电话服务，年轻客户则主要使用电脑软件和移动互联网 APP。在互动方式上，采用信息检索、信息推送、人工客服三种方式，在客户进入接口时提供有效率的检索，在客户离开接口后，基于客户偏好推送客户感兴趣的信息，在数字模块化服务相对无效的时候再允许客户随时接通专业化客服团队，提供更细的个性化服务。

3. 信息系统为信托公司挖掘客户需求提供数据支持

核心客户是信托公司转型的业务支撑，信托公司需要利用"信托收益 + 信托服务"的方式维系客户，而信托公司提供信托服务的依据，一方面来自对目标客户群体的需求分析，但更多的是来自对现有客户群体的数据挖掘。数据挖掘是指从大量的数据中搜索隐藏于其中的信息，数据挖掘之所以能广泛应用于电子商务领域，是因为多数电子商务企业一开始就建立了以客户需求为中心的信息系统。信托公司想要在转型中更好地为客户提供信托服务，就应当利用自身的信息系统记录客户信息。比如客户在本系统搜索记录、客户咨询记录、客户购买信托产品和服务记录，定期对客户满意度进行调查，完成需求调查报告等，以备未来利用数据挖掘技术更精确地发现客户的需求。

4. 信息系统为量化风险管理提供数据支持

风险管理能力是金融企业的核心竞争力，而"竞争力"的体现在于风险的量化管理，而风险的量化管理，需要的是软硬件结合的信息系统。有效的量化风险管理，不是简单地将相关数据代入复杂计算模型得出结果。风险计量不但需要大量的外部宏观经济数据、行业数据，更需要长期的公司客户数据作为支撑。比如国内一线信托公司中，平安信托的风险管理最具特色，其建立在信息系统上的风险管理模型，可以对信托业务风险审核进行工厂化、流程化处理。搭建平安风险管理系统的风险执行官，来自于摩根大通银行，摩根大通所创建的基于自设风险数据库的 Credit Metrics 模型，是世界上主流的信用风险计量模型。

（四）管：风险管理关乎信托公司转型的成败

1. 公司上下统一的风险文化

宏观经济条件的变化、资产管理市场竞争状况的变化和信托公司自身的转型都要求信托公司形成新的上下统一的风险文化。信托公司承担的总风险，取决于其自上而下的风险文化。在经济条件好、市场竞争少的"黄金十年"，融资方总体风险小，发展是主旋律，以业务为导向的"弱风险文化"有助于公司快速发展。但在经济下行和资管行业竞争加剧的条件下融资方总体风险加大，安全成为主旋律，以风险为导向的"强风险文化"有助于公司平稳转型。信托公司的风险文化，应当首先在董事会层面达成一致，并以公司规划的形式将其制度化。

2. 强化制度决策、弱化人员决策的风险审批模式

风险的特点决定了信托公司风险审核的部门的"风险"和"收益"是不对称的。风险审核部门否决一个信托计划前期项目时，其否决行为给公司带来的"直接损失"是确定可计量的，即公司损失了信托管理费。但否决行为为公司节省的"潜在损失"是难以计量的，即没有办法证明该信托计划的风险会爆发。风险的特点同时也决定了风险控制部门不可避免会犯两类错误：第一类错误是把"好的"项目否决掉；第二类错误是使"坏的"项目通过了风险审核。风险的特点决定了传统的定性方法控制风险会导致信托公司前台业务部门和后台风险控制部门之间存在严重的利益冲突。业务部门对风险控制部门缺乏信任，风险控制部门对业务部门缺乏说服力。

"强化制度决策，弱化人员决策"的风险审批模式可以缓解前后台部门之间的冲突。强化制度决策的本质是将风险审批尽可能量化，公司风险研究团队建立包含宏观数据、行业数据、项目企业财务数据和公司自身累计数据的模型，并对输出的不同结果制定不同的审批方式，得分为"优"的直接上报决策层，得分为"差"的直接否决项目，得分为"良好"和"中等"的则由风险控制团队重点审核，并附上风险审核意见上报决策层。同时，每年对公司风险计量模型效果进行评估，由风险研究团队予以不断完善。为保证公司风险管理的稳定性，该模式可以在公司业务部门虚拟运行后再推广使用。

3. 组合式的风险分散机制

再优秀的风险管理也不能避免意外风险的发生。在当前信托公司已经积累了大量风险的背景下，风险管理研究团队应为公司研究建立起组合式的风险分散机制。在项目谈判阶段，可适当降低收益要求，以换取项目抵押品和担保人质量的提升。在项目签约阶段，尽可能增加信托公司对于信托资金使用的控制。在项目管理阶段，强化对项目的风险监控，建立一套成熟的项目重组和并购机制，一旦项目爆发，通过外部合作伙伴或公司的直接投资子公司对项目进行重组并购。

（五）制：战略转型需要制度先行

1. 利用制度改革明确转型方向

制度可以是推动信托公司战略转型的动力，也可以是阻碍信托公司战略转型的"绊脚石"。公司管理制度和管理机制将公司所有的要素和资源整合在一起发挥作用，而这些制度和机制又随着公司内外部环境变化而具备时效性。尤其是当外部环境变化使得公司制度失去时效性之后，即使公司具备优秀的人力资源、足够的客户资源、先进的信息系统和良好的风险管理，公司制度（比如发展方向不明确、组织架构不合理、激励机制落后）也会使得公司发展停滞甚至倒退。反之，前瞻性的合理的公司制度不但会使公司资源和要素得到充分发挥，还会带来潜在的效率提升，如在合理的组织架构下工作效率提升，在先进的激励机制下人力资源学习效率提升等。

推动信托公司进行整体制度改革有三大外部因素：一是中国经济进入新常态，经济增速放缓，传统产业面临转型升级，新兴产业正快速崛起；二是中国金融进入新常态，金融管制逐渐放松，资产管理业务全面放开，金融竞争日趋激烈；三是现代社会已经进入互联网时代和大数据时代，企业与消费者之间由大批量生产转向大批量定制。在这些外部因素的推动下，信托公司应借助国企改革契机，主动求变，全面进行制度改革以应对外部环境的变化。

借助制度改革，信托公司应高瞻远瞩明确自身转型方向。为应对经济发展的新常态，在产业布局上明确以传统产业为基础、以新兴产业为驱动的转型方向。为应对金融发展的新常态，在金融服务上明确提供"收益＋服务"的转型方向。为应对互联网时代和大数据时代，在企业管理上明确以客户为中心打造超级账户，构建金融生态圈的转型方向。

2. 重构组织架构有效配置企业要素

人、财、网、管都是企业发展不可或缺的要素，但是这些要素不可能分散地自行发挥作用，还需要一个有效的组织架构对这些要素进行有效的配置。目前，我国信托公司的组织架构多采用"M形"结构（即事业部制），比如平安信托、中诚信托等。事业部制的主要优点在于权责划分明确，利于考核和激励，是"大批量生产"时代企业常用组织结构。但是随着企业规模的扩大和互联网时代、大数据时代的到来，其前后台之间的协调成本加大，管理效率降低，且并不适合

"大批量定制"时代以客户为中心的管理模式。比如在信托公司运营中，合规风控等部门并不介入或较少介入业务部门的业务拓展中，往往是业务部门做好各类文件交由后台部门审批并反复修改，不但造成效率损失，还会导致前后台部门一定程度上的"对立"；比如研发部门与业务部门往往相互独立，业务部门的创新研发部门不认可，研发部门的产品设计业务部门认为不实用。

在互联网时代，信托公司应重构组织架构，采用类似"超事业部制"的平台模式，使得公司组织架构尽量模块化、扁平化和专业化。整个公司可以看作是一个超级资金池，分为三大平台：①资金端的客户服务平台，该平台为客户提供多种接入方式的"超级账户"，向客户提供各类定制化产品与服务，并负责维护客户和反映、挖掘客户的新需求；②产品运营平台，该平台根据公司总体情况制定资产配置方案并负责资金归集调度，同时根据公司总体情况进行产品设计，同时也负责日常性风险控制；③资产管理平台，该平台专门负责具体资产投资操作和管理，如现金管理、固定收益类投资、股权投资等，另外，此平台还可以提供各类事务管理信托服务。对应三大平台，可以设立客户服务、产品运营、风险管理和资产管理四个委员会。

3. 强化激励机制激发企业潜力

进行了全面制度改革和组织架构重构的信托公司，需要相应地进行激励机制的强化与更新。原有的公司激励机制以事业部制为核心，考核相对明确简单，而适应互联网时代的平台模式更注重专业化和各平台之间的合作，以往以业绩为核心的激励机制不再适用。新的激励机制可从以下方面考虑：①实施普遍化的股权激励；②参考同业情况对各平台实施绩效激励，如参考同行业风险状况对风控模块进行绩效激励，参照同行业吸收客户资金总量对客户服务平台进行绩效激励，参照类似基金业绩对资产管理模块进行绩效激励；③参照公司发展情况和各平台或各模块发展情况给予期权激励。图6-22展示了适应"互联网+"的信托公司的运营架构。

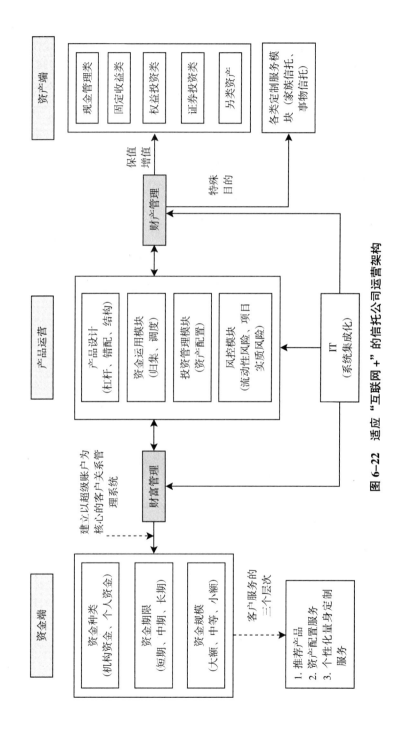

图6-22 适应"互联网+"的信托公司运营架构

五、信托公司战略转型愿景

（一）主业定位：由"影子银行"转向投资银行和私人银行

商业银行是卖风险管理的银行，通过其承担风险和管理风险的优势获取利润，融资端客户风险由银行承担。投资银行是卖投资服务的银行，通过为大众投资者提供专家级服务获取利润，融资端客户风险由投资者承担。私人银行是卖投资服务和事务管理服务的银行，通过为高端投资者提供专家级金融服务和定制化事务管理服务获取利润，融资端客户风险由投资者承担，后者基于对私人银行的信任而选择其服务。

信托公司之所以被称为"影子银行"，是因为其业务模式是投资银行模式，而风险分担模式是商业银行模式。在业务模式上，信托公司为投资者提供可供投资的信托产品，并由客户签订风险自担的信托文件。在风险分担模式上，信托公司赚取风险管理费用并在事实上承担融资端客户的风险。

信托公司承担了与其收益不匹配的额外风险还能够得到迅速发展，不在于其风险管理水平高于其他金融企业，而在于其快速增长阶段拥有"制度红利"。"制度红利"保证了信托公司能通过对接机构投资者，"批发式"提供通道业务提升利润率，这种业务发展模式的结果是最终大量风险积聚在信托行业。而避免业务模式扭曲导致风险聚集的路径在于信托公司回归主业。

信托公司回归主业，真正实现"代人理财"，意味着融资端客户风险由自愿签署信托文件的投资者承担，信托公司依靠卖服务获取利润，这本质上是提供投资银行业务。而结合信托制度"信任委托"的特性，信托公司可以将传统事务信托与金融信托相结合，从以提供收益为主转向以提供"收益＋服务"为主。因此，信托公司回归主业，对于金融市场，信托公司将转型为投资银行；对于其所服务的客户，信托公司将转型为"简化版私人银行"。

（二）服务定位：由提供金融收益转向提供"收益＋服务"

信托公司为客户提供的高收益是以自身潜在高风险为代价的，未来不可持续。信托公司能为客户提供私人银行服务，则是当前金融业所短缺的，有很大的发展空间。在刚性兑付下信托公司为客户提供的信托产品，实质上是一种高收益率无风险产品，而刚性兑付不但为信托公司带来了巨大的潜在风险，也导致了市场无风险收益率产生扭曲，市场融资成本上升。随着经济增长放缓和金融改革不断加快，市场利率最终会下降，信托公司未来难以持续地为客户提供高收益无风险产品。另外，我国金融市场上的信托产品"有收益，无服务"，不同金融机构的资产管理产品侧重于在收益率方面竞争，缺少配套的金融服务。因而，当非金融机构阿里巴巴推出"余额宝"服务后，迅速得到市场认可。"余额宝"最初也以高收益率吸引客户，但是真正的竞争力在于其打造了一个集支付、资产管理于一身的"超级账户"，因此，即使当前余额宝收益率已经远低于银行理财收益率，但其市场规模仍然在不停增长。

信托公司提供"收益＋服务"式的信托版私人银行服务，其目标客户定位于依靠自身人力资源获取高劳动性收入的高净值人士（可投资资产100万元人民币以上）。这部分群体收入相对稳定，融资需求较少，追求生活品质，在服务需求上存在着较多共性。我国顶级富豪数量较少，且大多数处于创业第一代，其传承财富的需求远小于其融资创造更多财富的需求，而且这部分富豪有家族办公室、国际投行、国内顶级金融机构可以为其提供资产的全球配置，因此不是中小信托公司的目标客户。为高净值人士提供的私人银行服务，以金融信托提供理财收益为基础，以事务管理信托提供服务为辅。事务管理信托可提供的服务是整个群体具有的共同需求并且可以通过定制化、模块化的方式提供，比如高品质子女教育、高端养老、高等级休闲度假等。信托版私人银行的工作是寻求高净值人群的共同需求，提供可定制化服务，打造高净值人士私人银行，最终通过形成高净值人士金融生态圈增加客户黏性。

（三）发展定位：由做金融通道转向打造对接互联网的金融生态圈

信托公司金融通道的定位有两层含义：一层即所谓的通道业务，信托公司不提供服务只提供"信托制度"；另一层是指标准的集合资金信托业务，信托公司通过尽职调查在市场上筛选出好的投资项目，设定好信托计划，并推荐给投资者，由投资者自担风险投资，信托公司提供风险管理并收取服务费。两层通道业务都是信托公司的主要业务，但第二层才是信托公司的本业。

以通道业务为主的发展模式难以形成核心客户群，导致信托公司客户黏性不足。在提供通道业务时，对客户而言，信托公司的业务是不连续的，因而其交易也是不连续的。投资者认购信托计划后成为信托公司客户，投资者兑付信托计划后，投资者与信托公司业务关系解除。如果信托公司恰巧推出另一类满足客户要求的信托计划，投资者将重新与信托公司建立业务关系，如果本公司暂时没有客户满意的信托计划而其他资产管理机构能够提供此类计划，该客户则会成为其他资产管理公司的客户。同样，在这种模式下，信托公司与客户之间的"接口"不通畅，产品经理或第三方理财将信托公司与客户隔离开来，客户依附于销售经理或第三方理财机构，一旦销售经理跳槽或者第三方理财机构更换，客户与信托公司的交易关系便难以重新建立。

信托超级账户是打造金融生态系统的关键环节。金融生态系统（如图 6-23 所示），指的是以信托公司为核心的资金循环系统，客户资金一旦进入该系统，就可以在该系统内循环。信托超级账户是信托公司和客户的直接接口，可以打通信托公司与客户之间的信息沟通障碍，客户可以直接通过超级账户主动获取信息，信托公司也可以通过超级账户主动向客户推送消息。信托超级账户是信托公

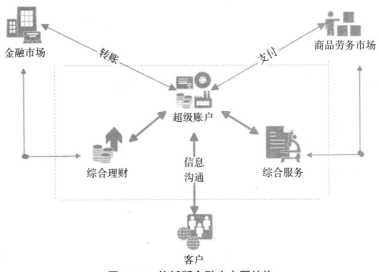

图 6-23 信托版金融生态圈结构

司的资源整合器，可以将信托公司所有的资源有机整合起来提供给客户。信托超级账户还可以使得信托公司与客户之间的交易由多次离散性交易变为一次性连续交易，超级账户作为流动性管理账户，不但与信托公司的理财模块、服务模块对接，同时也与外部商品市场和金融市场对接。

支付资格是信托公司金融生态系统的"出海口"，如果超级账户不能无缝对接金融支付系统，那么信托公司打造的金融生态圈就只能是一个封闭的小循环而不是一个开放的大循环。打造"出海口"的最优方式是获得央行支付系统的支付资格，并在未来通过央行超级网银与整个金融市场和商品劳务市场对接，但当前大型信托公司尚未获得央行支付系统资格，中小信托公司短期内可能难以获得该资格。次优选择是借助成熟的第三方支付系统与外部市场对接，比如将客户支付宝账户打造成为信托超级账户，借助其完善的支付接口与外部市场对接，信托公司甚至不需要与支付宝公司达成战略合作，只需要开发系统与其对接。但这种方式受制于第三方支付系统日后的收费和服务情况。第三种选择是跟本地中小银行达成战略合作，利用后者的银行账户提供"出海口"，这种方式的优势在于信托公司有机会在战略合作中占据主动地位（中小信托公司与大型银行合作则往往处于附属地位），合作方与信托公司竞争较小，劣势则在于未来信托账户受制于中小银行的管理水平和支付效率。

| 第七章 |

金融信托产品研发：理念与要素

● 债权型信托直接融资工具是"信托增量"，是信托行业的"准标准化债权"，应积极响应银监会倡导，参与产品设计

● 信贷资产证券化是我国"盘活存量"的重要手段，是信托行业的"新蓝海"，信托公司应加快模拟研发，静待业务全面放开

● PE 股权投资是高风险业务，中小信托公司应借道后续资金缺乏的 PE 投资公司进入该市场

● 企业年金是资管市场的"新兴行业"，信托公司应利用制度优势，从本行业本系统开始积极试点

一、金融信托发展方向：投资银行还是"影子银行"

"影子银行"是一种规避金融监管的金融形态，在全球范围内普遍存在，中国式的"影子银行"承担了商业银行的功能但让渡了商业银行的利润，并累积了巨大的潜在风险。随着资管业务放开和金融监管防风险趋势的形成，信托公司"影子银行"业务规模必将大幅缩减，利用信托制度优势、信托公司现有的经营范围优势以及相应监管部门指引，逐步将业务重心转向新兴投资银行业务是金融信托业务未来的发展方向。

（一）债权型信托直接融资工具：用好信托增量

1. 债权型信托直接融资工具是监管层力推的信托转型重点业务

2014 年 4 月，中国银行业监督管理委员会（以下简称银监会）下发《关于信托公司风险监管的指导意见》，即信托业内称为"史上规模最大、内容最全、条款最细"的 99 号文。99 号文在明确对信托行业内主流通道业务和信贷业务加强风险监管的同时，也明确提出了信托转型的方向，其中"债权型信托直接融资工具"被列为六大转型方向之首，可见监管层认为该工具将是未来信托转型的重点业务。

债权型信托直接融资工具是风险和竞争压力下对传统集合资金信托业务的改

造。对于债权型信托直接融资工具，银监会 99 号文并没有直接给出定义，而是冠之以"探索"的名义，并且明确提出是通过"改造信贷类集合资金信托业务模式"进行探索。对于改造方式，目前可供借鉴的是"银行理财直接融资工具"的改造。2013 年，银监会在商业银行体系内试点 "银行理财直接融资工具"，与信托行业类似，银行理财同样面临发展过快但流动性差、刚性兑付两大瓶颈。从现有试点来看，银监会对银行理财工具进行了"标准化"、"统一转让平台"两大改造，债权型信托直接融资工具有望按照同样的方式进行改造。

2. 集合资金信托比银行理财更易于改造为标准化产品

首先，集合资金信托本来就是一种"直接型"融资工具。从业务属性看，信托公司自最后一次整顿后，主要业务模式一直是单一资金信托和集合资金信托，这两种业务属性上都属于直接融资，信托公司是委托人和资金需求方的中介，获取相对固定的中间业务费用，明确不承担投资风险。而迅猛发展的银行理财业务则借鉴了与银行传统业务近似的模式，以约定收益率为主要方式，并以银行信誉作担保进行刚性兑付，总体上介于直接融资和间接融资之间。

其次，集合资金信托本来就以债权型为主。我国现有的集合资金信托，实质上大都以债权的方式投向实体经济，部分名义上的股权信托实质上也是通过将股权质押提供债权型融资，很容易通过受托人代为持有抵押物的方式进行改造。而银行理财则由于经营范围所限，只能投资于标准化或非标准化债权类金融工具，其本质是"收益类"融资工具。而其改造成为债券类直接投资工具，会面临主业和辅业之间的竞争，即银行理财与银行贷款之间的竞争，出于保护金融消费者的考虑，这类金融工具未来将面临法律风险。

最后，集合资金信托本来就是一种接近标准化产品。2009 年，银监会颁布的《信托公司集合资金信托管理办法》中，已经对集合资金信托做出了接近标准化的规范，尤其是在等额划分信托受益权、信息披露和资金投向等方面，与银行间市场和交易所市场交易的标准化债权比较接近。真正制约集合资金信托成为标准化债权的是其缺少统一的登记制度和交易平台，一旦借鉴银行理财直接融资工具的统一登记和统一交易平台，将集合资金信托改造为债权型直接融资工具，其标准化程度并不差于中小企业私募债，完全可以将其看作标准化产品对待。

3. 债权型信托直接融资工具可以实现"用好增量"

资本市场通道不畅和刚性兑付是信托行业两个相互制约的瓶颈。由于信托合约是非标准化债权，不能在资本市场以低交易成本转让，因此不存在统一的"二级"市场，投资者不能随时进入（只能在信托发行的一级市场买入），不能随时退出（只能等待信托合同到期），不能在行业内转让，甚至购买同一款信托产品的投资者之间转让都存在很大困难，整个信托市场对于资本市场而言是资金的"死水池"，每一款信托产品都是被严格隔离的"池子"。投资者在市场上没有交易上家和下家，自始至终只面对作为金融中介的信托公司，类似定期存款储户面对银行，这种交易关系强化了信托产品的刚性兑付，而刚性兑付习惯一旦形成，就会导致信托行业对于监管者而言存在"潜在风险"，出于全局考虑更不会轻易将这些"潜在风险"扩散到开放的资本市场。最终，随着信托行业规模超过15万亿元，刚性兑付且不能流动的"潜在风险"也逐渐累积成一个"风险堰塞湖"。

集合资金信托改造成债权型信托直接融资工具可以划断"新老风险"，抛开历史包袱打开资本市场通道。通过集合资金信托改造，创造新的金融工具和新的金融市场可以很好地"用好增量"，同时又不会将"风险堰塞湖"打开从而导致产生系统性风险。因此，传统的集合资金信托可以通过简单的改造，甚至只需要更换名称、细化信息披露、增设统一交易平台就可以实现标准化并打通资本市场通道。

集合资金信托改造成债权型信托直接融资工具可以化解刚性兑付。一旦债券型信托直接融资工具成为标准化债权并可以在资本市场上进行交易，这类工具就具备了一级市场和二级市场，信托公司和信托投资人之间的关系也就回归为中介关系而非买卖关系，信托投资者将接受资本市场"风险与收益匹配"的原则，通过资本市场的交易机制获取收益并承担相应风险，而信托公司则只要做好尽职调查、监督信息披露等中介服务，刚性兑付也会自然消失。

（二）信贷资产证券化：盘活银行存量

1. 狭义和广义的资产证券化

狭义资产证券化中的"资产"，往往是指能够带来稳定可预期现金流的金融资产，如个人住房抵押贷款、个人汽车抵押贷款、信用卡透支款等。这些"资产"往往变现时间非常长，使得金融机构资金沉淀，影响其流动性且占用其核心资本，因此追求效率的金融机构倾向于将其"证券化"后出售。狭义的资产证券化目前在我国主要指银监会主导的信贷资产证券化业务。信贷资产证券化中的

"证券化"，是指将金融资产进行重新组合和分解，使原有非标准化的信贷资产变为标准化固定收益类证券。证券化之前的金融资产，如个人住房抵押贷款，其金额、利率、还款等要素各不相同，因此流动性较差；变为标准化固定收益类证券后，其流动性与债券类似，被证券市场投资者作为债券类投资品用于资产配置。狭义的资产证券化是金融资产的证券化、现金流的证券化，不是实物资产的证券化，只涉及金融资产之间的变化，不涉及实物资产向流动资产的转化。在将非标准金融资产变为标准化固定收益类证券的过程中，所有权或债权关系的变化通过金融登记结算机构即可完成，是国际上标准化程度较高、发展前景较为广阔的业务。

广义的资产证券化中的"资产"，可以扩充到任何能带来现金流的资产，比如企业的股权、固定资产、政府基础设施的收费权等。按照该范畴，公司股票上市、企业资产出售回租、企业专项资产管理计划等形式都属于广义的资产证券化。广义资产证券化中的"证券化"，涉及实物资产、无形资产、知识产权与证券资产之间的变化。除去 IPO 和融资租赁业务之外，目前我国广义的资产证券化业务主要是指由中国证券监督管理委员会（以下简称证监会）审批的专项资产管理计划和银行间交易商协会主导的资产支持票据业务。专项资产管理计划多由证券公司作为计划管理人（相当于 SPV），商业银行作为托管人，将能带来现金流的企业基础设施、交通运输、公用事业、技术成果等类的资产或资产组合"标准化"为资产支持证券并向投资者发行。资产支持票据业务是由非金融企业在银行间债券市场发行的、由基础资产所产生的现金流作为还款支持的、约定在一定期限内还本付息的债务融资工具。资产支持票据实行注册制，目前试点中的资产多为收费权或应收账款类资产，并通过设立 SPV 真实出售的方式实现风险隔离。

广义的资产证券化在我国具有广阔的发展前景。在政府方面，政府职能转换需要逐步退出经营性和准经营性公用事业，而我国公用事业的发展水平还较为落后，需要大量的资金支持。在企业方面，许多企业拥有稳定的现金流收入，但难以获得融资支持，因此通过广义资产证券化吸收社会资金，可以"盘活"政府融资平台或企业现有资产，减轻其债务包袱。

广义的资产证券化对于信托机构的不确定性有三方面：①专项资产管理计划和资产支持票据都属于标准化程度较低的证券化业务，不像资产证券化业务一样有成熟的国际经验可供借鉴，目前尚处于探索过程中；②专项资产管理计划和资产支持票据与信托行业分属不同的金融子行业，信托公司从事此类业务有待于金融监管领域的进一步改革；③专项资产管理计划和资产支持票据业务对现金流的分割组合"技术要求"相对较低，信托公司发行的很多集合资金信托（如代表性的"上海外环隧道项目资金信托计划"）与上述两类业务的重合度较高。在很大程度上，专项资产管理计划是"证券公司版"集合资金信托，资产支持票据业务是"银行间交易商协会版"集合资金信托，信托公司从事此类业务不需要"能力升级"，只需要获得相应通道和资格。

拓展广义资产证券化业务，信托公司应做如下方面努力：①积极申请各类资产证券化业务资格。专项资产管理计划由证监会审批，资产支持票据由银行间交易商协会主导，两者都没有明确限制资产证券化的参与主体，而且目前不同资产证券化模式都处于改革之中，监管部门有动力鼓励经营机制灵活的信托公司参与自身主导的资产证券化模式，以期该模式成为主流模式之一。②积极参与到各类资产证券化业务试点中。专项资管计划和资产支持票据在很大程度上具有"中国特色"，没有过多国外成熟模式可以借鉴，处于一边试点一边完善的改革进程中。信托公司积极参与这两类广义资产证券化试点，可以为自身乃至整个信托行业获取额外的市场份额。比如专项资产管理计划在开始试点中并没有引入信托结构，也没有实现资产隔离。2014 年 8 月，海印股份资产证券化案例中，首次采用了"资管+信托"双层设计，虽然仍未能实现完整的资产隔离，但随着不动产登记和信托财产登记制度的完善，海印股份资产证券化模式有望实现真正的资产隔离（将海印股份现金流来源的商业物业设置为信托财产并在证券化后"归还"）。同样，资产支持票据在早期试点中也没有实现破产隔离。2014 年 10 月，浦发银行开展的资产支持票据试点中，首次引入信托设计，将符合资质的融资租赁公司应收账款设置为信托财产，并以此为基础发行资产支持票据。③全方位提升能力，在资产证券化中扮演更重要角色。目前信托公司参与的各类资产证券化业务，大都借助信托制度优势，提供"准破产隔离"服务（因为财产登记制度不完善，不能实现完全破产隔离），这类业务对信托公司而言只相当于一种边缘化的"通道"业务，信托公司想要在资产证券化中获得更多收益和市场份额，需要全方位提升自身能力。提升能力的分析在下文阐述，以下部分资产证券化的分析主要侧重于狭义的"信贷资产证券化"业务。

2. 信贷资产证券化是中国金融"盘活存量"的重要途径

自改革开放以来，我国金融业一直以银行业为绝对核心，而银行业一直以信贷业务为绝对核心。

信贷资产证券化是中国"臃肿的"银行业盘活存量的主要手段，是打通信贷市场和证券市场通道的工具。新一届政府对于金融改革确立了"优化金融资源配置，盘活存量，用好增量"的核心改革思路。而当前金融业最大的"存量"是银行体系内 94 万亿元的信贷余额。在当前的金融市场结构下（如图 7-1 所示），这个存量会一直增加。而通过信贷资产证券化，可以打通信贷市场和资本市场，使得银行信贷中 35 万亿元的中长期贷款，尤其是 14 万亿元左右的个人住房抵押贷款，以及 19 万亿元的住户消费性贷款，通过证券化渠道进入资本市场，在繁荣资本市场的同时，可以为信贷市场"减负"，盘活其体系内的巨额存量，优化金融资源配置（见图 7-2）。

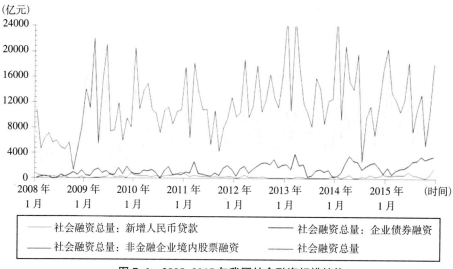

图 7-1　2008~2015 年我国社会融资规模结构

我国的资产证券化目前已经经过四轮试点（见表 7-1），累计试点规模近万亿元，参与试点的发行人涵盖了除信用社外的大部分存款类金融机构，基础资产以企业贷款为主，也包含了汽车贷款、个人住房抵押贷款、信用卡欠款和小额消费信贷。在监管层面，中国人民银行会同银监会和财政部出台了《关于进一步扩大信贷资产证券化试点有关事项的通知》，银监会出台了《信贷资产证券化试点管理办法》、《金融机构信贷资产证券化试点监督管理办法》，证监会于 2013 年 3 月出台了《证券公司资产证券化业务管理规定》，保监会于 2014 年 7 月出台了《项目资产支持计划试点业务监管口径》。虽然"一行三会"关于资产证券化的统一框架仍然有待协调，但目前银行保险证券三大领域的资产证券化业务都可以正常展开试点。2014 年，银监会将信贷资产证券化业务改为备案制。2015 年，中国人民银行宣布信贷资产支持证券发行实行注册制，资产证券化流通的两大市场银行间市场和交易所市场对资产证券化业务都放弃了审批，资产证券化大规模"井喷"的市场约束已经不存在。

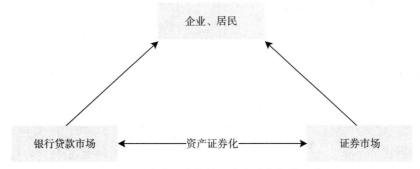

图 7-2　资产证券化是两大金融市场的通道

表 7-1　我国资产证券化四轮试点概况

时间/轮次	试点规模	参与试点发行人	基础资产类型
第一轮：2005 年 3 月至 2008 年 8 月	实际发行 13 项共 532.3 亿元	国开行、工商银行、建设银行、多家股份制银行、上海通用汽车金融	企业贷款、个人住房抵押贷款、汽车贷款
第二轮：2011 年 5 月至 2013 年 8 月	试点规模 500 亿元（实际发行 6 项共 228.4 亿元）	国开行、工商银行、中国银行、交通银行、汽车金融公司、集团财务公司	企业贷款、汽车贷款
第三轮：2013 年 8 月至 2014 年 7 月	试点规模 3000 亿元（实际发行 21 项共 1104.1 亿元）	政策性银行、国有四大银行、股份制银行、四大资产管理公司、汽车金融公司、城市商业银行	企业贷款、个人住房抵押贷款、汽车贷款、信用卡贷款、小额消费贷款
第四轮：2015 年 5 月	试点规模 5000 亿元	不需审批银监会备案＋央行注册	不限

注：根据 Wind 资讯及媒体报道资料整理，不包含不良资产证券化和企业资产证券化。

3. 资产证券化业务是信托行业的"新蓝海"

我国资产证券化业务的潜在规模巨大。2012 年，美国资产支持证券余额超过 12 万亿美元，占其 GDP 总量的 80%（虽然 2008 年次贷危机爆发与资产支持证券相关，但事后美国政府的金融改革思路表明了，要禁止的是资产支持证券的过度衍生化和金融机构的高杠杆化，资产支持证券业务本身并未受到太大影响）。我国目前金融资产过多集中在银行部门，资产证券化已经成为本届政府"盘活存量、用好增量"的重要工具。比照我国银行资管业务的发展轨迹，我国资产证券化业务一旦常态化，未来十年将超过10万亿元的规模。

信贷资产证券化业务是信托的下一个"蓝海"，信托在资产证券化业务中具备制度优势和客户基础。就中国目前已经开展的资产证券化业务试点来看，除了不良资产证券化和证监会试点的企业资产证券化业务（目前仅发行3单20亿元），在交易结构上，绝大部分都采用了成立信托计划的方式交易结构，这表明"信托隔离"的方式必将是未来中国资产证券化业务的主流方式之一，信托具备了制度优势。在产品流向上，有银行间公开市场发行、场外交易私募发行和证券市场公开发行三种，对于前两种，信托原有的银信合作资源可以继续充分利用，信托具备了客户基础。

4. 信贷资产证券化业务需要信托公司"能力升级"

信托公司需要能力升级才能成为信贷资产证券化业务的主导者。在银监会模式的信贷资产证券化中，信托公司可以"信托受托人"身份成为参与者。但受托人身份提供的仅仅是"通道类"业务，而且受托人业务资格随着金融改革加快也将不再被信托公司所独有。因此信托公司参与资产证券化业务，一条路径是以规模取胜，提供比其他金融机构更好的"受托人"服务；另一条路径是及早进行"能力升级"，在信贷资产证券化业务尚未大规模开展之前做好足够储备，力争成为未来信贷资产证券化业务中的主导者。

信贷资产证券化业务需要信托公司升级"技术能力"。信贷资产证券化中最重要的技术是现金流分析技术。资产证券化核心的SPV机构需要有能力对数千甚至数万笔分散在不同区域、还款时间和年限存在差异的住房抵押贷款还款现金流进行精确的分析和预测，并能够将其及时、准确地传递给证券市场上不确定的资产支持证券持有者，而目前我国信托公司尚不具备此类经验。

信贷资产证券化业务需要信托公司升级"资本能力"。信贷资产证券化业务，尤其是早期试点业务，往往需要SPV利用自有资本"买断"信贷资产并将其变成结构化、标准化证券出售。"买断"一方面可以使信托公司成为资产证券化的主导者（信托隔离方式的资产证券化往往被银行所主导），另一方面也可以提升信托公司在资产证券化业务中的收益。我国信托公司以前从事的业务大多为"资金中介"类业务，从事资产"买断"业务需要提升信托公司的资本能力。

信贷资产证券化业务需要信托公司升级"协调能力"。信贷资产证券化业务需要大量的金融机构和市场机构参与，比如在信托公司担任 SPV 的证券化中，需要主服务商进行基础资产的管理和现金流的归集，需要特别服务商监督和处理有问题资产，需要大型金融机构做支付代理机构，需要投资银行协助包销代销资产支持证券，还需要律师事务所、会计师事务所、评级公司等专业中介机构在各省专业领域为证券化提供法律、会计审计、评级等服务。因此，资产证券化所需外部机构远超过信托公司的其他类业务，信托公司想要成为信贷资产证券化业务主导者，需要全面升级其"协调能力"。

（三）直接投资专业子公司：掘金股权投资

1. PE 投资符合中国经济金融改革方向

创新型中小企业决定着一国在世界经济中的竞争优势。比如硅谷的创新型中小企业，直接支撑起美国信息技术产业，并成为美国的战略性新兴产业。而从中国中小企业发展报告数据来看，中国有 4200 万家中小企业，有创新型中小企业 12 万家，占中小企业总数的 4%，但却提供了 50% 的创新成果。这些中小企业是国家创新能力提升的中坚力量，也是孕育企业家精神的"摇篮"，它们最终决定着中国未来的竞争优势。支持中小企业发展，尤其是创新型中小企业发展已经上升为国家战略。

创新型的中小企业需要创新型金融支持。创新型中小企业的特征与传统金融要求不符。以银行为代表的传统金融受制于其风险管理和融资模式，倾向于支持低风险收益稳定的大中型企业，创新型中小企业则需要承担高风险分享高收益的资本支持，而私募股权投资、企业并购和中小板市场就是一整套支持创新型中小企业的新金融体系。

2. 专业子公司是信托公司开展 PE 业务的有效途径

一方面，设立专业子公司开展 PE 业务有助于规避信托法规。2007 年，银监会出台的《信托公司管理办法》曾明确规定，"信托公司投资业务限定为金融类股权投资"，"信托公司不得以固有财产进行实业投资"。2009 年，银监会发布《关于调整部分信贷监管政策促进经济稳健发展的通知》，"支持符合一定监管评级要求、货币性资产充足的信托公司以固有资产独立从事私募股权投资业务",但投资额度上限为净资产的20%。而设立专业子公司后,信托公司开展PE业务的空间进一步增大。

另一方面,设立专业子公司开展PE业务有助于规避证券法规。由于可能存在内幕交易和利益输送,我国证券监管部门一直禁止IPO前信托持股,导致信托公司开展PE业务缺少最重要的退出渠道。通过设立专业投资子公司,采用合伙人制度,可以在很大程度上得到证券监管部门认可,使得信托公司开展PE业务重新打通IPO通道。

3. 专业子公司有助于提升信托公司的主动管理能力

主动管理能力是衡量一家信托公司综合实力的重要指标,在信托业经历"黄金十年"之后,大部分面临转型的信托公司都谋求增强主动管理能力,增加主动管理业务。在现有的信托资金投向的几大领域中,基础产业投资依赖于政府信用,主动管理较少;与金融机构合作的风险较小,需要主动管理的是市场风险(不考虑通道业务);工商企业和房地产是两大领域,除了大量通道业务外,需要主动管理的是信用风险;而证券投资业务则多以私募平台和固定收益类投资为主,需要主动管理的是较小的市场风险。由此可见,现有信托业务所需信托公司的主动管理能力,集中在金融领域的风险管理。

PE业务所需要的主动管理能力不同于金融业的主动管理能力。开展PE业务,投资团队往往需要介入创新型中小企业的管理,尤其是要深度介入其资本运作。这种对企业管理的介入,一方面对信托公司的投资团队提出了更高的要求,另一方面也锻炼提升了信托公司投资团队的能力。这些更了解企业发展、企业运作和企业所处行业的团队,是信托公司以后服务于实体经济的核心竞争力。

4. 专业子公司具备隔离风险和享受税收优惠的优势

设立专业投资子公司开展PE业务有利于隔离风险。PE业务是高风险高收益的业务,与传统低风险信托业务形成鲜明对比。将PE业务保留在信托公司内部,会影响监管层对信托公司风险状况的度量,同时,PE部门的高风险投资风格也可能对企业整体风险文化产生不利影响。通过设立专业子公司的方式把高风险PE业务隔离,符合监管层和信托公司双方的共同利益。

在税收优惠方面,设立专业PE投资子公司可以享受许多信托公司不能享受的税收优惠(见表7-2)。

表 7-2　PE 子公司可以享受的税收优惠政策

序号	优惠政策	政策文号
1	《关于企业股权投资业务若干所得税问题的通知》	国税发 [2000] 118 号
2	《关于外商投资创业投资公司缴纳企业所得税有关税收问题的通知》	国税发 [2003] 61 号
3	《创业投资企业管理暂行办法》	发展改革委、科技部、财政部、商务部、人民银行、国家税务总局、工商总局、银监会、证监会、外汇管理局令 [2005] 39 号
4	《关于促进创业投资企业发展有关税收政策的通知》	财税 [2007] 31 号
5	《关于企业所得税若干优惠政策的通知》	财税 [2008] 1 号
6	《关于企业所得税若干优惠政策的通知》	财税 [2009] 69 号
7	《关于实施创业投资企业所得税优惠问题的通知》	国税发 [2009] 87 号

资料来源：新华信托资产管理业务板块整理。

（四）企业年金信托：新兴资管市场

1. 我国企业年金已经初具规模

1991 年，我国首次提出国家"提倡、鼓励企业实行补充养老保险"。2000 年，企业补充保险正式更名为"企业年金"。根据人力资源和社会保障部统计，2000 年年底，我国企业年金总规模仅为 192 亿元。截止到 2014 年第三季度末，企业年金总规模已达 7092.39 亿元（如图 7-3 所示），年均复合增长率接近 30%，

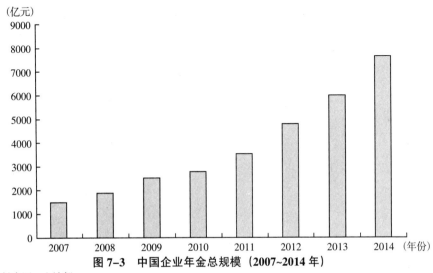

图 7-3　中国企业年金总规模（2007~2014 年）

资料来源：人社部。

参加企业已达 7.3 万家，覆盖职工人数 2300 万人。

2. 企业年金已经获得制度红利

企业年金制度已经被纳入国家社会保障体系的顶层设计，赢得了延迟纳税的制度红利。由于我国现行的养老保险制度从 20 世纪 90 年代才开始起步，覆盖面不足和资金缺口两大瓶颈相互制约，使得基本养老保险远远不足以"养老"，因此，企业年金制度作为养老保险制度的重要补充已经被纳入国家社会保障体系的顶层设计。在战略规划方面，十八届三中全会《中共中央关于全面深化改革若干重大问题的决定》提出"加快发展企业年金、职业年金、商业保险，构建多层次社会保障体系"，在实施细则方面，中华人民共和国人力资源和社会保障部（以下简称人社部）会同银监会、证监会和中华人民共和国保险监督管理会（以下简称保监会）在 2011 年已经共同出台《企业年金基金管理办法》。在制度推动方面，财政部、人社部、国家税务总局已经联合下发通知，自 2014 年 1 月 1 日起，我国将对企业年金、职业年金个人所得税实施递延纳税优惠政策。按照保守计算（不考虑制度红利带来的规模井喷），企业年金按现有的复合增长率，2020 年我国企业年金规模将达到 3 万亿元水平。2015 年起，中国养老金双轨制正式废除，所有机关事业单位明确要建立职业年金制度，企业年金市场将每年额外新增 1150 亿元规模（平安证券测算数据）。

3. 制度设计确保信托成为企业年金领域的重要参与方

在年金制度设计方面，所有的年金业务都是以信托为框架设计，信托机构具有业务优势。2011 年出台的《企业年金基金管理办法》第三条明确提出，建立企业年金计划的企业及其职工作为委托人，与企业年金理事会或者法人受托机构（以下简称受托人）签订受托管理合同。在企业年金相关金融资格方面，《企业年金基金管理办法》中设置了受托人、账户管理人、托管人和投资管理人四个主体，从现有实践情况来看，信托公司可以申请除托管人以外的三种资格（其中受托人和账户管理人都已经有多家信托机构获得资格）。除企业年金投资领域方面，在银行存款、保险、股票和标准化债权外，目前已经扩展到可以投资信托产品等非标债权（2013 年 4 月），这一举措扩大了整个信托行业的资金来源，使得信托机构可以间接获益。但同时应当看到，对于企业年金涉及的任一种金融资格，信托机构都不再具备制度红利，都需要同银行、证券、保险和基金等金融机构直接竞争。

（五）信托资金池：大资产管理趋势下主动管理型业务

2012 年以来，随着一系列监管政策的出台，我国资产管理行业的政策开始转向鼓励创新，放松管制。资产管理行业的市场环境正在发生巨大变化，商业银行、信托公司、证券公司、基金管理公司、保险资产管理公司悉数参与其中。特别是证监会、保监会在近年来集中出台了一批新规，对券商、基金、期货公司资产管理业务和保险资金投资范围作了新的规定，使得保险资金运用市场化改革步伐加快，证券、基金、期货、保险公司的投资范围和渠道大大拓宽，资产运用方式趋于灵活，行政管制进一步放松，中国逐步进入"大资产管理时代"。

1. 提高资金效率符合大资产管理趋势

"大资产管理时代"的来临，降低了信托公司多年来独有的制度性竞争优势，赋予了其他资产管理机构更多与信托公司同质化的业务，使信托公司在传统业务领域面临更加直接、更加激烈的竞争。在"大资产管理时代"背景下，信托资金池应运而生，信托资金池大幅提高了资金使用效率，成为新时期信托公司的"制胜法宝"。

信托资金池的平均融资成本即支付给投资人的收益为 6%~7%，而信托融资成本普遍超过 12%。首先，信托资金池业务大大节约了募集时间。一般而言，信托公司作为融资通道发行的信托项目，从商业洽谈到尽职调查，再从撰写文件送报银监会审批，到最终银监会过会，一个产品从发出到募集结束，通常需要 2~3 个月的时间。而对信托资金池而言，信托公司直接利用资金池的资金和优质的项目进行对接，可以有效地节约时间成本和资金成本。其次，因为拥有资金，不需要谈好项目再募集资金，信托资金池使得信托公司在项目合作谈判时更有议价能力，一旦谈妥随时可以成交，还可以有效地提高资金效率。最后，资金池产品通过不间断滚动发行的方式，让到期赎回的资金仍可以重新回到资金池当中，这可以有效地控制流动性风险，便于资金池资金更好地投资长期项目，使资金使用更有效率。

2. 投资策略灵活体现主动管理能力

信托资金池存在的基础是信托公司强大的资产管理和项目管理能力。作为四大金融机构类别之一，信托投资的经营范围较为广泛，可以涉足资本市场、货币市场和产业市场，是目前唯一被准许同时在证券市场和实业领域投资的金融机构，投资领域的多元化可以在一定程度上降低投资风险。

自主选择投资策略。为了提高资金的使用效率，在保证信托资产安全性和流动性的基础上，信托公司通过自主管理，建立投资决策委员会，设置具体的投资限制，除了投资优质的信托计划之外，还可以将资金池中的闲置资金用于受让银行信贷资产、货币市场投资、银行存款等短期且具有稳定收益的投资品种。自主选择风控措施。信托公司可以根据不同的投资方式采用相应的风控措施，有效分散投资风险，采用长短期收益差价的盈利模式，以便获得长期稳定增值，有效地保障了信托计划的如期兑付。自主设计资金池期限。信托资金池期限可以为1~24个月不等，这一方面便于投资者选择；另一方面，信托公司可以根据项目需要，在资金池滚动发行时，选择不同的期限，控制流动性风险。

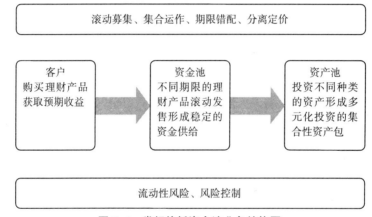

图7-4 常规信托资金池业务结构图

资料来源：人社部。

二、【案例】债权型信托直接融资工具的产品设计

1. 信托目的

信托公司担任受托人，按照委托人意愿，为受益人的利益对两个以上（含两个）委托人交付的资金进行集中管理、运用或处分的资金信托业务。

2. 信托资金运用

单一债权或标准化债权类投资工具，其中标准化债权类投资工具不超过信托资金总额的 50%（用于单一债权分批偿还时的投资）。

3. 信托直接融资工具的设立

（1）委托人为合格投资者（参照银监会标准）。

（2）参与信托计划的委托人为唯一受托人。

（3）信托期限不少于 1 年，并且有明确的终止时间。

（4）信托资金有明确的债权投向，并且存续期间内不得再投向其他非标准化债权，但允许以提高投资收益为目的投向标准化债权类产品，投向标准化债权类产品的比例不超过信托资金总额的 50%；投向标准化债权部分要有明确投资策略，且符合国家产业政策以及其他有关规定。

（5）信托受益权划分为等份额的信托单位，每单位初始金额为 1 万元。

（6）信托合同应约定受托人报酬，除合理报酬外，信托公司不得以任何名义直接或间接以信托财产为自己或他人牟利。

4. 信托直接融资工具的发行推介

（1）信托直接融资工具采取备案制发行（初期可采用额度试点），在中央债权登记结算有限公司（以下简称中债登）指定的系统内统一登记结算。

（2）信托公司推介信托直接融资工具，应有规范和详尽的信息披露材料，明示信托直接融资工具的风险收益特征，充分揭示购买信托直接融资工具的风险及风险承担原则，如实披露专业团队的履历、专业培训及从业经历，不得使用任何可能影响投资者进行独立风险判断的误导性陈述。

（3）信托直接融资工具只能向中债登系统内的合格投资者进行私募，不得进行公开营销宣传，不得以任何方式承诺最低收益率。

（4）信托公司设立信托直接融资工具应出具尽职调查报告，应具备认购风险申明书、信托计划说明书、信托合同等信托文件。尽职调查报告和信托文件格式参照《信托公司集合资金信托计划管理办法》执行。

（5）信托直接融资工具推介期限届满未能满足信托文件约定的成立条件的，信托公司应当在推介期限届满后 30 日内返还委托人已缴付的款项，并加计银行同期存款利息。由此产生的相关债务和费用，由信托公司以固有财产承担。

（6）信托直接融资工具所涉及的信托计划成立后，信托公司应当将信托财产存入专户，并在 5 个工作日内通过中债登指定系统向投资人披露信托计划的推介、设立情况。

5. 信托直接融资工具的交易

（1）信托直接融资工具在中债登指定的系统内进行交易。

（2）信托直接融资工具的交易佣金、登记费用和印花税按照财政部、国税总局、银监会和中债登公司的统一费率执行（可根据各主管监管部门要求在一定范围内浮动）。

（3）信托直接融资工具交易采取做市商制度，每一种信托直接融资工具需具有两个以上做市商。

（4）信托直接融资工具交易单位为份，每份面值 10 万元，委托买入卖出数量必须为 10 份或其整数倍。

6. 信托直接融资工具的受托人责任

（1）信托公司管理信托直接融资工具，应设立为信托直接融资工具服务的信托资金运用、信息处理等部门，并指定信托经理及其相关的工作人员。每种信托直接融资工具至少配备一名信托经理。担任信托经理的人员，应当符合中国银行业监督管理委员会规定的条件。

（2）信托融资工具投资非标准化债权时可采用信用贷款、抵押贷款、质押贷款等方式，设有抵押质押的，受托人代替全体投资者持有抵押物和质押物，并按照信托文件规定定期对抵押物和质押物进行核查。

（3）信托公司对每种信托直接融资工具建立单独的会计账户分别核算、分别管理，并按银监会和中债登的信息披露要求定期披露。

（4）信托公司作为受托人管理信托计划的禁止条款，参照《信托公司集合资金信托计划管理办法》执行。

7. 信托直接融资工具的信托财产保管

（1）信托直接融资工具应设置信托财产保管人，保管人不得由受托人兼任。

（2）信托财产保管人资格，保管人权利和义务参照《信托公司集合资金信托计划管理办法》执行。

（3）信托直接融资工具如果设置了信托存续期间付息，由财产保管人负责提供利息支付服务。

8. 信托直接融资工具的信托计划变更、终止与清算

（1）信托直接融资工具依附的信托计划变更、终止，受托人应依据银监会相关规定执行。信托计划终止，信托公司应按规定作出清算报告并在中债登指定的系统内进行披露。

（2）清算后的剩余信托财产，受托人应当依照中债登系统所登记的最终受益人所持信托单位比例进行现金分配。受托人应当于信托计划文件约定的分配日前或者信托期满日前变现信托财产，并将现金存入受益人账户。

9. 受益人利益保障

（1）中债登系统内最后更新的投资人即信托受益人。

（2）受益人权利和义务参照《信托公司集合资金信托计划管理办法》。

三、【案例】信贷资产证券化产品设计

1. 资产证券化的基础资产选择

第一类基础资产是大中型企业贷款。大中型企业贷款之所以能成为我国已有的资产证券化试点最主要的基础资产，第一是因为现有资产证券化试点中国家开发银行的试点占据了最大的份额，而国家开发银行本身只有企业贷款，没有个人住房抵押贷款；第二是因为基础资产和资产支持证券间需保证一定利息差，我国近年来企业贷款利率相对高于个人住房抵押贷款利率，更容易满足利息差的要求；第三是因为企业贷款数额较大，试点时资产组合管理相对方便。因此，在基础资产选择方面，湖南信托应将资产证券化业务重心放在湖南本地大中型企业贷款方面，基础资产合作伙伴则首选本省的商业银行。

第二类基础资产是个人住房抵押贷款。个人住房抵押贷款是发达国家资产证券化的重要基础资产来源，美国资产证券化之所以能够发展到今天，也是由于其在住房抵押贷款资产证券化领域的成功。对于我国而言，个人住房抵押贷款作为基础资产有其他类贷款不具备的优势：现金流长期且稳定，贷款业务标准化程度高，利率风险低，贷款违约率低且违约处置成本低。其劣势在于贷款利率较低，贷款组合管理要求较高。总体上看，个人住房抵押贷款证券化将是我国资产证券

业务成熟后的主要类型。

第三类基础资产是中小企业贷款。

三类基础资产优劣对比见表 7-3。

表 7-3　三类基础资产优劣对比

基础资产种类	基础资产平均利率	资产组合难易程度	现金流稳定性	信用风险（含违约处置成本）	市场风险
大中型企业贷款	中	较易	中等	中等	中等
个人住房抵押贷款	低	较难	较好	低	低
中小企业贷款	高	中等	较差	高	中等

2. 资产证券化的交易结构选择

资产证券化的交易结构如图 7-5 所示。

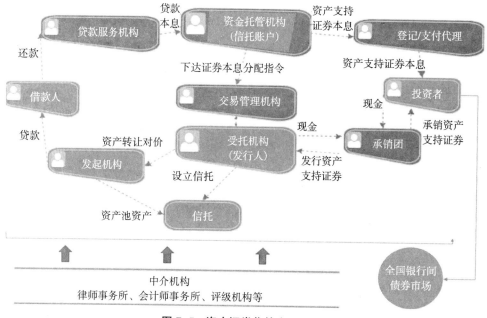

图 7-5　资产证券化的交易结构

（1）抵押贷款支持债券。抵押贷款支持债券本质上是以抵押贷款组合为抵押品在市场上的公开或者私募的方式发行债券。抵押贷款支持债券是一种相对简单的资产证券化，基础资产提供方（银行）保留贷款所有权，将抵押贷款组合通过信托方式进行风险隔离，以贷款现金流作为抵押向市场以公开或者私募方式发行债券。该方式对于银行而言最大的优势在于可以保留盈利资产的同时获取流动性，而劣势在于不能将抵押贷款组合剥离出资产负债表。由于抵押贷款组合存在利率风险和市场风险，因此需要超额抵押。而信托公司在证券化的过程中承担的主要职能是：交易结构设计、代为持有抵押品并监督抵押品市场价值的波动（即定期对资产池中基础资产按市场价值标价）。

（2）抵押贷款传递证券。抵押贷款传递证券本质上是将抵押贷款组合"分期出售"给证券市场的投资者，发行人转移了所有与抵押贷款组合有关的风险和收益，证券化的服务商（往往是原始贷款的发放银行）将抵押贷款组合带来的现金流（扣除相应服务费）全部传递给证券购买者。由于转移了原贷款的所有风险与收益，因此抵押贷款传递证券对于银行而言可以在获取流动性的同时将风险资产剥离出资产负债表，实现对风险资产的"瘦身"，有利于在资本充足率约束下更好地利用其资本。信托机构在证券化过程中承担的主要职能是：产品交易结构设计，设定信托并代替投资者持有抵押贷款组合。

表 7-4 列示了两种证券化的对比。

表 7-4　两种证券化对比

	抵押贷款支持债券	抵押贷款传递证券
持有证券权益类型	债权	所有权
证券支付分级	一级	一级或多级
本金传递	不传递	按照证券分级支付
提前还款风险承担	发行人	投资者
超额担保	有	有但较少
基础资产盯住市场标价	有	无
基础资产剥离银行资产负债表	不能	能

3. 资产证券化设计案例

（1）概况与交易结构。湖南信托为湖南省某股份制商业银行设计企业贷款证券化业务如下：资产证券化基础资产来自于湖南省 A 股份制商业银行的大中型企业贷款组合，贷款全部为 10 年期固定利率贷款，贷款年利率为 11%，贷款总额为 7500 万元人民币，假定这些贷款按年平均本息还款。

证券设计分为三个等级：其中 A 档总额为 27000 万元，票面利率 9.25%，前

4年偿还，B档总额1500万元，票面利率10%，第4、第5年偿还，Z档总额3000万元，票面利率11.0%，第5年开始偿还。支持该证券的抵押贷款具有11%的固定利率，期限均为10年。在向各档证券的投资者支付了优先款项之后，剩余的现金流量均由发行人保留。

三个等级证券具体支付优先权如下：A类最优先支付；B类次优先支付，在A类还没有得到完全偿付之前只能得到利息的支付，不能得到本金；Z类是最后支付的，在前两者没有得到完全支付前，该证券得不到任何利息和本金支付。

（2）参与机构。资产支持证券发行有关的机构见表7-5。

表7-5　资产支持证券发行有关的机构

发起机构/贷款服务机构/安排人/联合簿记管理人	A银行股份有限公司
受托机构/发行人	湖南信托有限责任公司
资金保管机构	B银行股份有限公司
登记机构/支付代理机构	中央国债登记结算有限责任公司
信用评级机构	北京穆迪投资者服务有限公司
	中诚信国际信用评级有限责任公司
发起机构/贷款服务机构/安排人/联合簿记管理人法律顾问	A律师事务所
承销商	C证券公司牵头的承销团
受托机构法律顾问	B律师事务所
会计顾问	某会计师事务所

（3）主要法律合同。资产支持证券发行主要的法律合同见表7-6。

表7-6　资产支持证券发行主要的法律合同

法律合同名称	内容	合同当事人
信托合同	委托人A银行将基础资产组合委托给湖南信托设立特殊目的信托	委托人：A银行 受托人：湖南信托
资金保管合同	受托人就已经设立信托的基础资产与资金保管机构签订保管合同	受托人：湖南信托 资金保管机构：B银行
服务合同	受托人与贷款服务机构签订合同，由后者为基础资产组合中的贷款提供管理服务	受托人：湖南信托 贷款服务机构：A银行
承销协议	受托人与主承销商签订主承销协议，主承销商与其他联系承销商签订承销团协议	受托人：湖南信托 承销商：C证券公司，其他参与承销的证券公司

（4）各档资产支持证券的现金流分析。

1）计算出总现金流。

由于假定支持该证券的贷款都是11%固定利率的10年期贷款，得每年还款为12735107元（此处简单假定为年末还款），则抵押贷款组合的总现金流如表7-7所示。

表7-7　总现金流

单位：元

	未偿本金	年支付款	本金部分	利息部分
0	75000000			
1	70514893	12735107	4485107	8250000
2	65536424	12735107	4978469	7756638
3	60010324	12735107	5526100	7209007
4	53876352	12735107	6133971	6601136
5	47067644	12735107	6808708	5926399
6	39509978	12735107	7557666	5177441
7	31120968	12735107	8389009	4346089
8	21809169	12735107	9311801	3423307
9	11473069	12735107	10336099	2399008
10	0	12735107	11473069	1262038

2）计算A档证券的现金流。

由于资产支持证券的现金流是"传递"的，而B、Z类证券在没有得到完全支付的时候，应该支付给B、Z类证券的现金就优先支付给了A，故A本金的偿还包括了应属于A的本金、应属于B的本金（A还清前不能得到本金支付）以及Z的本金和利息（A还清前不能得到本金支付），而应属于A的利息自然就用来做利息偿还。注意，A的利息按9.25%计算（见表7-8）。

表7-8　A档证券的现金流

单位：元

	A未偿本金	全部本金+出自Z的利息	A的利息	对A的总支付
0	27000000			
1	19214893	7785107	2497500	10282607
2	10573424	8641469	1777378	10418846
3	981394	9592030	978042	10570072
4		981394	90779	1072173

3）计算 B 档的现金流。

在 A 偿还完毕之前，B 只能得到利息支付（按照 10% 计算），因此前三年 B 只能得到利息，本金不变。到第 4 年，A 类证券已经偿付完毕并且有剩余，剩余的部分就用来偿还 B 的本金。同 A 类情况类似，在 B 类偿付的第 4、第 5 年，Z 类仍然得不到偿付，其本金和利息用于优先偿付 B 的本金（见表 7-9）。

表 7-9 B 档证券的现金流

单位：元

	B 未偿本金	全部本金 + 出自 Z 的利息	B 的利息	对 B 的总支付
0	15000000			
1	15000000	0	1500000	1500000
2	15000000	0	1500000	1500000
3	15000000	0	1500000	1500000
4	5334240	9665760	1500000	11165760
5		5334240	533424	5867664

4）计算 Z 档的现金流。

由于 Z 在前 4 年没有得到任何本金和利息支付，那么应当将其应得的利息加总到本金中去，因此第 4 年年末 A 的本金变为 45542112 元。在第 5 年，B 类证券偿付完毕后仍有现金流剩余，这一部分即用来偿还 Z 类证券（见表 7-10）。

表 7-10 Z 档证券的现金流

单位：元

	Z 未偿本金	应计利息	累积利息	本金偿还	利息支付	对 Z 总支付
0	30000000					
1	33300000	3300000	3300000			
2	36963000	3663000	6963000			
3	41028930	4065930	11028930			
4	45542112	4513182	15542112			
5	44067644		14067644	1474468	5009632	6484101
6	36509978		6509978	7557666	4847441	12405107
7	28120969			8389009	4016098	12405107
8	18809168			9311801	3093307	12405107
9	8473096			10336099	2069008	12405107
10	0			8473069	932038	9405107

5）计算剩余的现金流。

由于该证券的资产存在 300 万元的超额担保，因此每年实际上都会有一定的现金流"剩余"。通常情况下，这些"剩余"是用于防止资产池中的贷款出现违约而设定的"保险"，本例中假定无违约，因此该现金流最终归发行者所有（见表 7-11）。

表 7-11 证券超额担保部分的现金流

单位：元

	组合现金流	向投资者总支付	剩余现金流
0			
1	12735107	11782607	952500
2	12735107	11918846	816261
3	12735107	12070072	665035
4	12735107	12237933	497174
5	12735107	12351765	383342
6	12735107	12405107	330000
7	12735107	12405107	330000
8	12735107	12405107	330000
9	12735107	12405107	330000
10	12735107	9405107	3330000

四、直接投资专业子公司发展路径

（一）PE 投资市场竞争激烈

1. PE 市场投资起步高但增长放缓

1998 年，我国公布《关于建立风险投资机制的若干意见》，PE 市场开始逐渐起步。2005 年，我国公布《创业投资企业管理暂行办法》。2006 年 2 月，发布《中共中央国务院关于实施科技规划纲要增强自主创新能力的决定》，PE 市场开始全面爆发。2010 年前后达到顶峰，2009~2011 年连续三年 PE 投资额超过 1600 亿元，但由于前期投资增长过快，退出机制不够完善，2012 年和 2013 年连续两年呈现出下跌态势，如图 7-6 所示。

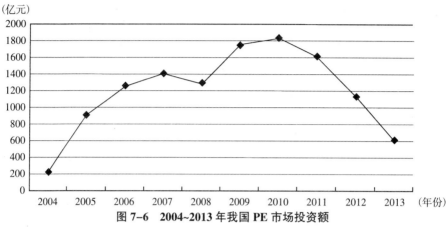

图 7-6　2004~2013 年我国 PE 市场投资额

资料来源：根据 Wind 数据库整理获得。

2. PE 市场资金充足但利用率低

由于缺乏足够多的投资项目，PE 市场的资金募集金额随着投资金额下降而相应下降。由于 2007~2008 年两年 PE 市场募集资金超过 11500 亿元，而两年投资额仅为 2500 亿元，即使考虑到寻求投资项目存在一定的滞后期，2007~2010年四年总投资额也仅为 6000 亿元。资金过剩而项目不足导致从 2009 年开始 PE融资额下降到 2000 亿元水平，如图 7-7 所示。

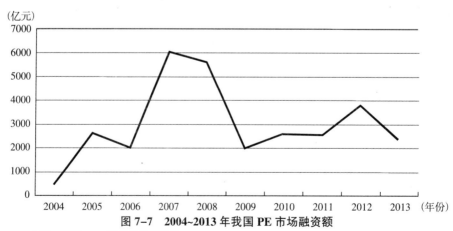

图 7-7　2004~2013 年我国 PE 市场融资额

资料来源：根据 Wind 数据库整理获得。

3. PE 投资开始进入收获期

我国 PE 投资长期存在退出渠道缺乏的制约，2004~2009 年累计退出 44 亿元，而同期资金募集高达 18800 亿元，投资金额达 6800 亿元。从 2010 年开始，PE 投资开始进入收获期，4 年累计退出 477 亿元，但按照 3 年的培育期看，2007~2010 年 PE 累计投资 6000 亿元，成功退出率仍然偏低，如图 7-8 所示。

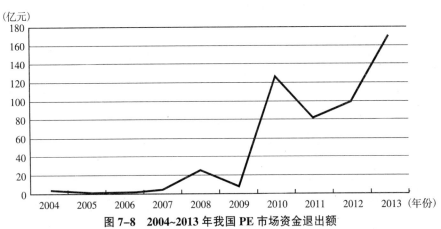

图 7-8 2004~2013 年我国 PE 市场资金退出额

资料来源：根据 Wind 数据库整理获得。

4. 股权转让和并购是 PE 主要退出方式

PE 投资有四大退出方式，其中通过企业并购和股权转让两种方式退出的比例接近 99%。在 2013 年之前，通过企业并购和股权转让方式退出的比例接近 1：1，股权转让累计退出 259 亿元，企业并购方式累计退出 254 亿元。但企业并购方式退出从 2011 年开始成为市场最主要退出方式并且增长迅速。2014 年 1 月至 8 月，虽然 A 股市场重启 IPO，但通过股权转让方式退出金额仅为 13.85 亿元，而同期通过并购方式退出金额达到 256.59 亿元，超过前 10 年通过企业并购方式退出金额的总和（见表 7-12）。

表 7-12 PE 投资四大退出方式的退出金额和数量的对比

单位：亿元

年份	M&A		股权转让		清算		MBO	
	退出金额	退出数量（个）	退出金额	退出数量（个）	退出金额	退出数量（个）	退出金额	退出数量（个）
2004	0	7	3.21	14	0	0	0.36	4
2005	0.23	24	1.01	9	0	0	0	4

年份	M&A		股权转让		清算		MBO	
	退出金额	退出数量（个）	退出金额	退出数量（个）	退出金额	退出数量（个）	退出金额	退出数量（个）
2006	0.8	38	0.7	11	0	5	0	2
2007	1.3	38	1.81	10	0	1	1.63	4
2008	7.14	17	18.16	28	0	0	0.28	7
2009	1.22	33	5.67	30	0	0	0.45	1
2010	15.26	18	110.13	36	0	0	0.72	9
2011	41.44	62	36.58	30	0	1	3.44	7
2012	59.09	42	40.15	27	0	2	0.28	3
2013	127.89	112	41.89	20	0.11	1	0.16	2

资料来源：Wind 数据库。

（二）寻求合作实现双赢

1. 信托公司在股权投资四环节中存在瓶颈

成功的股权投资存在"募、投、管、退"四个环节。"募"指的是募集资金，PE 投资采用的都是私募基金方式，基金来自于普通合伙人（GP）和有限合伙人（LP）。有限合伙人是财务投资者，不参与主动管理，仅参与盈利后的分工，普通合伙人则参与主动管理，代表私募基金在一定程度上介入企业的运营管理。"投"是指筛选投资对象并与其达成投资方案，筛选投资方案包括寻找投资对象，初步评估和尽职调查等环节，投资方案则包括估值定价、董事会席位、否决权和其他公司治理问题、退出策略、确定合同条款清单等内容。"管"是指被投资对象发展过程中的管理，包括分期注资、监控制度、参与重大决策、进行战略指导、利用自身网络和渠道帮助企业进入新市场、寻找战略伙伴、利用自身优势协助企业进行融资和资本运作等。"退"是指将所投资企业的股权在市场上出售以收回投资并实现投资收益，退出渠道包括 IPO、股权转让、企业清算等。

信托公司在股权投资"募集资金"环节存在一定优势。作为体制内正规金融机构，信托公司的资金募集方式与 PE 投资资金募集方式最相似。自 2002 年《信托投资公司资金信托管理暂行办法》颁布后，我国信托公司的资金募集一直是采用私募的方式，在资金私募方面积累了较多的经验。而在 PE 投资领域，由于十余年来退出渠道不够通畅，导致资金募集环节出现了较大困难，普通 PE 公司面临着资金募集瓶颈。

信托公司在股权"投"、"管"环节存在资源和时间劣势。PE投资在"投"、"管"环节需要"种子公司"的积累、管理环节的积累、管理团队的积累，一般至少需要3~5年。我国多数信托公司都对PE投资的介入较少，即使参与，方式也多是作为有限合伙人进行财务投资。另外，受近年来互联网企业迅猛发展的影响，大量社会资本、外资甚至地方国有资本进入该领域，这些PE公司已经积累了大量"种子公司"和管理PE投资的经验。因此，信托公司作为PE投资的新进入者存在资源和时间上的劣势。

信托公司在股权投资退出环节存在政策制约问题。相对于其他私募股权投资，信托公司在股权投资退出环节面临分业监管带来的政策制约。在信托监管领域，银监会支持信托公司积极参与私募股权投资。2008年，银监会发布《信托公司私人股权投资信托业务操作指引》，支持信托公司探索涉足PE业务。2009年，银监会放开信托公司固有资产不得进行非金融股权投资限制。2011年，银监会开始拟定《信托公司PE子公司设立操作指引》。在证券监管领域，证监会担心信托持股导致利益输送和信息不透明，限制企业IPO前信托持股，到目前为止，只有极个别信托持股通过有限合伙人等方式实现退出。

2. 与优质PE投资公司合作突破"投"、"管"环节劣势

与优质PE公司合作联合成立直接投资子公司，信托公司可以获得资源优势，节省时间成本，而PE投资公司则可以获得更多资金募集渠道和信托灵活操作的优势。对于PE投资公司而言，近几年来，随着PE市场竞争加剧和退出渠道不畅，国内许多PE投资公司积累了大量优质项目资源，但由于客户资源相对缺乏，项目难以为继，急需获得新的资金支持。信托公司的专业投资子公司作为PE市场上的新进入者，持有大量现金，而且信托公司还可以借助发行信托计划，以信托计划作为私募基金普通合伙人入股的方式不断扩充资金来源。而对于信托公司而言，新进入已经竞争比较激烈的PE投资领域，短期内很难找到优质项目进行培育，即使发现优质项目也难以在3年内培育上市，如果能够跟市场上成熟优质的PE投资公司合作，私募投资资金能够更快获得收益，信托公司也更方便获得其所需要的主动管理能力，避免在PE投资市场上"交学费"。

从湖南信托现状来看，与PE投资公司合作也是进入PE领域比较可行的方法。从地域上看，湖南信托所处湖南省为我国中部地区，相较于一线城市和东部发达省份，湖南省创新型中小企业相对较少，同时湖南又是一个PE投资公司较多的地区，仅加入湖南省股权投资协会 PE 投资公司就多达 40 多家（理事以上单位）。从客户资源上来看，目前单独建立直接投资子公司的信托公司一般处于经济发达地区，要么自身具备大量高端客户（如中信证券 2007 年全资成立的金石投资有限公司），要么背靠具有大量高端客户资源的集团母公司（如平安信托全资拥有平安创新资本投资有限公司，兴业信托全资成立兴业国信资产管理公司），而中小信托公司一般都是与外部机构合作建立 PE 子公司，如上海信托与汉禹投资顾问（上海）有限公司、鼎浦投资咨询（上海）有限公司合资成立上海浦耀信晔投资管理有限公司，杭州工商信托与摩根士丹利合资成立摩根士丹利（中国）股权投资管理有限公司。从合作经验来看，湖南信托在 2007 年就与达晨创投合资创立了达晨财信创投管理公司，具备与 PE 投资公司合作的经验。

（三）【案例】信托子公司 PE 业务的退出机制设计

1. 正常投资并退出

直接投资专业子公司退出模式 1 如图 7-9 所示。

（1）信托公司与优质 PE 公司合作成立直接投资专业子公司。

（2）专业投资子公司成立合伙制私募基金，由专业投资子公司充当普通合伙人，并引入外部投资者作为普通合伙人。如果监管层允许，信托公司可发起设立专项信托计划，由信托计划充当普通合伙人。

（3）合伙制 PE 投资于"种子公司"。

（4）直接投资专业子公司作为普通合伙人负责参与"种子公司"管理。

（5）"种子公司"在国内外股票市场 IPO。

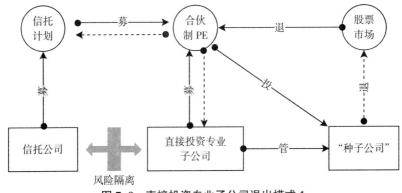

图 7-9　直接投资专业子公司退出模式 1

（6）合伙制 PE 成功退出，分配利润或进行下一轮投资。

2. 直接投资专业子公司提供过桥资金

直接投资专业子公司退出模式 2 如图 7-10 所示。

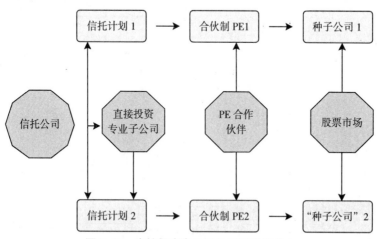

图 7-10 直接投资专业子公司退出模式 2

（1）信托公司与优质 PE 公司战略合作。

（2）信托公司成立多项集合资金信托，与战略合作伙伴共同设立合伙制私募股权基金，信托计划充当私募股权基金的有限合伙人，战略合作伙伴充当私募股权基金的 GP。

（3）私募股权基金投资于"种子公司"。

（4）战略合作伙伴作为普通合伙人管理"种子公司"。

（5）"种子公司"启动上市程序。

（6）按照信托文件约定，信托计划将所持股份按照市场价格出售给信托直接投资专业子公司，信托计划受益人实现退出。

（7）"种子公司"在国内或国外股票市场成功 IPO。

（8）信托直接投资专业子公司实现退出。

3. 以"PE+上市公司并购"方式退出

以"PE+上市公司并购"方式退出模式如图 7-11 所示。

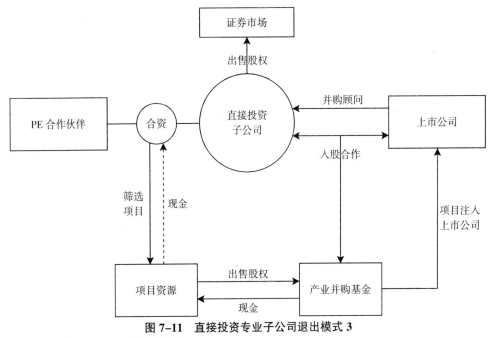

图 7-11 直接投资专业子公司退出模式 3

注：此模式为硅谷天堂公司所创立。

（1）专业投资子公司入股已上市公司（与上市公司利益捆绑）。

（2）专业投资子公司与上市公司合作成立产业并购基金（或者专业投资子公司直接获得上市公司并购顾问身份），专业投资子公司使用自有资金，或借助信托母公司发行集合资金信托，共同成立私募基金，上市公司利用闲置资金或定向增发获取资金。

（3）专业投资子公司与优质 PE 公司合作，获取优质项目资源。

（4）并购产业基金购买优质项目资源，上市公司实现整合资源的并购目标，专业投资子公司 PE 投资实现第一轮退出。

（5）专业投资子公司在股票二级市场出售上市公司股票，实现第二轮退出。

五、企业年金信托的发展路径

（一）打好基础：积极申请核心业务资格

1."企业年金法人受托机构"资格需要以规模取胜

法人受托机构资格是信托公司参与企业年金信托业务的基本资格，也是《企业年金基金管理办法》中相对容易获得的资格，国内已经有多家信托公司获得该资格。获得该资格的硬件条件有两个："注册资本金初始和存续期间不低于人民币5亿元"、"取得企业年金基金从业资格的专职人员达到规定人数"。其中前者条件已经具备，后者实际上并未严格执行，因为国内目前并未开展相关资格考试，且随着国务院简政放权，该项没有法律依据的资格考试可能不会再出现。

企业年金法人受托业务是存在规模优势的业务，仅仅获取资格难以在该领域获得成功。我国第一批5家获得企业年金法人受托业务资格的金融机构中，就有3家信托公司。但经过多年发展，信托公司仅占法人受托市场份额的1.7%，养老保险机构已经占据企业年金法人受托业务的绝大多数份额。

2."账户管理人"考验信托公司创新能力

账户管理人是指接受受托人委托管理企业年金基金账户的专业机构，其核心职责是"设置账户"和"核算账户"。相对于受托人，账户管理人对年金的日常管理参与更加深入，且《企业年金基金管理办法》允许受托人和账户管理人兼任。账户管理人资格要求的硬件条件与受托人资格类似，即"注册资金"和"合格从业人员"，目前已有中信信托（已转交中信银行）和华宝信托获得该资格。

账户管理人是当前信托公司参与企业年金业务的核心业务资格。在现有体制下，"年金受托业务"是一种被动式管理业务，主要依赖规模取胜，此类业务养老保险机构具备先发优势（企业年金一开始作为补充养老金业务出现），大型银行具备信誉优势，而且两者同时具备网点和人力资源优势；"账户托管"业务则为商业银行所独享；"投资管理人"资格则基本由基金管理公司抢占。而"账户管理人"业务作为一类主动管理业务，信托公司可以借助自身经营灵活的优势提供特色化服务以增加客户黏性，比如华宝信托通过将自身打造为"企业人力资源管理综合金融解决方案的供应商"，而成为信托公司年金信托业务的领先者。

3. "投资管理人"考验信托公司资管水平

投资管理人是指接受受托人委托投资管理企业年金基金财产的专业机构，是对企业年金进行资产管理的核心机构。按照《企业年金基金管理办法》，信托机构有资格申请投资管理人，而且相对于受托人和账户管理人，其要求的注册资本金降低到 3 亿元人民币。

投资管理人资格需要金融机构具备较强的资产组合投资能力，因此目前我国企业年金业务的资格主要被基金公司、证券公司和保险资产管理公司所抢占，目前尚没有信托公司获批该类资格。随着金融改革逐步推进，信托公司向投资银行逐渐转型，信托公司未来有望申请企业年金投资管理人资格。

（二）寻求突破：优先发展本地国企和事业单位客户

湖南省大中型国企是企业年金信托业务的首选。首先，企业年金需要企业长期稳定经营，这种稳定经营既包括企业自身经营的稳定，也包括员工的稳定，这对于私营企业是一个较高的门槛；其次，大中型国企都有上级主管部门，激励机制相对僵化，而多数私企没有上级主管部门，可以灵活设置激励方式，因此可能不愿意采取这种"高成本"激励；最后，年金信托目前最大的优势是可以延迟纳税。国企内部收入差距相对较小且透明，在避税选择上容易达成一致，因此企业文化中采取福利式避税式收入增长方式较多，采用年金制度的动力相对较大，而私企则内部收入差距相对过大且不够透明，在避税选择上难以达成一致，采用企业年金制度的动力相对较小。

面临养老金改革的事业单位也是企业年金信托的重要潜在客户。相较于国企，事业单位"经营"更加稳定，内部收入差距更小、更透明，也更习惯于采取福利式激励。过去由于事业单位经费来源于财政资金，推广企业年金制度可能存在较大审批障碍，但目前事业单位正处于养老金改革的窗口期，企业年金作为养老金的重要补充，极有可能被纳入事业单位养老金改革试点中。

(三) 提升管理：以特色化和定制化增强竞争力

1. 中小信托公司急需提升账户管理水平

年金信托的账户管理复杂程度远远高于信托公司其他业务的账户管理。在账户层级上，年金账户不但要设置企业（单位）账户，还要设置个人账户，甚至需要针对企业集团设置多级账户。在账户数量上，年金账户数额小、数量多。在账户管理上，年金支取要依据企业客户要求设置多种支取限制。在账户安全上，年金账户往往需要提供在线查询功能的同时保证账户安全，满足人民银行、公安部等部门的安全要求。这些对账户管理提出的新要求，需要信托公司全面提升自身的信息管理系统和账户管理能力。

2. 以特色化信托增强企业年金管理的竞争力

相对于其他金融机构的规模优势和网点优势，信托公司需要发挥其"信托创新能力"，为企业客户提供更加特色化的服务。比如信托公司可以设计"职工持股型年金信托"，将职工持股、公司激励和企业年金结合，利用企业年金可购买本企业股票或者允许企业用股票为职工缴纳企业年金，为企业推广年金制度节省现金，同时还有助于加强对企业职工的激励。

3. 以定制化信托增强企业年金管理的竞争力

定制化年金信托是指信托公司发挥信托经营灵活的优势，结合客户企业自身的经营优势对企业年金进行定制。具体可以体现在以下几个方面：

（1）在经年金所有人同意的前提下，运用客户企业年金参与客户企业的投资，并可增加结构化投资模式，既可以增加企业年金投资的稳健性，又可以减少企业外部融资。

（2）在有抵押担保，并经年金所有人同意的前提下，将企业年金返贷企业。

（3）为客户企业年金开设"超级账户"，与信托公司投资平台对接，优先为企业年金提供高收益产品。

（4）将企业年金与信托公司服务平台对接，为年金所有人提供优惠折扣的各类事务管理信托业务，如商务休假信托、健康定制信托业务等。

(四) 坚守阵地：以长期投资理念经营年金信托业务

企业年金信托是高初始投入业务，回报期较长。信托公司所能从事的企业年金业务中，受托业务和账户管理人业务都需要上千万的初始投入进行系统建设，并且回报低，投资成本回收期长。自我国开展企业年金业务以来，企业年金管理机构整体一直呈现亏损状态，即使是平安养老保险（管理年金超 800 亿元）、长江养老保险（管理年金超 400 亿元）机构，也是从 2014 年才开始盈利。而在信托行业，多家信托公司受制于盈利前景，已经逐步退出企业年金业务领域，转而投向回报较快的其他养老理财类业务。我国企业年金基金管理机构名单见表 7-13。

表 7-13　我国企业年金基金管理机构名单一览

企业年金基金管理机构类别	机构名称
企业年金基金法人受托机构	第一批：华宝信托投资有限责任公司、中信信托投资有限责任公司、中诚信托投资有限责任公司、平安养老保险股份有限公司、太平养老保险股份有限公司 第二批：中国建设银行股份有限公司、中国工商银行股份有限公司、招商银行股份有限公司、上海国际信托有限公司、长江养老保险股份有限公司、中国人寿养老保险股份有限公司、泰康养老保险股份有限公司
企业年金基金账户管理人	第一批：中国工商银行、交通银行股份有限公司、上海浦东发展银行、招商银行股份有限公司、中国光大银行、中信信托投资有限责任公司、华宝信托投资有限责任公司、新华人寿保险股份有限公司、中国人寿保险股份有限公司、中国太平洋人寿保险股份有限公司、泰康人寿保险股份有限公司 第二批：中国建设银行股份有限公司、中国民生银行股份有限公司、中国银行股份有限公司、中国人寿养老保险股份有限公司、泰康养老保险股份有限公司、平安养老保险股份有限公司、长江养老保险股份有限公司
企业年金基金托管人	第一批：中国工商银行、中国建设银行股份有限公司、中国银行股份有限公司、交通银行股份有限公司、招商银行股份有限公司、中国光大银行 第二批：中信银行股份有限公司、上海浦东发展银行股份有限公司、中国农业银行、中国民生银行股份有限公司
企业年金基金投资管理人	第一批：海富通基金管理有限公司、华夏基金管理有限公司、南方基金管理有限公司、易方达基金管理有限公司、嘉实基金管理有限公司、招商基金管理有限公司、富国基金管理有限公司、博时基金管理有限公司、银华基金管理有限公司、中国国际金融有限公司、中信证券股份有限公司、中国人寿资产管理有限公司、华泰资产管理有限公司、平安养老保险股份有限公司、太平养老保险股份有限公司 第二批：国泰基金管理有限公司、工银瑞信基金管理有限公司、广发基金管理有限公司、泰康资产管理有限公司、中国人保资产管理股份有限公司、长江养老保险股份有限公司

资料来源：中国企业年金网。

企业年金业务是未来高达数万亿元规模的资产管理业务"蓝海"。我国企业年金业务目前仍处于发展和改革初期，制度建设逐步完善。随着我国机关事业单位 2015 年开始强制性建立"职业年金"制度，企业年金（包含机关事业单位职业年金）市场一方面每年会新增上千亿元规模，另一方面会为整体企业年金市场带来强烈示范效应，有希望带来企业年金市场规模井喷。同时，信托公司发展企业年金业务，不但能够在大资产管理时代有效提升其资产管理能力，也可以通过将年金业务与企业其他业务对接来获取更广阔的业务空间。

六、【案例】信托资金池发展模式梳理与设计

（一）信托资金池业务传统模式梳理

1. 货币基金型——上海信托"现金丰利"

诞生于 2005 年的上海信托的"现金丰利"系列可谓信托资金池始祖，运作模式与货币基金如出一辙：每个工作日均可买入、赎回，投资范围包括协议存款、债券、货币基金等，与普通公募货币基金大致重合，不同之处在于，99 号文之前还可为企业发放 6 个月内短期贷款，以及银行资产包、信托受益权等非标资产。

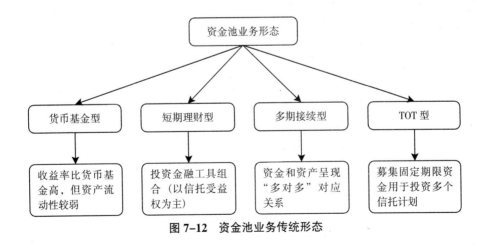

图 7-12 资金池业务传统形态

可将"现金丰利"理解为"能投非标的货币基金"，收益率比货币基金可观，

但资产流动性较弱，还需面对随时出现的赎回，是市面流动性管理难度最高的产品，"钱荒"期间也被认为遭受极大压力。"现金丰利"的首次投资门槛仅20万元，追加投资起步5万元。按照《信托公司集合资金信托计划管理办法》，在投资者有文件证明自己是合格投资人时，产品投资门槛可低于100万元。"现金丰利"和后来出现的"中铁TOT"都利用该规定降低了门槛。

2. 短期理财型——平安信托"日聚金"

2009年，平安信托推出"日聚金"产品，开辟了短期理财型资金池的模式：募集资金期限分布在1月、2月、3月、4月、6月、9月、12月，投资包括非标资产在内的一揽子金融工具（以信托受益权为主）。由于不需随时预备赎回，资金流出具有一定可预见性，"日聚金"可以配置更大比例的非标资产来获利。该模式被广泛复制，成为信托资金池的主流，并按期限、投资范围分化出较完整的"光谱"。

譬如，华宝信托推出"现金增利"、"稳健增利"两款产品，前者永续存在，每周二开放；后者每6个月可以赎回。中融信托则主做"长端市场"，其汇聚金、隆晟系列的最短期限均在半年以上，收益率较高；中信信托的"信惠现金管理型金融投资集合资金信托计划"封闭期亦长达一年。

目前，大部分信托公司均只保有一个资金池，少数如中融同时运作多个资金池，分属不同团队，具有很强的独立性，少有跨池的关联交易。

货币基金型和短期理财型资金池可以统一归为现金管理型信托，以其较高的流动性和收益率吸引了较多的资金认购，2015年，同称为现金管理类的货币基金收益普遍降至4.5%以下，而现金管理类信托的收益仍维持在5%~6%，与2014年同期的收益水平相当。

表7-14为部分现金管理类信托资金池梳理。

表7-14 部分现金管理类信托资金池梳理

类型	发行单位	名称	期限（月）	开放期	预期收益率（年化）	起始金额（万元）
约定开放式	中融信托	圆融1号	120	固定与活期相结合，分别为3、6、9、12月	300万~1000万元，5%、6%、6%、6.1%；1000万元以上，5.5%、6.2%、6.3%、6.4%	300
	中融信托	汇聚金1号	120	90、180、270、360天	300万~1000万元，5%、6%、6%、6.5%；1000万元以上，5.5%、6.2%、6.3%、6.8%	300

续表

类型	发行单位	名称	期限（月）	开放期	预期收益率（年化）	起始金额（万元）
约定开放式	平安信托	日聚金	120	1、3、6、9、12 月	与持有期限相对应，分别为 3.75%、4.8%、5.0%、5.0%、5.05%	100
	平安信托	日汇金	60	每月 15 日可认购赎回	净值按周公布，不承诺预期固定收益	100
	华润信托	聚金池	—	2 周，1、2、3、6、9、12 月	与持有期限相对应，分别为 4.1%、4.8%、5.3%、5.6%、5.7%、5.8%、6.0%	300
	金谷信托	信达四海	60	6、12、18、24 月	与持有期限相对应，分别 5.8%、7.5%、9%、10.5%	300
完全开放式	中信信托	信惠现金	240	1 个月后每个工作日可赎回	4%~4.5%	300
	华宝信托	现金增利	—	每周二可赎回	5%~6%	20
	上海信托	现金丰利	12 以上	申请后第 7 个工作日开始可以申请退出	7 日的 5.472%，30 日的 4.964%	首次最低 20

资料来源：方正东亚信托研究发展部。

3. 多期接续型——中信信托"虹道"

货币基金和短期理财型均属狭义的资金池信托，资金和资产呈现"多对多"的对应关系，运作核心是期限错配，对流动性风险非常敏感，均在 99 号文整改行列中。

以中信信托"虹道"为代表的多期接续型，虽然具有一定期限错配特点，但资金和资产有明确的一一对应关系，按"执行细则"定义不需整改。其模式之一是：以 6 个月 1 期滚动发行信托产品，共发行 4 期，为期限两年的工商企业、房地产项目融资。资金的接续或使用过桥资金，或提前募好下期资金。

有业内人士称，此类业务初期引起争议，因《信托公司集合资金信托计划管理办法》规定不得将同一公司管理的不同信托计划投资于同一项目，但发行人用"同一信托计划分期发行"规避了这一条款。

4. TOT 型——中铁信托"众益"

TOT（信托的信托）模式衍生于"短期理财型"，募集固定期限的资金用于投资多个信托计划的受益权。它是通过在信托平台成立一个母信托，然后由母信托再选择已经成立的阳光私募信托计划进行投资配置，形成一个母信托控制多个子信托的信托组合品，间接通过子信托投资于具体的项目之中。因此，TOT 信托业绩主要取决于子信托投资的业绩表现。中铁信托以 TOT 模式知名，有"聚金"、"金丰"、"众益"系列。中航信托也开发了"天富"、"天信"系列。

由于资产端 100% 为"非标资产"，TOT 资金端的期限多为两年，资金成本较高。不少从业者认为 TOT 不能算是资金池，因为一般不存在期限错配，甚至存在负的期限错配（即资产端久期小于资金端）。

TOT 模式主要功用是"资金拆零"。一般信托项目募资量大，限于"300 万元以下投资者不得超过 50 人"，要设置较高门槛；采取 TOT 可以降低投资门槛，如中铁信托的 TOT 门槛一般为 50 万元。从合规角度出发，100 万元以下的投资者必须出具财产证明。

（二）信托资金池业务当前主要矛盾

在遵循利率市场化、金融自由化的发展背景下，中国经济正经历着一个有序打破刚性兑付、释放资产风险的过程，也是一个将风险由机构兜底逐步过渡到由投资者自负盈亏的过程。风险的释放亟须金融机构较强的风险控制能力与投资者较高的风险承受意识作为金融市场的"防护栏"。然而，信托资金池业务不仅增加了行业的累积风险，更模糊了信托公司与投资者之间的风险责任分担，弱化了投资者风险承受意识。表象上，目前信托公司资金池业务正面临着"内部诉求与外部监管、风险控制与业务拓展"两大矛盾。究其根源在于信托行业未形成遵循"卖者尽责、买者自负"市场原则下的风险分担机制与"受人之托、代人理财"机构原则下的风险控制能力。

1. 外部监管与内部诉求矛盾凸显

为维护金融稳定，强化信托公司的"信托"意识，2014 年 4 月 13 日，银监会发布了《关于信托公司风险监管的指导意见》，简称"99 号文"，该文提出信托公司要坚持防范化解风险和推动转型发展并重的原则，对信托公司建立流动性、规范产品销售以及信托公司资金池的整顿方面做出了新的诠释。该文要求信托公司不得开展非标准化理财资金池等具有影子银行特征的业务，并严格整顿已开展的非标准化理财资金池业务。自此开始，信托公司非标资金池业务全面遭遇"禁令"。2016 年 3 月，银监会下发《进一步加强信托公司风险监管工作的意见》（58 号文），作为 99 号文的延续，58 号文要求加大非标资金池的排查力度，并严禁新设非标资金池。

然而，信托资金池作为信托公司的"聚宝盆"，对于推动信托公司转型发展、培育核心资产管理水平和自主理财能力向主动管理方式迈进发挥着至关重要的作用。具体而言，信托资金池业务促使信托公司投资策略更灵活、资金使用效率更高、融资成本相对更低并且能为客户提供更丰富多样的产品品种。各信托公司都迫切希望挣脱"束缚"，充分利用资金池的活力创造更多的资本财富，提升信托公司在大资产管理背景下的竞争实力。由此，外部监管与内部诉求"冷热交织"、矛盾重重。

监管层无视信托行业的"诉求"，不断强化非标资金池业务监管的原因在于信托行业的刚性兑付风险。由于种种历史原因，信托行业形成"刚性兑付"的潜规则，信托公司名为"准风险媒介"型金融中介，实质上却行使着"风险仓储型"金融中介的职责，投资者对于信托产品普遍带有"无风险兑付"的心理依赖。整个行业则为刚性兑付背负了一个沉重的风险包袱。但贸然取消刚性兑付，则更可能使信托行业用刚性兑付积累下来的行业声誉毁于一旦，进而给整个信托行业造成灾难性后果。因此对于监管者而言，要化解刚性兑付，首先要厘清"信托责任"，只有责任明确，辅之以循序渐进的投资者教育，信托才可能逐步回归到"卖者尽责，买者自负"的正确道路上。

厘清"信托责任"的重点在于"精准授权"。各类单一资金信托和集合资金信托计划都很容易符合"精准授权"的要求。在信托合同中明确资金用途和受托人责任，从法律上也较容易判定受托人有没有失职，至少为未来刚性兑付打下了基础。但非标资金池业务更类似于一种"宽泛授权"，信托公司有较大的"自由裁量权"，从而可以使资金得以高效率使用。但这种"宽泛授权"不可避免地使信托责任难以有效划分，不符合当前整体监管理念，因此非标资金池业务想要得到突破性发展，只能等待信托行业风险管理能力提升、投资人与信托公司的"信任关系"建立，以及宏观经济好转后金融监管的放松。

在当前中央层面主动释放风险的金融战略下，未来几年，信托非标资金池业务都将面临严格监管。因此本书后面部分对于资金池的模式，更多属于业务研究与探索性质。一方面，转型成功的信托业，未来将具备高水平业务管理能力和风控能力；另一方面，随着宏观经济与金融环境的逐步改善，监管理念与实践也会发生改变。彼时非标资金池业务将会成为信托行业主动管理类的重要业务。

2. 风控能力与业务拓展矛盾突出

在金融市场内，收益与风险永远是相互矛盾的。对于信托公司而言，资金池运作的底线在于风险控制，即良好的流动性管理。资金池运作的动力在于业务拓展，即较好的投资收益率。而随着资金池业务链的不断延伸与业务范围的不断拓展，资金池呈现出良莠不齐、错综复杂的特征，期限上难以环环相扣、收益上难以优劣互补，不仅扩大了信托公司的风险敞口，削弱了信托公司的承压能力，而且使信托公司在资金池业务拓展的道路上负重前行、如履薄冰。

首先，信托资金池业务上的"期限错配，以长补短"带来的流动性风险不容小觑，资金池中的长期限高收益融资品种风险与收益并存，一旦项目无法兑付本息，将影响整个资金池的总体收益，这样一来前期已经按预期收益率兑付的理财产品实际上侵犯了后面到期理财产品的利益。资金募集无法"接力"，前期产品难以兑付，将使信托公司陷入"以新偿旧、矛盾后移、机构兜底"的恶性循环，从而埋下更大的风险隐患。其次，信托资金池业务大多为"多对一、一对一"的模式，由于产品与资产无法一一对应，导致单一产品无法进行独立核算，这种盘根错节的资产对应关系使得产品投向信息披露过于模糊，无法具体到实际资产，这会使投资者看不清产品所面临的风险大小，更容易滋生单个投资者的隐性风险。

高水平风控能力是未来信托非标资金池的"取胜之匙"。资金池业务的拓展对信托公司风险控制能力提出了高要求，然而，目前信托公司仍处于快速发展之中，公司资金募集能力、投资管理能力、后台支持系统等必备要素都有待提升，否则很难抗衡金融市场的风险。从宏观层面看，对于非标资金池业务，外部监管和内部诉求的矛盾只有通过信托公司高水平的风控能力去化解。从微观层面看，未来监管放松之后，信托公司想要在非标资金池业务中占据领先优势，首先要具备的也是高水平的风控能力。因此，即使全行业目前非标资金池都面临"紧箍咒"，信托公司仍然可以强化自身风控能力，为未来业务做储备。

（三）信托资金池业务未来发展模式探索

1. "流动性互补型"模式

首先，流动性互补型模式是为了牢固资金链条、满足客户投资需求，通过整合、设计更多期限品种的信托产品，实现短期限信托产品与传统信托非标业务的对接，以达到在保证产品资金端高流动性的前提下，尽可能提高整体投资收益率，并在满足高收益的情况下，保证产品充足的流动性。具体操作模式如图 7-13 所示。

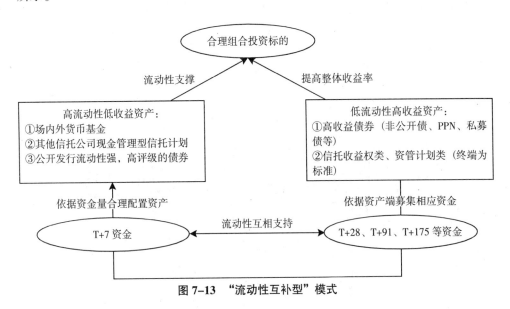

图 7-13 "流动性互补型"模式

其次，在规模测算上使用流动性敞口倒推法，测算出极端情况下流动性敞口风险，极端情况下的流动性风险是指计划中资金端全部同时到期，而资产端的所有资产全部不能变现，而且没有增量客户资金。此时需要公司自有资金、拆借资金、集团内部支持资金进行流动性补足。但因为极端情况不会全部发生，资金端资金不会全部同时到期，营销部可以发行部分资金，并且资产端可以通过代持等方式输入一部分流动性、假设极端情况下的资金需求量为 20 亿元，流动性敞口为 25%，5 亿元。按照高收益低流动性资金在整体资产规模中的占比不超过 40% 的原则，整体信托计划可以达到的规模为 50 亿元。当公司可承担的流动性敞口不断增大时，反推出的资金池规模也越大。

测算出流动性敞口之后，便可根据不同的流动性敞口配置不同比例的高收益低流动性资产。初级阶段将剩余资金的流动性管理全部外包，分散投资于货币市场基金及其现金管理类产品。当公司具备较高的专业投资管理能力时，资金池内部将主动管理一定的流动性资金，或者将资金用于认购公司自主发行的现金管理类产品。由此，在流动性互补、风险可控的基础上实现收益最大化。

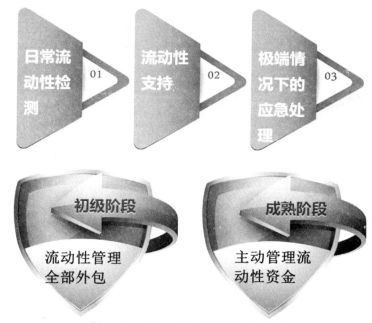

图7-14 流动性互补型资金池管理模式

2. 互联网信托模式

互联网信托模式是指通过网络平台进行的信用委托，即以互联网平台搭建底层技术架构，进行大数据分析，并利用互联网扁平的无边界特性有效提升客户体验和客户效率。未来，信托公司可以在"产业＋互联网＋金融"的发展模式中探索发展路径。具体而言，互联网信托模式分为以下两大部分：

一是自建互联网金融平台。首先，通过网络或微信平台进行产品的宣传与推广，开发客户端APP，设计客户从注册、充值、投资到提现的自助式理财服务系统，提供简洁直观、实时便捷的客户体验，例如中融信托搭建的"中融金服"互联网金融平台。用户方面，平台首先要对注册用户进行风险承受能力评估，以此为用户量身提供满足个性化需求的产品种类。产品方面，平台提供1~12个月不等的投资产品，起投金额为5000元，更推出一次性投资每满10000元（含）可使用1张现金券与收益补贴券等促销方式，将电商思维与信托投资完美地嫁接。其次，投资标的中除了理财计划还包括"增信产品"品种，既兼顾了高收益与流动性，也为投资者找到了安全边际更高的理财产品。除了中融信托之外，陆金所参考阿里巴巴、天猫的模式推出"一站式"信托信息平台，该信托信息平台也具备了信托受益权转让功能，即在陆金所信托专区开设旗舰店的信托公司可以进行自有产品的一级发售，也可以发布二级转让信息，这有助于信托公司在该线上挖掘潜在客户群体，提升信托产品流动性。图 7-15 为金斧子信托互联网金融平台模式。

图 7-15　金斧子信托互联网金融平台模式

二是与互联网"大鳄"联合打造互联网金融平台。信托公司可以充分利互联网公司广阔的平台、卓越的技术架构与丰厚的大数据资源开发、设计、推销信托产品。例如中信信托与百度联合打造"消费众筹＋电影＋信托"模式，开发更普惠性、平民化的信托产品。该模式嵌套了两份信托计划，分别管理消费权益与认购资金，该信托计划认购最低门槛为 10 元，投资者不仅可以享受观影消费特权，还能获得一定的权益回报。此外，中信信托还与百度合作推出互联网消费众筹平台，为一年期的消费金融产品提供转让平台，使用户可以对金融产品实行自主定价、自由流通，从而提升金融产品的流动性与活跃度。

3. 自贸区信托模式

在国内监管趋紧的现状下，上海自贸区相对开放自由的金融环境为信托公司未来的发展打开了新的局面。经过简要分析可以得出，信托在自贸区的发展模式主要包括以下两个方面：

一是以跨境股权投资业务模式深化跨境金融服务。首先，信托公司要发挥资金集聚功能，以境内外资金流动的载体形式实现融资功能。在现有 QDII 的操作经验基础上实现信托"走出去"，为客户提供全球资产配置的财富管理方案。其次，积极与境外金融机构展开合作，例如可通过外保内贷实现信托"引进来"。此外，信托公司可在自贸区内进一步探索离岸金融服务，进一步实现信托业务国际化，打造区域性或全球性资产管理中心。

二是采取"信托＋融资租赁"的模式加深与金融同业的合作。"信托＋融资租赁"模式具体通过如下三种方式操作：其一，信托公司借助租赁公司的资源与专业管理经验，发行融资租赁集合信托计划，租赁公司从信托公司借入资金购买设备再租赁出去以收取租金。其二，租赁公司将租赁项目的租金收入作为收益权进行转让，信托公司再以此租赁资产收益权发行集合信托计划。其三，以信托公司作为受托机构管理租赁资产，对租赁资产进行资产证券化，以租赁资产产生的现金流支持该证券的融资活动。在此模式中，信托贯穿于融资租赁的事前、事中、事后，信托的加入将有效撬动当前上海自贸区内近 90 亿美元的融资租赁资产，实现合作双赢。

第八章

家族信托产品研发：理念与要素

● 中小信托公司开展家族信托业务，应将目标客户定位于高净值家庭

● 高净值家庭三大"中国式家族需求"：望子成龙、一生稳健和家族和睦

● 中小信托公司的家族信托，在产品上应当体现出定制化，在服务上应当体现出模块化

一、家族信托发展方向：瞄准需求还是瞄准富豪

家族信托业务在西方有着悠久的历史和高额的利润，被认为是中国信托业转型的重要方向。但正处于第一代扩张期的中国顶级富豪目前不应是中小信托公司的重要目标客户。在整个经济和社会转型中寻找高净值家庭的新兴需求和新兴市场才是中小信托公司家族信托业务的发展方向。

（一）社会变迁导致新的家族需求

1. 三大冲击改变了中国人家族观念

历史上中国人有浓厚的家族观念。中国是四大文明古国中唯一一个民族文明没有中断的国家，在数千年的文化传承中，儒家思想长期占据主导地位，其对"孝悌"、"传宗接代"等观念的推崇使得家族观念得以形成并在几千年封建社会演进中变得坚不可摧。钱穆在《中国文化史导论》中提出，家族观念是中国文化中的根本，其重要性超过了民族观念、国家观念和宗教观念。在中国传统社会中，家族是一个基本劳作单位和基本社会统治单位，个人只有依附家族才能够获得认同。

近代中国家族经过三大冲击已经变得相对松散。近一百年来，中国式的家

族经历了战争、社会主义改造和城市化三次大的冲击。20 世纪的前 50 年，中国国内经历了反封建战争、军阀内战、反侵略战争和国共内战等多次战争，使得大量封建传统家族消亡。而新中国成立后的社会主义改造则使得中国大陆的封建家族和资本主义家族消亡。改革开放之后，中国又开始了从农业社会转向工业社会的过程，城市化进程不断加快，普通平民的家族体系也变得极为松散。而在改革开放后先富起来的家庭中，第一代创业者尚未完全退出，新时代的中国家族正在重新构筑的过程中。因此在当今中国，家族重要性极大地退化，有凝聚力的部分局限于三代以内直系亲属，家庭变成了社会基本单位。

2. 新的时代有新的家族需求

中国大陆与西方和我国港台家族财富传承存在很大差异。西方和我国港台富裕家族已经经历了三代以上的财富传承，在家族信托比较发达的英国，其财产所有权制度几百年前就已经确立，在家族信托相对发达的港台地区，曾有大量新兴资本主义家族迁入。而中国富裕家庭的财富传承目前第一代尚未完成，现有的中国富裕家庭，其家庭财富基本都是近三十年迅速累积起来的，家庭中累积财富的主要成员——第一代企业家大部分还工作在第一线。

文化特征、家族特征和财富基础三方面决定了中国大陆家族信托没有办法照搬西方，甚至无法照抄港台地区，信托行业想要发展家族信托，应立足于满足高净值家庭"中国式需求"，必须针对中国家族的家族特征（家庭化）、文化特征和财富传承特征进行有针对性的产品设计。"望子成龙"、"一生稳健"和"家族和睦"是当今中国高净值家庭最为认同的三大需求。

3. 顶级富豪难以成为中小信托公司客户

顶级富豪需要民事信托而非商事信托。顶级富豪对家族信托的需求，本质上是以保全和传承财富为目的，而这种信托目的主要是通过对遗产继承、财产赠与和税收领域法律的合理规避来实现，而不是通过金融运作来实现，因此顶级富豪需要的是民事信托而非商事信托，需要的是信托制度而不是信托公司。自从国外引入信托以来，我国信托公司在业务模式上以商事信托为主业；在业务性质上以金融融资类业务为主业、事务管理业务为辅业。虽然占据"信托"之名，但基本不从事民事信托业务。

顶级富豪需要管家式服务而非公司式服务。由于顶级富豪对家族信托的真正需求是民事信托，且涉及民事业务范围广，因此往往通过家族办公室的管家式服务实现。比如美的集团何享健、万象集团鲁冠球、百度公司李彦宏、腾讯公司马化腾等都已经成立家族办公室。而家族办公室的核心是能够灵活运用信托法的信托律师，其余与保全和传承财富相关的金融运作，都可以通过家族办公室"外包"给国内外顶级投资银行。

顶级富豪需要全球配置资产而非在国内获取盈利。家族信托的本质目的是保全和传承财富，合理规避相关高额税收，因此充分利用国际避税天堂是每个顶级富豪家族信托都会采用的方式。比如亚洲顶级富豪大都偏好在英属维尔京群岛建立 BVI 信托，借助离岸中心灵活的法律优势实现对家族信托最大化控制。而 BVI 信托只需要信托律师通过简单制度设计即可实现，不需要信托公司参与。

（二）子女教育需求

子女教育千百年来一直是中国家庭的重要需求，即使是在封建时代，富裕家庭也会花费大量财力物力用于子女教育，通过读书改变社会地位和家族命运在中国传统观念中具有重要的地位。如前文所述，中国近百年来家族观念经历了巨大冲击，但重视子女教育的需求却随着经济水平的不断提升有增无减。在 2000 年之前，中国教育相对封闭，子女教育花费相对较少，但 2000 年之后，随着教育领域的不断开放，"不让孩子输在起跑线上"的观念主导了中国绝大部分家庭。从启蒙教育的天价幼儿园，到义务教育阶段的课外兴趣班、补习班、竞赛培训，再到高等教育阶段的出国留学，中国中产以上家庭花费在子女教育上的平均费用甚至超过其购买住房的支出。

高昂的子女教育费用创造了子女教育信托的空间。对于大部分高净值家庭，住房、养老、医疗和子女教育是最主要的费用支出。随着我国社会保障体系的不断完善，在住房领域，有住房公积金和抵押贷款；在养老和医疗方面，高净值家庭一般有相对较高的养老保险和医疗保险；但在子女教育方面却没有相应的保障计划，依赖家庭自行理财。因而最低 50 万元，多则数百万元（考虑海外留学费用）的教育费用是一笔沉重的"潜在债务"。信托公司可借助周密的理财规划，为不同家庭提供模块化的教育保障信托，甚至可以为合格家庭提供"教育融资"，解决高净值家庭的"教育之忧"。

（三）一生稳健需求

平安一生、富足一生是绝大部分中国家庭最大心愿之一。近代中国，绝大部分富裕家庭都与稳健无缘。如前文所述，国内战争、社会主义改造消灭了早期封建和资本主义的富裕家族，当代中国的富裕家庭中绝大多数都是近15年来随着中国经济腾飞而快速出现的。快速累积的家庭财富随着中国经济形势变化也可能会快速消失，因此当前高净值家庭有追求未来稳定财产性收入的"保障性需求"。

高净值家庭追求稳健的客观需求创造了稳健信托的市场空间。根据招商银行和贝恩管理顾问发布的系列《中国私人财富报告》，2010年湖南省资产千万元以上的高净值人士已达1.1万，且近三年保持20%以上的增长率。这部分人群中，绝大部分是企业主，也有很大一部分是演艺界明星。作为国内知名的娱乐之都，以湖南卫视为代表的娱乐行业近年来培养了百位以上的影视娱乐明星，长沙每年也能够通过颁奖晚会、选秀节目、高收视率娱乐节目聚集大量影视娱乐明星。这部分高净值人群一方面收入巅峰期较短，另一方面金融理财知识和精力相对有限，雇佣经纪人理财被欺骗或投资失败的案例屡有发生，因此对于稳健理财的需求相对较高。诸多港台明星都会为自己和亲人设立信托以免除后顾之忧，比如沈殿霞为女儿设立信托、梅艳芳为母亲设立信托、王菲为女儿设立信托等。

（四）家族和睦兴盛需求

家和万事兴，家族和睦兴盛是大部分中国家庭满足物质需求后的更高追求。而在企业规模快速扩张和企业代际交接过程中，企业控制权往往会发生大的变动，最终导致家族企业分崩离析。比如曾被誉为"中国第一商贩"的"傻子瓜子"家族企业，发展壮大过程中多次出现夫妻之争、父子之争、兄弟之争，明星企业最终没落。比如曾经的民营五百强远东皮业兄弟之争、中式快餐"真功夫"家族股权之争等。中国新生代富豪家族正逐渐形成并随着经济增长不断扩大，部分先富起来的家族已经开始第一代到第二代的家族企业交接，在此过程中，新生代富豪家族需要家族和睦兴盛的"稳定机制"。

富裕家族追求家族企业"稳定机制"的客观需求创造了股票表决权信托的市场空间。股票表决权信托是指将企业股权所代表的"分红权"和"表决权"一分为二，家族企业的创始人或实际控制人将表决权直接或者通过信托公司控制在自己手中，将股票分红权分给亲属、后代甚至公司高管。在企业发展壮大或者代际交接过程中，通过设置股票表决权信托，对内可以维护家族和睦，避免因为意见相左导致企业分拆；对外可以形成"抱团"，避免随着公司因私募或公募融资股权稀释后公司控制权旁落；同时有利于推进公司治理，家族企业可以通过将无表决权的股份授予高层管理人员，既实现激励又可以保证控制权稳定。家族信托被广泛用于家族企业，如中国香港地区长江实业的李嘉诚家族、恒基的李兆基家族、新鸿基地产的郭氏家族等，中国内地雅乐居集团的陈氏家族、福耀玻璃曹德旺的河仁基金、蒙牛乳业的老牛基金等。而迅速发展的新兴互联网企业也通过"表决权信托"的方式实施所有权控制，比如京东商城创始人刘强东在京东美国上市后仅持股18.8%，但通过"投票权委托"（实质为民事性的表决权信托），其股票表决权达到51.2%。

二、【案例】"望子成龙"子女教育定制信托设计

（一）子女教育定制信托的产品设计思路

1. 产品层次分为爱心型和豪华型

爱心型产品目标客户是普通中产阶层，豪华型产品的目标客户是中产以上的富裕阶层。按照多家机构和媒体的计算，当前在我国中等发达城市，子女从幼儿园到大学的教育费用不低于50万元人民币。因此爱心型产品累计委托财产为50万元，豪华型教育信托的累计委托财产则为100万元以上。考虑到中国独生子女居多的家庭特色，孩子祖父母和外祖父母也将是重要的目标客户，可采用信托合同冠名等亲情方式吸引客户隔代设立教育信托。

2. 整体产品设计理念为"稳健+服务"

由于子女教育费用本质上是一种家庭储蓄，子女教育信托本质上是一种稳健的家庭理财，因此子女教育信托的设计理念应摒弃传统理财的收益率优先理念，借鉴新兴互联网金融的"服务理念"。子女教育信托是为中产以上家庭提供稳健的子女教育费用服务，而不是为家庭提供高收益理财。稳健指的是信托产品收益

不高但无本金损失风险。服务指的是信托公司可以为子女教育提供服务，比如定期代付学费、生活费，定期代缴各类学生保险，定期提供明细账目，代为处理外币兑换等事宜，甚至可以将积累的原始凭证在信托的不同阶段装订成册赠送客户，作为家庭和睦的重要见证。

3. 产品特色体现出"模块化＋灵活性"

模块化设计指的是教育信托产品可以设计成多个模块供客户自由组合。比如可以按照学校费用和课外教育分成两大模块。学校教育模块包含基本的学杂费、住宿费和生活费，由委托人决定支付金额、方式和时间；课外教育模块则用于课外兴趣班、补习班、夏令营、假期旅游基金等，由委托人和受托人共同确认方可使用。也可以按照不同教育层次分为幼儿园、小学、中学、大学、出国留学多个模块。模块化一方面增加了客户选择的灵活性，另一方面也方便客户向其他家庭成员"拉赞助"。

灵活性是指在信托财产支付方式、信托财产使用方式方面相对灵活。比如对于爱心型教育信托，由于目标客户是普通中产阶层，难以一次性付款，可采用分批次、分模块购买的方式，甚至可以采用同一受益人不同家庭成员分模块购买合并到一起的"家族子女教育信托计划"。对于豪华型教育信托，由于其针对富裕阶层，则建议一次性购买，规避未来可能会出现的"赠与税"。在信托财产的使用方面，灵活性体现为不同模块信托资金可赎回、可续费、可结转、可透支甚至可融资。当某一模块教育完成后，如果有结余，委托人可赎回，可以作为受益人的毕业奖励，也可以结转用于下一模块，当信托计划完成有结余时，可由委托人赎回作为养老金或作为受益人的创业基金、购房基金。当某一模块教育基金不足时，可将后面教育阶段模块的资金"透支"用于本阶段。当整个模块资金不足时，对于优质客户，信托公司可视情况给予其融资。

（二）豪华型子女教育信托产品框架

产品名称：豪华型子女教育保障信托。

信托财产：200 万元，可一次或多次支付。

信托计划子模块：3~6 岁，学前教育阶段 15 万元；7~12 岁，小学阶段 20 万元（含择校费、课外兴趣班费用）；13~18 岁，中学阶段 30 万元（含择校费、兴趣班费、旅游基金、奖励基金等）；19~22 岁，大学阶段 20 万元（含生活费、旅游基金、奖励基金等）；23~24 岁，研究生阶段 80 万元（含出国留学学费、路费和生活费用）；25~26 岁，创业基金或职业起步支持 25 万元。各模块可以组合选择，但一般需连续选择。

信托财产经营方式：投资级债券、定期存款、低风险货币市场工具，预计年平均收益率为 5%。

信托基本服务：详细信托账目（每季度）、信托存续期账目查询与解释（每年 10 次）、代缴学杂费（每年两次）、代缴各种课外教育费用及旅游费用（次数不限）、代发生活费（每月 1 次，高中以上）、奖励基金发放（每年两次）、代换汇及向国外汇款（每月 1 次）、提供各模块间费用结转和费用透支（次数不限）、提供教育融资（优惠利率 1 次，其余按市场利率）、信托计划按购买力变化再调整、《成长之路纪念册》（将所有信托财产支付凭证按照客户要求精美装订，每个教育模块 1 册）。

信托增值服务：择校顾问（小学和初中阶段）、少年精英圈聚会（小学和初中阶段）、暑期游学、名校夏令营（初中和高中阶段）、留学顾问、高端社交礼仪（大学阶段）、子女压岁钱代投资（大学以下）。

信托管理费用：以每年 1 月 1 日一年期定期存款利率或国债收益率为基准利率，信托产品收益率 < 基准利率，不收取费用；基准利率 < 信托产品收益率 < 基准利率+1%，信托费用 =（信托年收益率 − 基准利率）÷2；信托产品收益率 > 基准利率+1%，信托管理费用 = 0.5% +（信托产品收益率 − 基准利率−1%）÷2。信托费用每年年初预扣 0.5%，年末补足或者退还。

信托计划终止：受益人研究生毕业或大学毕业后信托计划即终止，剩余信托财产由委托人决定使用方式，可用于赎回、支持受益人创业、支持受益人购车购房。

三、【案例】明星稳健型家族定制信托设计

（一）明星稳健型家族信托的产品设计思路

1. 产品分为自益信托和他益信托两大种类

自益信托是指委托人和受益人是同一人，他益信托此处是指信托受益人是委托人的亲属。对于自益信托，信托的目的是为未来某段时间之后的委托人保障性需求，因此采取一次性支付，未来某段时间后一次性支取。对于他益信托，信托目的设定为保障委托人亲属的基本生活，因此采取设定信托后立即或者延期分期返还模式。此外，他益信托也可探讨信托公司与娱乐公司签约模式，将明星收入平均化以达到延期支付合理避税的目的。

2. 产品设计以稳健为主要特色

鉴于明星稳健型家族信托是为明星演艺人员专设的，客户年劳动收入较高，对安全性的要求要高于对收益率的要求，因此产品设计要以稳健为首要特色。首先，以标准正规信托合同作为基础。相比较于由经纪人、朋友熟人代为理财，湖南信托以国有金融企业身份与明星签订正规信托合同，在法律安全性上有足够保障。其次，信托理财的投资范围明确界定在安全性高的金融工具上，以保本并跑赢通货膨胀率为目标。最后，采用稳健的营销模式，通过超级明星示范效应和口碑传播方式，或者采用与湖南大型传媒集团战略合作方式推广信托产品。

3. 产品设计体现服务特色

借助信托公司金融经营范围广泛的优势，组建高端理财团队，为高端明星客户提供"类私人银行"服务。中国的私人银行业务已经开展多年，但是一直没有得到很大发展，主要原因在于其定位存在偏差。国外私人银行服务客户定位于高净值客户，如家族企业的第三代和第四代所有者、演艺明星、IT新贵都以保值增值为首要目标，先能"保值"，再考虑"增值"。而国内的私人银行客户中，大多数企业的所有者仍处于扩张阶段的第一代和第二代，其对融资的需求远超过保值的需求，影视明星类高劳动收入人群才是私人银行合适的客户。

（二）明星稳健型家族信托产品框架

产品名称：明星稳健型家族信托。

信托财产：200 万元，一次支付。

信托财产经营方式：投资级债券、定期存款、低风险货币市场工具，预计年平均收益率 5%。自益信托可增加 30% 比例以下的长期股票投资。

信托形式：自益信托、他益信托或组合信托（前两种信托按一定比例组合）。

信托支付方式：立即分期支付、到期一次性支付、到期分期支付三种支付方式。立即分期支付，自信托签订之日起，未来 15 年每月预期可获得 1.56 万元支付；到期一次性支付，第 15 年末预期可一次性支取 411 万元；到期后分期支付，前 15 年不支付，从第 16 年开始，连续 10 年每月可获得支付 4.3 万元（按照年收益率 5% 计算）。

信托服务：详细信托账目（每季度）、信托存续期账目查询与解释（每年 10 次）、其他私人银行类服务。

信托管理费用：以每年 1 月 1 日一年期定期存款利率或国债收益率为基准利率，信托产品收益率＜基准利率，不收取费用；基准利率＜信托产品收益率＜基准利率+1%，信托费用＝（信托年收益率－基准利率）÷2；信托产品收益率＞基准利率+1%，信托管理费用＝0.5%＋（信托产品收益率－基准利率－1%）÷2。信托费用每年年初预扣 0.5%，年末补足或者退还。

信托计划终止：信托计划到期、委托人和受益人共同决定终止信托、信托受益人不再存在。

四、【案例】富豪和睦型家族定制信托设计

富豪和睦型家族定制信托设计如图 8–1 所示。

适用客户：快速发展中的企业、企业创始人或年富力强的联合创始人。

信托设定：企业创始人或联合创始人设立信托，将 50% 以上公司表决权委托给湖南信托，在公司董事会表决中由湖南信托代为行使表决权；信托为不可撤销

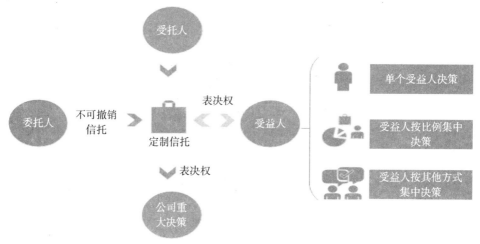

图 8-1　富豪和睦型家族定制信托

信托，除非全部受益人同意撤销。同时信托中约定委托人即受益人，湖南信托所行使的具体表决权由受益人共同决定，信托协议将按照不同企业的具体情况分为某一受益人决定、受益人共同决定、受益人按比例投票决定等多种形式。

家族定制信托在企业发展中的使用：

家族内部产生分歧不影响家族对公司的控制权。企业创始人或联合创始人通过设立不可撤销的表决权定制信托，公司绝对多数表决权作为一个整体由受益人集中行使，可以有效地将公司控制权"锁定"在创始人或联合创始人家族内部。在公司不断发展壮大的过程中，家族成员对于公司决策产生分歧总是不可避免的，而一旦公司表决权通过定制信托"锁定"，相关受益人将通过内部妥协的方式集中行使表决权，有助于家族内部团结，即使联合创始人之间产生了不可调和的矛盾，也能在很大程度上维护家族企业的稳定。

公司外部融资不影响控制权。家族企业在不断发展壮大过程中，往往需要进行大量的外部融资，而外部融资的过程往往意味着股权的逐步分散。通过定制信托将家族中的表决权"绑定"，可以在很大程度上避免家族企业随着股权分散而控制权旁落，同时公司还可以通过家族定制信托引入不需要控制权的财务投资人，保证公司股本扩张但控制权不会分散。

公司实行股权激励不影响家族对公司的控制权。在家族企业发展壮大的过程中，往往需要引入现代企业制度，建立激励机制。给予中高层管理人员股权激励是现代企业激励机制中最常见的做法，但是随着公司不断扩大，一方面股权激励的规模会不断扩大，另一方面部分中高级管理人员的离职和卸任会带走部分股权，创始人对公司的控制会减弱。家族定制信托可以灵活运用多种方式解决管理人员激励带来的股权分散。第一种方式是直接将绝对控股权通过家族信托"锁定"。第二种方式是直接将"剥离"了投票权的股权作为股权激励计划的标的。第三种方式是在实施股权激励时设置管理人员投票权上限（如25%），超过上限后多余投票权由家族信托代为行使。第四种方式是在股权激励中加入离职时需将投票权委托给家族信托的协议，保证管理人员任职时有投票权，而离职后只有分红权。

公司代际交接不影响家族对公司的控制权。公司代际交接会从两方面影响家族对企业的控制权。一方面是家族中的某一代可能不具备企业家能力，导致家族企业逐渐衰落甚至消亡。另一方面是家族企业经过多代传递后股权过于分散，最终被逐步收购转移控股权。而西方国家之所以存在很多代传承的家族企业，很大程度上是因为设立了家族信托，将家族的投票权甚至包括分红权"锁定"在一个合理水平上，每一代都由家族中一个或者数个继承者集中行使投票权，即使其中某一代缺乏企业家才能，也可以通过外聘经理人的方式实现平稳过渡。

| 第九章 |

事务信托产品研发：理念与要素

- 信托公司开展事务管理信托，应着重服务于高净值客户的新兴"刚性需求"：高端养老、高端健康服务和高端旅游度假
- 信托公司通过打造信托超级账户，为高净值客户提供定制化、模块化的综合理财和事务信托服务，并最终向私人银行模块演化
- 信托超级账户应为客户提供方便快捷的服务入口：手机 APP、电脑客户端、电话服务和柜台服务

一、事务信托发展方向：私人银行还是贴身管家

事务信托是立足于非金融服务的信托业务，我国信托公司的现状、规模和业务模式决定了其难以通过为客户提供贴身管家服务盈利。因此，信托公司的事务信托应当以打造简化版私人银行为目标，通过为客户提供可定制化的服务补充其金融生态圈，增强客户黏性，主要利润来源还应当集中于金融类业务。

(一) 信托公司拓展事务信托的模式分析

1. 我国信托公司擅长金融服务而非"信托"服务

改革开放后，信托公司开始重新组建，"投融资"一直是信托业的核心业务。2000 年以后，经过整顿的信托公司名称中去掉了"投资"二字，主要从事集合资金信托业务和通道类业务。作为金融中介，对于资金需求者，信托公司提供融资服务；对于资金富余者，信托公司提供"信托收益"服务。正是由于信托公司的这种特性，我国将其列为金融机构并一直处于金融监管之下。

2. 信托公司拓展事务信托须立足于理财业务，采取"理财+服务"模式

在业务领域，信托公司一直从事金融理财类业务，在理财领域具有较大的优势。在人力资源规模方面，信托公司大多数为区域性中小金融机构。2013 年，

信托业从业人数经过数十年的高速发展，总人数达到 14404 人，68 家信托公司人均员工 212 人，而中国最大银行工商银行的员工总数是 441902 人。业务领域和人力资源规模决定了信托公司现阶段只能从事金融批发业务，要拓展事务信托，也必须以金融批发业务为核心，附加以金融批发服务的事务管理类信托服务。

3. 事务信托提供的信托服务必须是"可标准化"的服务

信托服务是否可"标准化"，是区分民事信托和商事信托的边界，而是否能够"标准化"，取决于两个要素：是否有大量的客户需求、信托事务处理是否具备相似性。比如人寿保险信托，受托人接受委托，代持有人寿保险单，并在发生保险事故后按照约定的方式支付给受益人。一方面，西方人寿保险业务发展较早，存在大量购买人寿保险的客户。另一方面，管理保险财产和支付保险理赔金给受益人在处理上具有相似性，对不同受益人可采用相似的方式。而对于部分有大量客户需求，但信托事务处理不具备相似性的业务，则可采取服务外包或者战略合作的方式。

（二）事务信托服务发展方向：三大新兴高端"刚需"

1. 伴随人口老龄化兴起的高端养老产业

随着我国人口老龄化比例不断提升，养老产业已经逐渐成为我国的新兴产业。从比例看，我国第六次人口普查数据显示，2011 年年底，全国 60 岁以上老人占总人口的比重已经上升至 13.26%，而大中城市的老龄化水平则远高于全国平均水平。北京 60 岁以上人口占比 19.4%（2011 年），上海 60 岁以上老人占比 25.7%（2012 年），长沙 60 岁以上老人占比也达到 15.6%（2013 年）。即使放宽退休年龄至 65 岁，2013 年我国平均老龄化比例也已经达到 9.7%（如图 9-1 所示）。从绝对数字看，2012 年年底，中国 60 周岁以上老年人口已达 1.94 亿，2020 年，这一数字将上升至 2.43 亿，到 2025 年将突破 3 亿。而据养老产业业内人士估计，2012 年家庭年收入（包括子女收入）超过 150 万元的老年人口为 1020 万。

2. 伴随环境污染兴起的高端健康产业

随着我国富裕阶层的逐渐形成，对于健康产业的需求也在不断增加。福布斯中国发布的《2014 中国大众富裕阶层财富白皮书》显示，在可投资资产 60 万~600 万元的大众富裕阶层中，除家庭外，影响富裕阶层幸福感第二重要的因素就是健康。而由于近几年空气污染、食品安全等方面的报道越来越频繁，对于积累了较多财富的富裕阶层，健康生活日益成为富裕阶层新的刚性需求，如图9-2所示。

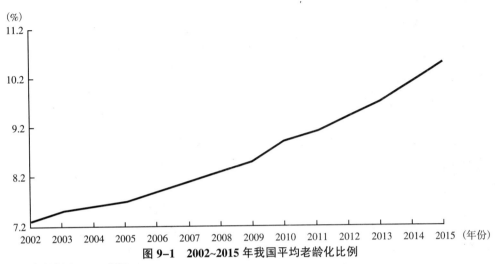

图9-1 2002~2015年我国平均老龄化比例

资料来源：Wind资讯。

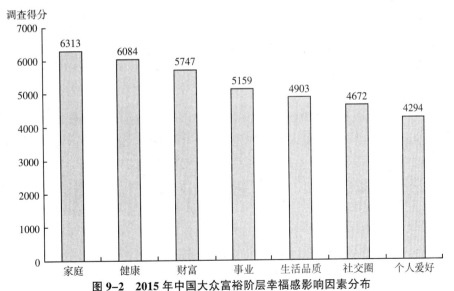

图9-2 2015年中国大众富裕阶层幸福感影响因素分布

注：对排序后的影响因素分布赋予分值，最重要的得7分，依次递减到1分。

资料来源：福布斯《2014中国大众富裕阶层财富白皮书》。

3. 伴随工作压力兴起的高端旅游度假产业

随着我国经济的发展，旅游产业已经成为我国的重要产业，旅游行业的营业收入从 2000 年的 469 亿元增长到 2012 年的 3374 亿元。而针对富裕阶层提供的高端旅游也越来越普遍。根据国家统计局数据，2000 年，国内居民因私出境 563 万人次，而 2012 年，国内居民因私出境上升至 9197 万人次。根据国家旅游局数据，2000 年旅行社组织出境游人数 430 万人次，2015 年该数据已达 5000 万人次，近年来平均年增速在 30% 以上（参见图 9-3 和表 9-1）。

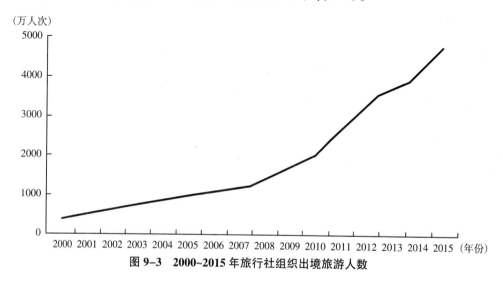

图 9-3　2000~2015 年旅行社组织出境旅游人数

表 9-1　2001~2012 年旅行社组织出境旅游人数同比增速

单位：%

年份	2001	2002	2003	2004	2005	2006	2007	2008	2009	2010	2011	2012
同比增速	-14.1	0.70	4.00	44.3	21.7	24.0	17.1	10.5	13.2	34.8	21.5	40.0

而根据福布斯《2014 中国大众富裕阶层财富白皮书》调查，旅游是我国大众富裕阶层兴趣爱好的首选（见图 9-4）。

（三）事务信托形式发展方向：信托简化版私人银行

居民消费与居民可支配财富紧密相连，高端消费的背后是高可支配财富人群，而高可支配财富意味着更多的理财需求。因此，信托提供高端服务的本质是通过良好的客户体验将高端服务和理财进行"捆绑"，通过服务吸引和留住更多高端理财客户，从而改变当前整个资产管理行业注重收益而不注重服务的现状。

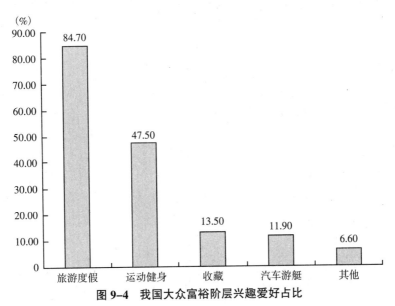

图 9-4　我国大众富裕阶层兴趣爱好占比

注：选项为多选。

资料来源：福布斯《2015 中国大众富裕阶层财富白皮书》。

　　将服务和理财"捆绑"在现实中有两个实例。在国外的实例是私人银行，在国内的实例是"余额宝"。私人银行服务在国外已经有很长的历史，是专门针对富人进行的私密性较强的服务，一般要求客户资产在 100 万美元以上，根据客户需求量身定做投资理财产品，为其提供全方位投融资服务，同时为客户本人及家人提供教育规划、移民计划、合理避税以及信托计划的服务。国内私人银行服务始于 2007 年的中国银行，目前已有 30 多家提供私人银行服务的金融机构。私人银行服务一般要求客户的资产净值在 600 万元以上。由于中国金融机构服务能力相对弱，中国富人对融资的需求超过对理财的需求，因此国内私人银行虽然规模快速增长，但盈利能力较差，大部分处于亏损阶段。

　　另外，余额宝提供了"穷人版"私人银行服务，并在短期内取得巨大成功。余额宝是阿里巴巴和天弘基金合作为支付宝用户提供的一项余额增值服务，其核心是"服务＋理财"，即"便捷转账＋货币市场基金收益"。余额宝服务于 2013 年 6 月上线，短短 5 个月时间资产规模突破 1000 亿元人民币，两年时间资产规模突破 5000 亿元人民币。至今余额宝虽然收益率从 6% 左右下滑至 4% 左右，但其资产规模仍然在不断增长。余额宝之所以能够在两年内跻身全球十大基金，最重要的原因在于"服务"而不在于"收益"。天弘基金所管理的货币市场基金相对于其他货币市场基金，在收益率方面并无优势，但附加以"便捷转账"服务在当时却是独此一家。因此余额宝本质上就是一种简化版私人银行，这种私人银行只提供四种服务：查询、转账、购物、申赎基金。

（四）信托简化版私人银行框架

1. 以信托"超级账户"为核心打造统一业务平台

以信托"超级账户"（见图 9-5）为核心，可以提升信托公司与客户之间的关系。传统信托公司与客户关系主要以信托产品为核心，客户购买信托产品后，信托公司与客户之间建立信托关系，信托产品到期兑付后，信托公司与客户间的信托关系解除，直到客户购买下一款信托产品再重新建立信托关系，这样的客户缺乏稳定性也缺乏黏性。以信托"超级账户"为核心，意味着信托公司与客户建立了永久性信托关系，信托公司不再是单次性卖信托产品，而是永久性提供信托综合服务。在单个信托产品到期后，兑付资金存入信托账户，客户可以提取，也

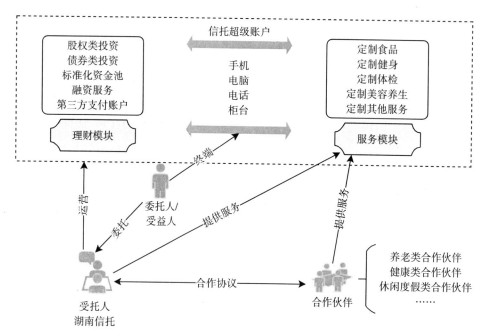

图 9-5 信托"超级账户"示意

可以留存在账户中等待下一期信托产品，还可以转化为其他高收益资产、高流动资产或者养老、健康、旅游度假等服务，在这种稳定的客户关系中，客户迁移成本较高，客户会更多依附于信托公司而不是信托经理个人。

统一业务平台可以使各项信托产品、服务与客户之间更加有效地衔接。随着信托公司提供的产品和服务种类不断增加，客户做出合理选择的难度也随之增加，通过统一的业务平台，将所有信托产品和服务纳入统一的管理框架，建立"大堂经理式"客服团队，经过培训的客服可以更有效地展示信托公司的产品线和服务线，并高效地将潜在客户介绍给专业的产品经理和服务经理，降低客户搜寻各种信托产品和服务的成本。统一业务平台也可以增加客户黏性，更有效地利用客户资源。在信托产品到期后，有意与信托公司继续合作的客户会把资金留在信托账户中，并在各类产品和服务中主动做出选择，信托公司会多出一部分"送上门"的客户。

2. 为统一业务平台提供全方位的服务入口

随着社会进入网络时代，金融服务也越来越向"网络化"发展。证券行业是最早也是网络化最彻底的金融子行业，通过营业部（柜台）交易的比例已经非常低。具有丰富网点资源的商业银行也在不断扩大网络交易规模。2013 年，网上银行交易总额达 1066.97 万亿元，同比增长 21.8%，手机银行交易总额达 12.74 万亿元，同比增长 248%（数据来自中国银行业协会《2013 年度中国银行业服务改进情况报告》）。另外，部分传统互联网企业如阿里巴巴、腾讯、百度等也开始提供网络金融服务。对于人力资源和网点资源不占优势的信托公司而言，网络化交易更是未来的重点发展方向，信托公司应为自身统一的业务平台提供电脑端、手机端、电话端和柜台全方位的服务入口。

电脑、手机是信托"超级账户"未来最重要的入口。电脑和手机都是互联网入口，也是目前最重要的两个互联网入口。传统互联网入口以电脑为主，但是随着移动互联网速度的提升和智能手机的普及，手机有望成为未来最重要的互联网金融入口。我国开展的互联网金融业务，大多数从电脑软件开始，但目前电脑软件和手机软件呈现出同步开发状态。信托公司的客户以中高端客户为主，电脑和智能手机的普及率高，除部分老年客户外，对互联网终端的操作也基本不存在问题。随着电子签名技术，电子票据背书转让技术的不断普及，电脑和手机入口未来可以在很大程度上取代柜台服务，因此同步开发电脑端和手机端账户操作软件既有可行性，也有必要性和紧迫性。考虑到信托账户开设起点较高，信托机构可以采用符合条件送智能手机或送电脑的方式推广这两种服务入口。

电话交易是信托"超级账户"的必要补充。电话金融的发展要远早于互联网金融，目前仍然在金融服务中承担重要职能。信托公司提供电话交易的服务入口，一方面可以服务于部分不能完成互联网交易操作的客户，减轻柜台业务的压力；另一方面电话交易入口实际上也可以充当统一客服电话，有利于提高客户满意度，增强客户黏性。

柜台服务需要不断革新应对新形势。柜台服务是目前信托公司以产品为核心的客户关系中最主要的服务方式，一般采取"1 VS X"形式，即一个产品团队对应购买该产品的所有客户，下一个产品团队对应购买下一产品的所有客户，部分通道业务或依赖第三方理财机构销售的业务，信托产品团队甚至见不到真正客户。当信托公司通过信托"超级账户"逐渐开始培养核心客户后，柜台服务也可以像互联网服务、电话服务一样，变为"N VS 1 VS X"模式。前面的 N 是信托公司的专业产品经理和服务经理，后面的 X 是信托公司所有潜在客户，中间的 1 则是大堂经理或客服团队。所有潜在的信托公司客户通过客服的初步筛选分类后，按照客户要求被分配给一个或多个专业产品经理或服务经理，既可以提高运行效率，也避免为争抢客户导致的不良后果。

3. 种类丰富贴合需求的理财和服务模块

新建三大新兴"刚需"类事务信托作为基础服务模块。养老、健康和休闲度假既是新兴行业新机会，又满足高端客户的共同需求，适合信托公司提供准定制化服务，是信托公司未来重点业务发展方向。因此统一的信托业务平台首先应当包含养老、健康和休闲度假三大服务模块。同时，由于信托公司目前尚未开展此类业务，也方便了对这些业务进行模块化设计：服务模块在信托合约设计上与"超级账户"关联，购买任一服务模块即可建立专属信托"超级账户"，且具有购买其他模块的优先权和优惠折扣，同时购买多个模块可享受优惠折扣。任一服务模块都具备可置换性，可以按照受益权价值的一定比例转换为其他服务模块，任一服务模块都可以按照受益权价值转化为信托账户资金（附带一定锁定期）。

改造原有理财业务使其进入统一业务平台。理财模块的核心是构建标准化资金池业务，标准化资金池是信托"超级账户"的"流动性管理"，在客户服务或信托产品到期后，资金可以通过各种服务终端由客户主动操作进入标准化资金池，资金池只投资于低风险高流动性的标准化债权，当信托公司出现新的投资业务或服务模块时，信托公司将投资和服务信息通过多种服务终端推送给客户，由客户评估风险后主动操作购买相应的投资产品或服务。由于所有操作都是客户的主动性操作，所有业务也都是合乎监管政策的业务，因此信托"超级账户"不会面临政策制约。

不断完善新增理财和服务模块。其一是改造原有的事务类信托，使其进入统一业务平台的服务类模块，比如子女教育定制信托、明星稳健型定制信托、家族和睦定制信托都可以逐步改造并纳入信托服务模块。其二是随着经济社会形势变化和客户数据的积累，信托公司能够通过数据挖掘方式寻找新的客户需求，并通过业务扩张、战略合作、兼并收购等方式增加新的服务，体现出模块化经营的优势，始终能够满足客户新出现的共同需求。其三是随着金融监管的变化不断增加新的金融模块，比如可以为符合条件的客户提供短期融资，在资本管制放开后为客户提供海外投资服务等。

4. 申请支付资格建立真正"超级账户"

真正的"超级账户"，不但在金融机构内部可以对接各类金融模块和服务模块，还可以对接外部金融市场，对接整个支付体系。因此，信托公司要想真正建立"超级账户"，从长远看，需要申请进入央行的支付系统。如券商国泰君安2013年8月获准进入央行支付体系后，年底即推出了券商版"超级账户"，集股票、融资融券、期货、资产管理、场外市场账户等金融业务于一身，兼具支付、跨行转账功能。

从近期看，中小信托公司难以快速取得央行金融支付牌照，因此也可以通过第三方支付方式间接实现"超级账户"。最简单的方式是在"超级账户"中内嵌支付宝账户，或直接以"支付宝+余额宝"方式代替标准化资金池。由于所有账户都是客户直接操作，信托公司甚至不需要与阿里巴巴签订合作协议即可通过其第三方支付平台对接整个金融市场和支付体系。由于第三方支付市场竞争激烈，短期内这种方式不会增加明显的交易成本，可以为信托公司申请央行金融支付牌照赢得时间。但从长期来看，随着金融改革的不断推进，积极申请央行金融支付牌照，建立以信托机构自身金融卡为核心的"超级账户"是最佳方式。

二、【案例】中高端养老信托设计

（一）中高端养老信托产品设计特色

1. 投资与服务结合是中高端养老信托的首要特色

养老是一类相对特殊的"支出"，不但需要长期持续的资金投入，还需要服务对象的监护人对养老机构进行持续的监督，但服务对象的监护人（如子女和亲友）往往难以做到第二种要求。而西方的信托机构在长期的业务实践中积累起了这种"信任"，委托人可以将较大数额的养老金交给信托机构代为理财，同时信托机构承担了定期代缴养老费用、代监护人行使监督权，甚至可以作为受益人的"监护人"。目前我国市场上养老类投资很多，养老类服务也很多，但是养老投资与养老服务能够很好结合的产品并不多，能够在监护人和养老服务机构中间行使监督职能的机构也几乎不存在。

信托公司提供的中高端养老信托，以投资与服务相结合为特色，可以同时满足投资、监督和提供服务三个要求。在投资方面，养老信托可以对接信托公司品类丰富的理财模块，进行多样化的稳健投资。在养老服务方面，信托公司可以与高端养老机构进行战略合作，提供"团购式"定制养老服务。在监督方面，信托公司可以代替委托人合理使用养老金，代替委托人监督养老机构，帮助委托人定期缴纳养老费用，防止养老机构携款逃逸。在其他附加服务方面，信托公司可以将养老信托与信托服务平台对接，服务对象可以以优惠的价格接受信托公司为其他高端客户提供的休假、高端体检和健康食品等服务。

2. 中高端养老信托可以有效实现风险隔离

委托人设立养老信托后，其个人财产变为信托财产，信托财产在《信托法》框架内受到保护，这使得信托财产与委托人财产、信托财产与受托人财产、信托财产与受益人财产之间都存在"防火墙"，可以将委托人、受托人和受益人的风险隔离在受益人的受益权之外。养老信托的风险隔离职能，除了能够隔离经济风险，还能够隔离委托人人身风险和养老机构的经营风险。

信托的风险隔离机制首先可以隔离委托人的经济风险，当委托人为自己或者为亲友设立养老信托后，不管委托人遭遇何种经济风险，养老信托的受益人都能得到预先设定的养老服务。信托的风险隔离机制同时可以隔离委托人的人身风险，委托人设立以亲友为受益人的养老信托，在委托人发生人身事故后，养老信托仍然会继续执行，还可以自动转为传统民事信托中的遗嘱执行信托，与人寿保险业务相比，养老信托的服务可以向更深层次延伸。人寿保险所担保的是发生意外事故后的大额赔付，而信托担保的则是发生意外后对受益人的"不间断"服务。信托的风险隔离机制还可以隔离商业化养老机构的经营风险，作为专业的受托人，信托机构可以帮助养老信托的委托人对养老机构进行更专业化的经营监督和财务监督，可以通过控制养老金缴纳和使用的方式避免经营不善的养老机构占用、挪用委托人的养老金。

3. 与保险公司合作增加产品吸引力

信托公司与保险公司合作，可以使养老信托获取税收优惠。税收优惠是吸引养老投资和养老消费的重要政策性手段，2014 年 8 月 13 日，我国《国务院关于加快发展现代保险服务业的若干意见》发布，"个人税收递延型商业养老保险"有望在 2015 年试点。将商业养老保险所具备的税收优惠纳入养老信托，可以极大地提升养老信托的竞争力。在合作方式上，信托公司可以与中小养老保险机构合作，由信托公司提供中高端养老客户，养老保险机构与信托公司签订协议，委托信托公司按照税收递延优惠所要求的方式进行投资理财，信托公司同时与养老客户签订协议，为养老客户提供其他模块化服务。

信托公司与保险公司合作，可以延伸保险的服务领域，扩大客户来源。当养老信托是他益信托时，信托公司将委托人的意外险保单纳入到养老信托中，一方面可以大幅"增厚"信托财产，使得受益人享受更高端的养老服务，部分中产阶层也能够成为高端养老信托的客户；另一方面可以延伸保险公司的服务，使得保险受益人不但可以得到高额保险赔付，还可以获得信托公司后续提供的养老服务，解除委托人的后顾之忧。

（二）中高端养老信托的产品设计

中高端养老信托的产品设计见图 9-6。

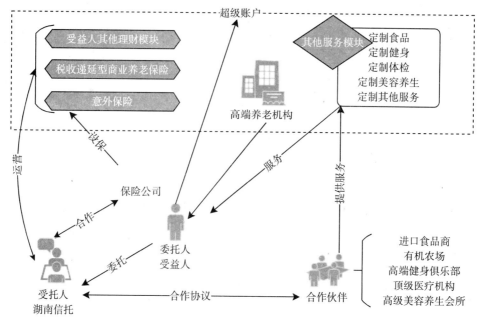

图9-6 中高端养老定制信托结构

产品名称：高端养老定制信托。

信托财产：150万元起，现金一次或分期支付。

信托财产投资限制：①税收递延型商业养老保险，由委托人与保险公司、信托公司签订协议，由信托公司按期以信托财产支付，受益人由委托人指定，养老保险到期后自动进入理财模块。②意外保险，由委托人与保险公司、信托公司签订协议，由信托公司按期以信托财产支付，受益人由委托人指定，养老保险到期后自动进入理财模块。③信托理财模块中的信托财产投资限制为：投资级债券、定期存款、低风险货币市场工具，预计年平均收益率5%。自益信托可以30%的比例投资于股票，但不得影响保险金的按期缴纳。

信托形式：自益信托、他益信托或组合信托（前两种信托按一定比例组合）。

信托支付方式（以自益信托为例）：信托支付方式有立即分期支付、到期分期支付两种支付方式。立即分期支付是自信托签订之日起，未来每月信托公司代缴养老费至合作养老机构，受益人所需其他服务由其自行选择，从信托"超级账户"按优惠价支付；到期后分期支付，受益人65周岁前不支付，从年满65周岁开始，信托公司按月定期代缴养老费至合作养老机构，受益人所需其他服务由其自行选择，不受 65 周岁限制，从信托"超级账户"按优惠价支付。

信托服务：详细信托账目（每季度）、信托存续期账目查询与解释（每年 10 次）、私人银行其他服务、养老服务、信托公司服务平台所有其他服务（按优惠价以信托超级账户支付）。

信托管理费用：固定收费＋浮动收费。信托代缴保险金、养老金部分按年固定收费。信托理财模块浮动收费，以每年 1 月 1 日一年期定期存款利率或国债收益率为基准利率，信托理财收益率＜基准利率，不收取费用。基准利率＜信托理财收益率＜基准利率+1%，信托费率＝（信托年收益率－基准利率）÷2。信托理财收益率＞基准利率+1%，信托管理费用＝0.5%＋（信托产品收益率－基准利率－1%）÷2。其中，按信托文件约定保留的流动性比例部分不计入收益率。

信托计划终止：信托计划到期、委托人和受益人共同决定终止信托、信托受益人不再存在。

三、【案例】高端客户健康定制信托设计

高端客户健康定制信托设计如图 9-7 所示。

产品名称：高端健康定制信托。

信托财产：100 万元起，现金一次支付。

信托财产投资限制：信托公司所有的理财模块均向该产品开放，但有比例限制。①对风险偏好型委托人，设定上限为 85% 的风险投资比例，可投资于股票、非标债权、集合资金信托，15% 为投资级债券、定期存款、低风险货币市场工具。②对风险中等的委托人，设定上限为 60% 的股票投资比例，可投资于股票、非标债权、集合资金信托，其中投资于股票比例不超过 30%，40% 为投资级债券、定期存款、低风险货币市场工具。③对于风险规避型委托人，信托财产不投资于股票，投资于非标债权和信托产品比例不超过 50%，投资于投资级债券、定期存款、低风险货币市场工具等比例不低于 50%。

信托形式：自益信托、他益信托或组合信托（前两种信托按一定比例组合）。

信托支付方式：到期一次性支付。信托合约到期后，信托公司将剩余信托财

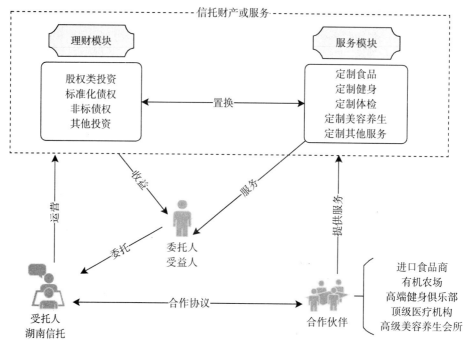

图 9-7　高端客户健康定制信托结构

产扣除手续费后，以银行转账方式一次性支付给受益人。受益人也可以选择与信托公司继续签订信托合约，或者将剩余信托财产以优惠价格转换为信托公司的服务模块。

信托定制服务：健康定制信托以健康服务为特色，包含定制体检、定制健身、高端美容或养生、健康无污染食品四大模块。定制体检模块，信托公司与国内顶级体检机构合作，团购体检机构贵宾资格，由后者每年提供一次贵宾级体检，所有体检项目由医疗专家面对面解读，并根据职业年龄和性别做出进一步体检。定制健身模块，由信托公司提供本地高端健身俱乐部贵宾资格，并根据体检结果由健身专家根据受益人年龄职业和性别，制定健身计划和健身食谱。健康食品模块，提供"进口＋有机"组合，生鲜肉类蔬菜由本地合作有机农庄提供送货上门，高端水果、海鲜和肉类则由合作进口食品商送货上门，所有产品按照合作优惠价计算，按照实际产出量和进口量提供。高端美容或养生模块为选择性模块，由本地顶级美容或养生机构按照受益人实际情况提供定制服务。四大模块中除体检模块之外，其他服务可无条件转让给亲友，信托公司代顾客监督服务提供水平和质量，并定期对服务质量进行调查，每年依据受益人反馈更新合作机构。

信托账户服务：提供详细信托账目（每季度）、信托存续期账目查询与当面解释（每年 10 次）、私人银行其他服务、养老服务以及服务平台所有其他服务（按优惠价以信托超级账户支付）。

信托管理费用：固定收费＋浮动收费。信托公司每年收取 2 万元固定费用，并提供等价值的健康服务（定制体检 1 次，有机食品若干，进口食品若干），受益人可以优惠价格选择其他服务模块并以信托"超级账户"支付。信托理财模块浮动收费，以每年 1 月 1 日一年期定期存款利率或国债收益率为基准利率，信托理财收益率＜基准利率，不收取费用。基准利率＜信托理财收益率＜基准利率＋1%，信托费率＝（信托年收益率－基准利率）÷2。信托理财收益率＞基准利率＋1%，信托管理费用＝0.5%＋（信托产品收益率－基准利率－1%）÷2。其中按信托文件约定保留的流动性比例部分不计入收益率。

信托计划终止：信托计划到期、委托人和受益人共同决定终止信托、信托受益人不再存在。

四、【案例】高端客户商务休假定制信托设计

（一）高端客户商务休假定制信托设计特色

1. 以专业为特色，提供专业化旅游筛选服务

旅游产业是一个服务型产业，消费的是服务本身，其质量相对难以定性评价。同时对大多数消费者而言，旅游的重复性消费比例较低，因而往往存在夸大宣传、虚假宣传、旅游陷阱、强制消费等情况，使得消费者要花费大量精力进行筛选。高端客户商务休假信托可以通过聘用旅游从业人员对旅游产品进行专业筛选，并同国内外高端旅行社战略合作，保证旅游消费的质量，大幅降低客户筛选旅游消费的成本。而一旦旅游过程中发生纠纷，信托机构可以代理客户与旅行社进行协商或通过法律程序解决，降低客户维权成本。

2. 以安全为特色，保障客户投资安全

分时度假是一种兼具投资和休假属性的新兴服务，自20世纪60年代出现以来，在西方国家中产和富裕家庭中受到广泛欢迎，是西方旅游产业的重要组成部分。但分时度假进入中国以来，由于中介公司良莠不齐，消费者或投资者自身又难以监督这类中介机构，因而出现了大量诈骗事件，许多中介机构负责人携款潜逃，给消费者或投资者造成了很大的损失，也限制了整个行业的发展。作为中高端客户信任的金融理财机构，信托公司在自身业务平台上提供旅游中介或监督旅游中介的服务，可以保障客户的投资安全。

3. 以"中产价格"提供奢华休闲度假

对于大多数中高层收入家庭来说，奢华休闲度假比奢侈品的门槛更高，因为奢侈品消费往往是一次投入，长期使用，而奢华休闲度假则是一次投入，偶尔使用。比如用于度假的别墅，往往只有亿万富豪阶层才有财力购买并拥有。而分时度假通过将度假别墅进行产权分割，可以使得中高收入家庭不必付出昂贵的初始投资也能享受到奢华的休闲度假。与分时度假原理类似的还有游艇服务和私人飞机服务，这类服务对于中高层收入的家庭具备较强的吸引力，但其财力又不足以支撑家庭单独购买游艇和私人飞机，由信托公司整体购买或租用游艇或私人飞机的产权，然后通过类似"分时度假"机制将使用权分割后分配给会员使用，可以实现以"中产价格"提供奢华休闲度假。

4. 以扩展商务社交为特色

对于大多数中高收入人家庭来说，休闲度假与扩展商务社交重合性不高。信托公司通过高端商务休假定制信托的有效组织，可以为客户子女、客户自身，甚至客户员工和商务友人提供休闲社交两不误的服务。对于客户子女，商务休假信托可以每年寒暑假定制1~2次高端旅游，使其在旅游的同时积累未来社交资源。对于客户自身，商务休假信托可以定制定期的高尔夫聚会，扩大客户的商务社交圈，同时也可以为客户提供游艇或私人飞机服务，提升客户的商务接待能力，而分时度假使用方式灵活，客户也可以用于商务社交。

（二）高端客户商务休假定制信托产品框架

产品名称：商务休假定制信托。

信托财产：100万元起，现金一次支付。

信托财产投资限制：信托财产分为理财模块和休闲度假模块，信托公司所有的理财模块均向该产品开放。①对风险偏好型委托人，设定上限为85%的风险投资比例，可投资于股票、非标债权、集合资金信托，15%为投资级债券、定期存款、低风险货币市场工具。②对风险中等的委托人，设定上限为60%的股票投资比例，可投资于股票、非标债权、集合资金信托，其中投资于股票比例不超过30%，40%为投资级债券、定期存款、低风险货币市场工具。③对于风险规避型委托人，信托财产不投资于股票，投资于非标债权和信托产品比例不超过50%，投资于投资级债券、定期存款、低风险货币市场工具等比例不低于50%。

信托形式：自益信托、他益信托或组合信托（前两种信托按一定比例组合）。

信托支付方式：到期一次性支付。信托合约到期后，信托公司将剩余信托财产扣除手续费后，以银行转账方式一次性支付给受益人。受益人也可以选择与信托公司继续签订信托合约，或者将剩余信托财产以优惠价格转换为信托公司的服务模块。

信托定制服务：健康定制信托以休闲度假为特色，包含分时度假、高端旅游、定期高尔夫集会、游艇或私人飞机租用模块。分时度假模块，主要提供给客户家庭或客户商务休假，信托公司在国内多个著名度假地租用度假别墅，并按照约定的方式提供给受益人预约使用，受益人可以家庭使用，可以提供给公司作为员工福利，也可以将其有偿出租、转让。高端旅游模块，主要提供给客户子女或仍在读书阶段的亲友，由信托公司联合国内高端旅游公司联合提供服务，每年寒暑假组织两次高端旅游，提供旅游度假的同时注重交流。定期高尔夫集会模块，主要提供给客户及其商务友人，由信托公司提供多家高尔夫俱乐部贵宾会员资格，并定期组织客户高尔夫集会，为客户提供休闲服务的同时，促进客户间交流，把客户组建成相对紧密的社交圈。游艇或私人飞机租用模块，提供给客户家庭度假或客户商务休假使用。此模块与分时度假模块类似，信托公司租用游艇或私人飞机的使用权，并按照约定的方式提供给受益人预约使用，受益人可以家庭使用，提供给公司员工作为奖励，用于接待重要商务客户，也可以有偿转让。四大模块的服务可无条件转让给亲友，按年提供服务，但一般不予退订。信托公司定期对服务质量进行调查，每年依据客户反馈更新合作机构。

信托账户服务：供详细信托账目（每季度）、信托存续期账目查询与当面解释（每年10次）、私人银行其他服务、养老服务以及服务平台所有其他服务（按优惠价以信托超级账户支付)。

信托管理费用：固定收费＋浮动收费。信托公司每年收取 8.8 万元固定费用，并提供等价值的休闲度假服务（高端寒暑假旅游国内国外各 1 人次，单一度假别墅使用权 7 天，高尔夫聚会 3~5 次，游艇或私人飞机服务按优惠价格另计），客户可以优惠价格选择其他服务模块并以信托超级账户支付；信托理财模块浮动收费，以每年 1 月 1 日一年期定期存款利率或国债收益率为基准利率，信托理财收益率＜基准利率，不收取费用；基准利率＜信托理财收益率＜基准利率＋1%，信托费率＝(信托年收益率－基准利率)÷2；信托理财收益率＞基准利率＋1%，信托管理费用＝0.5%＋(信托产品收益率－基准利率－1%)÷2。其中按信托文件约定保留的流动性比例部分不计入收益率。

信托计划终止：信托计划到期，委托人、受托人和受益人共同决定终止信托，信托受益人不再存在。

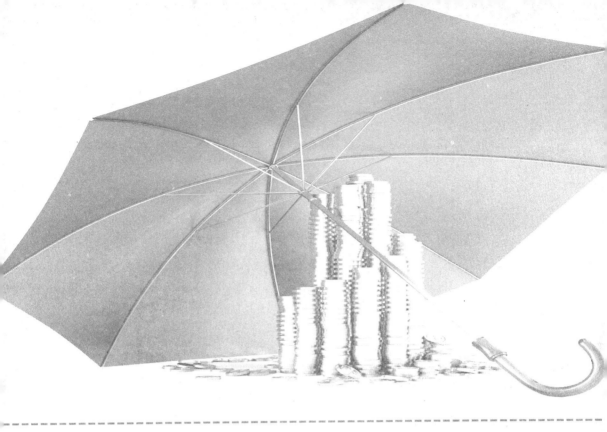

| 第十章 |

大资管时代信托领航员和护航舰：
信托制度保障

● 信托登记制度有利于信托价值实现，更为建立信托受益权二级市场提供基础，统一的信托登记制度有三种组建模式：现有平台改造、监管层重建和市场竞争筛选

● 信托投资者或消费者保护关乎信托业可持续发展，应从投资者教育、信息披露和行业赔偿准备金三方面推进

● 产品标准化是金融信托突破性发展的前提，监管层应利用标准化为创新型产品"开路"，并对现有资管业务进行"改造"

● 将公益信托发展为公益资源的"整合平台"，市场化利用信托制度"公信力"，可实现信托和公益双赢

一、保障信托价值落实的信托登记制度

（一）信托登记制度是信托价值实现的重要保障

1. 信托登记制度有赖于我国财产登记制度完善

我国信托登记制度的不完善，首先源于财产登记制度的不完善。在财产权归属和利用的相关法律制度未建立之前，信托财产的登记无从谈起。2007 年，我国《物权法》正式颁布实施，2015 年，我国《不动产登记》条例正式实施，我国财产登记的法律法规框架基本形成，信托登记制度的制度基础已经具备，相关监管部门可以着手推动信托登记制度的逐步完善。

2. 信托财产登记制度保障信托财产独立性

信托的基本特征是财产权利隔离与信托财产独立，是信托制度独一无二的优势，是信托的重要价值所在。而信托价值的落实，在大陆法系国家，需要"法"与"规"的合力才能够有效实现。在信托起源的英美法系国家，由于允许双重所有权制度，受托人拥有信托财产法律上的所有权，受益人拥有信托财产衡平法上的所有权，受益人财产权利通过衡平法系得到保护。而在大陆法系国家，由于不认可双重所有权制度，信托财产的独立性需要专门法进行定义，并且需要具体的制度进行规范。

我国于 2001 年制定的《信托法》中第三章对信托财产的独立性做出了比较明确的规范。其中第十五条规定"信托财产与委托人未设立信托的其他财产相区别",第十六条规定"信托财产与属于受托人所有的财产相区别,不得归入受托人的固有财产或者成为固有财产的一部分"。同时我国《信托法》也做出了设立信托需要对信托财产进行登记的规定:"设立信托,对于信托财产,有关法律、行政法规规定应当办理登记手续的,应当依法办理信托登记。未依照前款规定办理信托登记的,应当补办登记手续;不补办的,该信托不产生效力"(《信托法》第十条)。

3. 信托产品登记制度有利于推行信托行业发展

首先,信托产品登记制度有利于信托业的有效监管。随着我国金融市场的发展,金融改革的深化,信托类业务越来越多,并且越来越分散。一方面,是信托行业内超过 16 万亿元的资产规模,通过统一的登记平台,进行统一的产品公示和信息披露,有利于投资者了解信托产品,更有利于监管机构对信托行业进行更有效的监管;另一方面,随着资产管理牌照的逐渐放开,银行理财、券商资管、基金子公司和保险资产管理等类信托业务越来越普及,从本质上看,由投资者自负盈亏、不承诺收益率的所有资产管理类产品都是信托业务。逐步将这类准信托业务纳入统一的信托登记平台,对于未来金融监管向功能性监管迈进具有重要价值。

其次,信托登记制度为未来建立信托受益权二级市场提供了基础。我国信托行业管理的资产已经超过 16 万亿元,这 16 万亿元信托资产不但不能在金融市场上流动,而且在信托公司内部,甚至在同一个集合资金信托业务内部流通都存在着障碍。金融意味着资金的融通,失去了流动性,不但在很大程度上失去了配置资源的根本功能,还会积聚大量的风险(如刚性兑付)。通过建立统一的登记平台,信托受益权二级市场上的转让就具备了基础设施,未来金融信托受益权有望同股票和标准化债权一样可以在二级市场上自由转让。

(二) 信托财产登记制度需要监管部门统一协调

1. 信托财产登记制度缺失导致信托制度不完备

《信托法》第十条中的"有关法律、行政法规"至今尚未出现。信托财产登记制度的缺失，影响了信托制度的完备性。对于信托当事人，成立了信托，签署了信托文件，但没有进行司法认可的信托财产登记，这在法律上是不完备的，当出现信托财产纠纷时，当事人往往不能有效援引《信托法》条款对抗第三人，这导致了信托制度难以得到司法实践的承认。比如在华融信托与浦发银行的信托账户纠纷中，华融信托将集合资金信托的信托财产用于对浙江赛日新材料科技有限公司发放贷款，并与浦发银行宁波余姚支行、赛日新公司签订了《用款账户监管协议》，还设立了专用账户为监管账户，约定赛日新公司使用信托资金需经华融信托同意，并由余姚支行划款。之后，赛日新公司在浦发银行的借款到期，浦发银行向法院申请冻结监管账户资金并得到法院支持。这在整个信托行业内引发了有关"信托监管账户是否等于信托账户"、"信托监管账户内资金是否等于信托财产"的争议，这种争议，实际上是因为信托财产配套登记制度缺乏导致的。一方面，信托公司没有按照监管要求设立信托专户，另一方面，也没有相应配套制度明确信托专户资金进入银行监管账户后，是否仍属于信托财产，导致信托财产独立性的"边界"不够明确。

2. 信托监管部门应协调推动信托财产登记制度建立

一方面，信托监管部门应与司法部门协调，建立司法部门认可的信托财产登记制度。建议银监会与司法系统协调，建立司法系统认可的《信托财产登记条例》，一旦信托财产在按照该条例登记，并且与其他相关法律不冲突，该财产即被司法部门认可为信托财产，除《信托法》第十七条规定的强制执行条款以外，任何主体不能对信托财产进行强制执行，使得"信托财产独立性"真正被司法认可。

另一方面，信托监管部门应与各物权登记部门协调，保障信托财产登记与物权登记的一致性。对于信托财产中的不动产，依据《不动产登记条例》，信托监管部门应与即将成立的统一的不动产登记部门协调，使得信托财产登记的同时，不动产登记部门同步登记。对于信托财产中不同类型的股权、债权，信托监管部门应与登记结算公司、各地产权交易中心以及工商管理部门协调，保证委托人设立信托进行信托财产登记的同时，上述各部门的财产登记系统同步登记。对于信托财产中的知识产权，信托登记系统则要与相关知识产权部门协调同步登记。

3. 协调降低信托财产登记的交易费用

信托财产登记制度是信托行业发展的基础设施，其费用过高将会影响到信托财产登记的积极性，进而影响到整个信托行业的发展。因此监管部门建立的信托财产登记制度首先应当是非营利性的。专门的信托财产登记公司可以采用股权制，由全部信托公司按照份额认股并专营信托财产登记业务。其次监管部门应与相应财产登记部门和税务部门协调，降低与信托财产登记相关的费用。比如设立不动产自益信托，在信托成立和结束时都需要不定产产权的转移，而从法理上看，整个信托前后不动产的受益人和实际所有人并未发生变化，因此应当尽可能减免不动产登记的费用。

（三）信托登记制度实施的可能方案

1. 银监会、信托业协会和上海信托登记中心共建信托产品登记平台

由银监会和信托业协会共同组建信托登记平台具备先天的权威性优势。作为监管部门和行业性自律组织，出于监管需求和行业发展需要，建立全国统一的信托登记系统，其在行业内的推广和普及是其他登记系统所不具备的。在 2006 年我国就曾经建立了第一家专业信托登记机构——上海信托登记中心，虽然该机构是由上海浦东新区在全国金融中心建立的，并且得到了银监会的批复认可，但由于不是全国性监管机构或自律组织牵头，完全依靠市场化推广的上海信托登记中心并没有发展起来，这也证明了监管机构牵头推广是信托登记制度成功的重要保障。而银监会也已经认识到信托统一登记的重要性和价值。2014 年银监会已经开始启动信托产品登记系统的调研工作，其中包括向信托公司发放调查问卷，征求信托产品登记系统建设的具体方案。而负责信托监管的银监会主席助理杨家才也多次提出信托产品登记信息系统是信托业规范发展的基础，是金融市场重要的基础设施建设领域。

2014 年 10 月，借助上海自贸区成立的契机和金融改革先行先试的优势，银监会正式批复全国信托登记中心落户上海自贸区。上海全国信托登记中心的前期主要任务是建立信托产品登记和交易平台（信托财产登记需要监管部门更多的协调），但相关实施框架和细则还未出台。建议由信托业协会与上海信托登记中心协调，引入会员制和做市商制度，并允许会员信托公司按照一定比例认购股权，以保证各信托公司积极参与该平台，使其真正成为一个全国性的市场化信托产品登记和交易平台，而不是一个行政主导的平台。

2. 允许中债登公司与上海信托登记中心良性竞争

信托登记的重点在于得到国家认可，起到国家公证的作用。要实现该目的，一是政府监管机构认可该系统，并赋予其权威的地位；二是该系统要具有广泛的市场认同性。从上述两个条件看，中债登所建立的登记平台具备特殊优势。中债登是专为我国固定收益类证券提供登记、托管和结算服务的国有独资金融机构。从监管认同性上看，中债登得到了财政部和人民银行的授权，且人民银行和财政部都是其股东。从市场认同性上看，截至 2013 年年底，中央结算公司登记托管的债券资产达 27 万亿元，登记的银行理财产品达 12.65 万亿元，登记的信托产品达 9.4 万亿元，是市场上最大的标准化和非标准化债权登记机构，并且已经登记大部分信托和类信托产品，可见中债登的信托登记系统已经构筑了良好的基础，并且有能力按照市场化的方式构建起独立运行的信托登记系统。而中国的市场经济实践也证明了，对于经营性的公用事业或基础设施，允许良性竞争比行政垄断效率更高。因此，建议监管部门同样授权中债登的信托产品登记许可，在做好信托产品标准化的基础上，鼓励中债登与上海信托登记中心良性竞争。

3. 通过市场选择建立商业信托登记制度

我国信托制度到目前仍未得以建立，除了政府指定配套制度不完善之外，前几年商业推动力相对不足也是重要原因。我国信托业的真正飞速发展，是随着房地产业调控而出现的。在信托业飞速发展的前几年，信托产品收益率高，存在事实上的刚性兑付，同时信托产品总量相对于金融总量较小，因此无论是从安全性还是从流动性角度，信托产品的全国统一登记都不够迫切。但是随着信托行业资产规模突破 16 万亿元，部分信托产品随着经济形势变化开始出现违约，而资产管理牌照放开又使得信托行业的资金大量流向券商资管、基金子公司等部门，信托产品的安全性和流动性问题开始得到全行业关注，无论是信托客户还是信托公司都对信托统一登记产生了商业需求。

在强烈的商业需求推动下，通过市场选择建立商业信托登记制度也是可行路径。商业性信托登记系统可以由具备行业领导地位的信托公司单独或联合组建，可以由地方政府的产权交易平台（如北京金融产权交易所）组建，甚至可以由新兴的互联网企业（如阿里巴巴）组建。只要这些商业性信托登记系统能够满足信托公司和金融信托产品投资人的市场需求，司法机关就在《信托法》框架内认可其登记的有效性。这种市场化方式不需要花费监管部门任何成本，而且通过市场竞争、优胜劣汰的方式，可以最大化地满足市场需求，避免监管部门自上而下推广可能会产生的对市场需求的偏离和行政垄断。而市场化的方式，在相关领域也有类似参照，比如我国上市公司的信息披露，上市公司可以在监管部门认可的 8 家报刊、3 大网站等多个渠道进行信息披露。因此，通过市场选择建立商业性信托登记制度，是一种最贴近市场需求的信托登记制度建设方案（见表 10-1）。

表 10-1　我国三种信托登记制度优劣比较

备选方案	制度权威性	制度成本	市场接受度	参照体系	构建方式
银监会、信托业协会与上海登记中心合建	高	中低	高	交易所登记交易体系	自上而下
中债登组建	高	中低	较高	固定收益证券登记系统	自上而下
商业化系统经过市场筛选	较低	无（市场承担）	通过市场竞争	证券信息披露系统	自下而上

二、保障信托投资者或消费者利益的行业规范

（一）金融投资者或消费者保护是国际发展趋势

西方国家资本市场是伴随着对投资者保护逐渐发展起来的。以西方资本市场的标杆美国为例，在 20 世纪初期，美国证券市场充斥着内幕交易和股价操纵，罗斯福新政经过长达 8 年的立法努力，建立了《1933 年证券法》、《1934 年证券交易法》，构建起了禁止内幕交易的法律框架。1968~1970 年，美国证券经纪商大批并购、倒闭，给投资者造成了巨大损失，证券投资者保护公司和投资者保护基金应运而生。20 世纪 80 年代，针对内部交易仍然广泛存在的现象，美国连续制定《1984 年内幕交易制裁法》和《1988 年内幕交易与证券欺诈执行法》，加大内幕交易惩罚力度。1999 年，《金融服务现代化法》将金融活动中的个体（个人和家庭）统称为金融消费者，将金融（个体）投资者纳入消费者范畴。2008 年，次贷危机后，欧美发达国家开始转向范围更广泛的金融消费者保护。2010 年美国正式通过《多德—弗兰克华尔街改革与消费者保护法》，将金融消费者保护列为金融监管的核心，并设立新的消费者金融保护局，赋予其超越监管机构的权力，全面保护消费者合法权益。

（二）信托投资者或消费者保护是我国现实需求

在国际金融发展趋势的影响下，我国的金融投资者或消费者保护也日渐完善。对证券投资者的保护是我国金融投资者保护的主要组成部分。1994 年之前，我国对证券投资者保护的条款大都散落在国务院各部委制定的一些条例中。1994 年，《公司法》将投资者保护纳入法律层面，确定了以信息披露为核心的保护投资者理念。1998 年，《证券法》开始构建投资者保护法律体系。2002 年法院开始受理证券投资者的民事索赔。2005 年 8 月，中国证券投资者保护基金有限责任公司正式成立。2006 年之后，修订后的《证券法》和《公司法》在信息披露、诉讼、提案权、独立董事等方面进一步加强了证券投资者保护。同时我国证券市场投资者教育和投资者保护基金等工作也走在我国金融投资者或消费者保护前列。2000 年，我国开始启动证券投资者教育，由证券监管部门和交易所自上而下强行导入。2004 年，国务院《关于推进资本市场改革开放和稳定发展的若干意见》提出"充分保护中小投资者权益"，投资者教育开始常态化，证券市场金融机构和投资者开始积极参与到投资者教育之中。

我国银行和保险消费者权益保护也已开始起步。在 2008 年次贷危机之前，我国以国有资本为主的垄断特征相对明显的银行业和保险业并不注重消费者保护，《商业银行法》、《保险法》也未对消费者保护做出非常明确的规定。在保险领域，2011 年 10 月，保监会成立保险消费者权益保护局，正式将保险消费者权益纳入监管框架。2012 年 1 月，保监会开始推广保险消费者教育，并印发《关于做好保险消费者权益保护工作的通知》。2012 年 4 月 26 日，保监会开通"12378 保险消费者投诉维权热线"。在银行领域，2003 年《商业银行法》和 2006 年《银行业监督管理法》都提到"保护存款人和其他客户的合法权益"，没有提到消费者概念，但部分行业性法规对银行消费者保护做出了规定，如《商业银行金融创新指引》提出了"金融消费者"概念；《商业银行个人理财业务管理暂行办法》提出了消费者基本权利保护的具体条款；《电子银行业务管理办法》要求银行充分揭示业务风险等。2013 年 8 月，银监会颁布《银行业消费者权益保护工作指引》，这是我国首个针对金融消费者权益保护的行业法规。2014 年，我国《消费者权益保护法》首次将金融消费者纳入消费者范畴，提出"提供证券、保险、银行等金融服务的经营者，应当向消费者提供经营地址、联系方式、商品或者服务的数量和质量、价款或者费用、履行期限和方式、安全注意事项和风险警示、售后服务、民事责任等信息"。但总体来看，我国金融消费或投资者保护工作还没有得到金融消费者认可，即使在开展最早、覆盖最全面的证券投资者保护领域，其满意度也较低（如图 10-1 所示）。

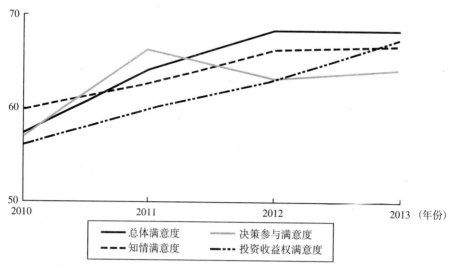

图 10-1　2010~2013 年中国上市公司投资者保护满意度指数得分趋势
资料来源：中国证券投资者保护基金有限责任公司：《中国上市公司投资者保护状况评价报告》。

　　我国信托投资者或消费者保护相比其他金融部门相对落后。在投资者教育方面，2012 年 10 月，由银监会非银部指导、信托业协会主办的准官方性信托投资者教育才开始起步，而此时我国信托业资产总规模已经高达 7.5 万亿元，而同年基金业管理资产总规模为 3.6 万亿元，证券业资产管理规模为 1.9 万亿元。在我国，信托行业作为一个新兴的金融部门，其社会认知度较银行、证券和保险要低很多，全行业从上到下对投资者教育的投入都相对不足，其快速发展过程中又多借助银行、证券、第三方理财等通道，导致信托业在前期发展中投资者教育缺失，大量直接和间接购买了信托产品的投资者将信托产品看作高收益的无风险金融产品，为信托全行业的刚性兑付埋下隐患。在行业赔偿准备金方面，信托赔偿准备金缺乏可操作性。我国 2002 年开始实施的《金融企业会计制度》就要求信托公司按净利润比例提取信托赔偿准备金，人民银行指定的《信托投资公司管理办法》规定"信托投资公司每年应当从税后利润提取 5%，作为信托赔偿准备金，但该赔偿准备金累计总额达到公司注册资本的 20% 时，可不再提取"。截至 2013

年年底，信托业协会公布的全行业信托赔偿准备金已达 90.6 亿元，但由于配套制度的缺失，目前未有任何一家信托公司使用信托赔偿准备金的记录，信托行业发生的风险事件一般由信托公司依靠自有资金补足。在信息披露方面，信托行业信息披露侧重于公司层面，产品层面有所不足。2005 年，银监会就制定了《信托投资公司信息披露管理暂行办法》。2008 年，中国信托业协会研究表明，我国信托公司信息披露不规范，50 家披露年报的公司分别执行三个版本的会计准则，其中 11 家执行 2006 年颁布的《企业会计准则》，30 家执行 2001 年颁布的《金融企业会计制度》，9 家只披露执行《金融企业会计制度》，但是未注明制度的版本。2009 年，银监会专门出台《关于修订信托公司年报披露格式规范信息披露有关问题的通知》，在公司层面对信托公司信息披露做出了进一步规范，但在产品层面，我国信托公司对信托产品投资者的信息披露仍然严重不足，多数违约信托产品的投资者在产品到期时才得到不能兑付的通知。

（三）我国信托投资者或消费者保护的制度框架

1. 强力推行信托投资者教育

信托投资者教育应当自上而下全面推行，保证教育的强度、广度和深度。在监管层面，信托投资者教育关系到整个信托行业长远健康发展，因此银监会应负责起投资者教育指导、监管的工作，组织大型投资者教育活动，制定投资者教育行业规范和评估体系等工作，从顶层设计上保证信托投资者教育的强度。在行业协会层面，信托业协会主要负责信托投资者教育的"公共地"部分。由于信托投资者教育具有市场外部性，而单个信托公司是追求利润最大化的市场主体，因此在投资者教育的重要组成部分——信托行业宣传和信托基础知识普及领域，往往存在"搭便车"行为，通过行业协会进行信托行业宣传和信托知识普及，可以避免信托投资者教育出现"公共地的悲剧"。具体而言，信托行业协会主要负责信托业对外公共宣传（如电视广告、报纸专栏）、信托行业峰会筹办、信托出版物发行（如公共知识读本、信托理财期刊）、与高校合作设立专业课程等。信托行业协会可以在行业层面保证信托投资者教育的广度。在信托公司层面，信托公司主要围绕公司和产品对投资者展开教育，围绕公司的教育主要包括公司形象宣传、与金融合作伙伴联合宣传、理财团队宣传等，围绕产品的教育主要包括各类信托产品的宣讲、信托关系的详细法律解释、信托投资风险明示等。信托公司的投资者教育可以通过信息推送、定向讲座、客户联谊、客户调查问卷等更具针对性的形式，在公司层面保证信托投资者教育的深度。

信托投资者教育应当"网上网下、被动主动"全方位推行，与时俱进提高教育效率。现代社会信息化不断发展，移动终端普及率持续提高，信息分类检索的日益精确化，使得信托投资者教育成本降低的同时效率大幅提高。比如，同样是信托基础教育，以前面对面授课的方式可以被现在网络公开课所取代；同样是信托产品介绍，邮寄纸质印刷品的方式可以被电子邮件发送所替代；同样是理财产品信息提供，以前大量信息集中发送的方式可以被大数据分析和客户订阅后的信息定向推送所取代。因此信托投资者教育应当采取"网上网下"相结合，信息被动检索和信息主动推送相结合的方式展开。"网上网下"相结合，是指信托公司在与新客户早期接触阶段，尽量通过与客户面对面交流的方式，为客户提供专家级咨询，提高客户对公司的信任度，而客户与公司建立合作关系后，则尽可能通过现代信息网络为客户提供信息或咨询，既可以为客户提供方便，又能降低公司运营成本，同时还要通过定期的客户联谊活动维系客户忠诚度。信息被动检索和信息主动推送相结合，是指保证信托公司网络上的信息能够真正有效为客户所用。在信息检索方面，许多公司和政府网站实际上都积累了大量有效信息，但其网站不提供检索或检索效果很差，从而导致了网站信息得不到有效利用，因此信托公司建立网站，不但要注意网站信息的丰富度，更要在网站内部提供有效的搜索引擎，并配备专业化的客户服务人员（可以与公司电话客服共享资源）。在信息推送方面，信托公司应当将公司信息分类化，依据自有的客户资料数据库、客户调查问卷数据，结合大数据分析，向客户定向推送精选的、有价值的信息，而不是对客户进行信息轰炸。信托公司可以通过开发专有手机 APP、微博平台、微信公众号等方式建立分类信息推送系统，并通过有条件赠送智能手机终端方式吸引客户检索公司产品信息，接收公司信息推送。

信托投资者教育应当从收益和风险两方面进行，增强客户风险意识。在信托行业发展的"黄金十年"中，信托公司从事业务所进行的消费者教育往往重收益轻风险，甚至有意回避风险。在行业发展初期，这种模式确实会给信托公司带来更多数量的客户。但是当信托行业发展到 16 万亿元水平之后，在行业发展速度放缓和经济增长速度放缓的共同作用下，长期形成的刚性兑付致使整个信托行业积累了巨大风险。从风险和收益两方面进行投资者教育，既符合未来信托行业的监管要求，也符合信托公司的长期利益。在监管要求方面，银监会已经对信托行业风险给予了足够重视，未来监管框架中会增加投资者风险教育要求。在信托公司自身利益方面，信托公司加强风险教育虽然短期内可能"吓跑"一部分客户，但会筛选出理性投资的长期客户，为未来信托公司全面转型打下良好基础。

2. 提高信托赔偿准备金使用效率

首先，在制度上给信托赔偿准备金"松绑"。我国近 100 亿元信托赔偿准备金长期留存在信托公司账户中低效使用（存放银行或购买高信用等级债券），其根本原因是现有制度"捆绑"了信托赔偿准备金的使用。按照《金融企业会计制度》规定，信托公司的赔偿准备金只能用于弥补亏损，具体而言，"从事信托业务时，使受益人或公司受到损失的，属于信托公司违反信托目的、违背管理职责、管理信托事务不当造成信托资产损失的，以信托赔偿准备金赔偿"。因此，信托公司的信托赔偿准备金要基于信托公司"有过错"才能使用，而这种"过错"不但会影响到信托公司的市场声誉，还可能会影响到监管部门对信托公司的评级，潜在成本很高，因此信托公司出现兑付危机时宁愿以自有资本垫付，也不愿意动用信托赔偿准备金。事实上，信托公司作为金融企业，同其他金融企业一样，总是会面临市场风险和信用风险，信托产品偶尔出现兑付危机并不等同于信托公司存在"过错"，因此建议监管部门在制度上对信托赔偿准备金予以"松绑"，将信托赔偿准备金更名为"信托兑付准备金"，允许信托公司在"无过错"情况下，动用信托赔偿准备金应对市场风险和信用风险导致的兑付危机。

其次，在细则上给信托兑付准备金"指路"。在制度上"松绑"之后，监管部门可以联合代表性信托公司着手实施信托兑付准备金使用细则。近几年来，随着整体市场环境的变化，信托公司兑付危机时有发生，中信信托、平安信托、中融信托、中诚信托等排名靠前的信托公司都曾经出现过信托产品到期不能及时兑付的案例。由监管部门联合代表性的信托公司，在实践中探索我国信托兑付准备金的使用细则，并逐渐将其制度化形成使用规范，最终为全行业信托兑付准备金的使用"指路"，将是我国完善信托兑付准备金比较可行的路径。

最后，在监管层面形成信托准备金双层保障。由于我国信托业资金在周期性较强的房地产业、基础设施建设领域配置较多，随着宏观经济形势变化，信托行业可能会出现系统性风险，未来可能会出现信托公司重组或信托公司需要流动性救助现象，因此在"防风险"的监管指导思想下，我国信托行业可以建立"公司兑付准备金+行业保障基金"的双层保障机制。在公司层面，按照原有计提方式，以信托公司注册资本为基准提取信托兑付准备金，并允许信托公司相对灵活运用该部分资金。在行业层面，由银监会发起信托行业保障基金，以信托资产规模为主要基准，适当向中小信托公司倾斜，同时参考信托公司评级的综合指标，并强制信托公司认购。信托行业保障基金可以进行低风险投资，其使用需要全体信托公司按认购比例表决通过。

3. 完善信息披露制度

将信息披露由公司层面深化至产品层面。随着监管层对信托公司财务报表的不断规范，我国信托业公司层面的信息披露已经比较完善，但信托产品层面的信息披露仍相对不足。信托产品层面的信息披露，是指信托公司对于投资于信托产品的投资者所做的定向信息披露。由于我国信托产品不能公募，因此信托产品也不需要对非投资者进行详细的信息披露，但是对于投资于具体信托产品的投资者，信托公司应当基于"善良管理义务"进行详尽的信息披露，尤其是在信托财产出现重大交易、信托产品可能出现兑付危机等事件发生时，应当及时通知信托投资者。从我国现有的信托产品兑付危机来看，大多数出现兑付危机的信托产品都存在信息披露不足的问题（如中诚信托的"诚至金开2号"延期兑付事件、"新华信托·上海录润置业股权投资集合资金信托计划"出现潜在兑付危机事件）。建议监管部门在未来进一步细化信托公司的产品信息披露制度，建立信托产品信息披露指引，引导信托公司借鉴银行贷款分类制度建立起统一的信托产品内部分类制度，在信托财产出现风险事件时及时向信托投资者进行信息披露。

采取"统一平台披露+定向披露"相结合的方式进行分层信息披露。在信托行业资产超越16万亿元规模之后，无论是从信托监管角度还是从信托产品流通角度，建立全国统一的信托登记平台已经不可避免。但是信托产品的"私募"性质决定其无须向社会公众进行详细的信息披露，因此监管部门在构建统一的信托登记平台时，应考虑到信托产品信息披露的特殊性，搭建"平台披露+定向披露"的信息披露模式。对于信托产品的基本信息，可以在信托登记平台进行统一披露；对于信托产品特定信息，则通过信托投资者密码登录方式获得，或通过信托公司定向推送信息方式获得。同时为了推动信托产品的可流动性，监管部门还可以将信托产品信息披露与信托产品可转让性挂钩，探索信托产品"公募"的可行性，推动直接金融市场的发展。

三、推动金融信托发展的产品标准化

（一）标准化是金融信托突破性发展的必要条件

1. 标准化是建立信托产品二级市场的前提

信托产品二级市场是信托业的金融突破口。信托行业的第一次突破性发展来源于制度红利下资管业务的突破，而随着资管业务的全面放开，银行理财、券商资管、基金子公司、保险资管都纷纷加入该市场竞争，缺少了制度红利的信托行业不但要寻找业务突破口，更要寻找金融突破口，信托产品二级市场就是信托行业的金融突破口。而二级市场的建立，产品标准化是前提条件。分析全球金融市场上主要的金融产品，比如股票、债券、基金、期货期权等，凡是需要面对个人投资者和机构投资者的金融产品，无一不是标准化的产品，无一不具备二级可流通市场，即使银行贷款也是高度标准化的，并通过资产证券化间接实现了可流通。

信托行业的第一次突破性发展，事实上也得益于"标准化"。2002 年，人民银行制定了《信托投资公司资金信托管理暂行办法》，对信托合同、信托起始投资额等重要方面做出了标准化规范。2007 年、2008 年银监会制定并完善了《信托公司集合资金信托计划管理办法》，在信托计划成立、合格投资者、信托文件等方面对信托产品标准化做出了更加详细的规范。虽然大部分信托公司集合资金信托业务比例小于单一资金信托，但上述标准化对所有资金信托业务都产生了积极影响，单一资金信托在很多方面也遵从《信托公司集合资金信托计划管理办法》进行了标准化。因此可以说制度层面的标准化为之后信托行业的跨越式发展奠定了基础。

2. 标准化便于信托产品吸引投资者

由于信托产品具备私募性质，信托计划往往不能简单复制，因此信托产品往往是非标准化的，这就导致了信托产品前后不连续，难以提供系列化信托产品，难以形成品牌效应。对于投资者而言，这些产品投资方式、投资风险、投资收益率各异，很难利用以前投资信托产品的经验进行前后比较，每购买一次信托产品，都需要做出一次系统的投资决策。近几年来，很多信托公司已经开始打造品牌化、系列化的信托产品，比如云南国际信托的融资宝系列证券投资集合信托已经发行 103 期，中信信托的富玉系列资产收益权投资信托已经发行 49 期，但总体来看，我国信托公司信托产品的标准化尚处于起步阶段。

3. 标准化便于信托公司提高管理效率

信托公司信托产品的研发，应当用"标准化"与"定制化"两条腿走路。定制化是针对事物信托，尽可能围绕客户满足客户需求；标准化则是针对金融信托，尽可能明确产品的流程和责任，提高运作效率，降低产品成本。信托公司业务与银行存贷款业务虽然存在直接金融与间接金融之分，但形式上却比较类似。银行吸收客户存款并发放贷款，存贷款息差是其重要利润来源，而信托公司是获取客户资金并将其用于各种投资，投资收益与客户收益之差是信托公司重要的利润来源。随着信托公司之间、信托公司与其他资产管理公司之间竞争加剧，信托公司投资收益与客户收益之间的差额也已经出现大幅下降，比如通道费率在竞争激烈的阶段就从 1.5% 下降至 1% 以下。在这种情况下，建立标准化的信托产品管理体系、提高管理效率、降低信托产品成本成为信托公司的转型方向之一。

4. 产品标准化便于提高监管效率

"控风险"是当前信托行业监管的主要指导思想，信托产品的标准化有利于监管当局提高监管效率，有效控制信托行业风险。2013 年，我国存款性公司人民币总资产高达 150 万亿元，各项人民币贷款余额超过 70 万亿元，不良贷款余额达 5900 亿元，但监管部门仍然有信心控制总体风险。但对于规模 16 万亿元左右的信托行业，2013 年以来，监管当局已经多次提示、预警风险，其中一个重要的原因就是信托产品标准化程度低，监管部门对于信托行业总体风险缺乏很好的掌控。通过将信托产品标准化，监管当局可以提高监管效率，更有效地掌控信托业风险。而监管效率的提升，反过来也减少了监管当局"一刀切"从严从重监管信托业的可能性，更有利于行业发展。

（二）金融信托产品标准化的两大方向

1. 利用标准化为创新型信托产品"开路"

银监会 99 号文中提出，推动我国信托业转型的 6 大业务，其中有 3 大类业务需要监管层自上而下利用标准化进行推广，即债券型信托直接融资工具、资产证券化和公益信托业务。债权型信托直接融资工具是银监会提出的新型信托产品，尚处于探索阶段，银监会尚未给出明确的操作指引。该类型金融产品首先在银行理财领域提出，即"银行理财直接融资工具"。但银行理财直接融资工具试点也不足1年时间，目前并未出台相应的管理办法和操作指引。越早出台该业务的指引，就能越快推动信托业的新业务开展。资产证券化业务在中国试点已经长达十余年，但由于受制于中国的金融环境和金融改革进程，目前资产证券化仍处于扩大试点阶段。从已有的资产证券化实践来看，人民银行、银监会和证监会都涉足于资产证券化监管，但任何一个部门都不能将资产证券化整个链条纳入自身监管。能够最早将资产证券化标准化，并使其成为市场主流标准的监管部门，将使其最有希望成为资产证券化的主要监管者。其中银监会监管涉及两个重要环节：基础资产来源和SPV，但缺乏第三个重要环节——交易市场。因此建议银监会对内积极推进资产证券化标准，尤其是积极推进信贷资产"破产隔离"功能的实现；对外积极同其他监管部门合作，打通交易市场渠道。公益信托对于我国公益事业的发展有着重要的意义，但是由于缺乏标准化的操作指引，我国目前市场的公益信托大部分是带有一定公益性质的资金信托。从我国现状来看，我国总体上并非缺乏公益资金，而是缺乏推动公益资金更好运用的"公信力"。而信托的资产隔离职能就是市场急需的公信力。尽快制定信托公司开展公益信托的标准化操作框架，利用市场化方式推进公益信托的发展，才能更好地推动我国公益事业的发展。

2. 推动资产管理业务进行标准化"改造"

对现有业务的标准化工作，目的在于信托产品风险的统一计量和实现信托产品二级市场流通。对于金融监管部门，其职责最终可以简化为实现两大目标：金融资源配置优化和防止市场外部性。资源配置优化是指监管有利于或至少不过多限制金融服务于实体经济，促进信托产品二级市场流通即是通过市场优化金融资源配置；防止外部性是指防止金融市场出现系统性风险，而推广风险计量的标准化是防止系统性风险的重要组成部分。信托公司资产管理业务是信托的本业之一，在未来仍然有巨大的发展空间。但是由于这些业务都是近几年快速发展起来的，其标准化程度不足。监管部门对信托行业现有业务进行标准化改造，一方面有利于实现自身监管职能，另一方面也有利于信托行业规范发展，避免野蛮生长。

推动资产管理业务进行标准化改造，还将为整个资产管理行业发展奠定坚实基础。随着我国金融管制的放松，由信托到银行理财，再到券商资管、基金子公司、保险资管，绝大部分主流金融企业都具备了资产管理牌照。不管是哪家金融机构的资产管理业务，其本质都是"代人理财"，都是一种信托或准信托业务。但由于不同监管部门的监管理念和风格不同，不同金融机构提供的资产管理业务受到的监管差异较大。银监会监管领域的信托和银行理财目前是资产管理业务的主要部分，在银行和信托领域推动资产管理业务的标准化，建立资产管理业务统一的监管框架，可以为整个资产管理行业发展奠定基础，而"银监会版"的资产管理框架，也很有希望成为整个资产管理行业的模板。

（三）金融信托产品标准化的框架

1. 产品代码标准化

金融产品代码标准化是信息时代重要的金融基础设施，既可以方便金融投资者（消费者）识别金融产品，方便金融企业管理金融产品，又可以方便金融监管机构对整个行业进行有效统一监管。从长远看，金融产品代码标准化也是建立金融二级市场的前提。目前我国银监会已经在信托行业推广统一的信托产品代码，未来应当进一步将银行理财和信托产品纳入统一的产品代码体系，并使产品代码可用于二级市场交易。

2. 产品合约标准化

产品合约的标准化是信托产品标准化的核心。信托产品合约标准化工作起步于集合资金信托计划的出现，随着不断出现的监管法规逐步完善。但由于信托监管层的目的在于防范风险，对风险计量之外的标准化部分推广并不积极，因此产品合约标准化程度仍然较低。由于信托产品合约的差异性较大，因此其标准化与信托产品代码标准化不同，不应采取"一刀切"的方式，而是采取关键要素"多项选择"式的标准化，在内容上集中于合约金额、付息方式、转让方式、信息披露格式、产品兑付方式，违约处置流程；在方式上通过行业指引的方式发布。

3. 产品管理标准化

产品管理标准化是指全行业采用相似的产品信息管理系统，这种相似体现在：对于购买信托产品的客户，其面对的信托公司软件主要模块是相似的，不需要再花费大量时间去了解基本模块的使用；对于信托监管部门，其监管的信托公司所使用的产品管理基本模块是类似的，在行业内部具备可比性；对于不同的信托公司，其面对的其他公司所使用的基本模块是类似的，便于信托产品的流转和相互投资。由于产品管理涉及企业的管理效率和竞争优势，因此信托行业产品管理系统的标准化是基本模块和主要接口的标准化，企业可以在此基础上增加自有的特色模块。

4. 产品风险计量的标准化

我国信托行业的风险管理水平目前还相对落后，产品风险计量的标准化有助于提高行业风险管理能力。银行业有自身数据支撑的信用风险管理模型，证券基金业有证券市场公开数据支撑的市场风险管理模型，保险行业自从起步开始就以风险管理能力为其核心竞争力，但我国信托行业的风险管理，目前仍依赖于抵押和担保（包括以信托公司自身信用担保）两种基本形式，这两种形式都注重风险的事后处理，并不注重风险的事前识别和事中管理。在信托行业推广产品风险计量的标准化，重点在于建立相对统一的全程风险管理体系，包括尽职调查中的风险识别、信托产品存续期间的风险管理、信托产品风险爆发后的风险处置。由于风险管理与企业的核心竞争力相关，因此风险管理的标准化不意味着全行业使用同一套风险管理系统或模型，而是在风险管理重要的环节中进行必要的统一，比如在尽职调查中对于融资方的财务指标做出限制，在风险管理中要求信托公司对信托财产进行风险分类（限于债权类信托），对抵押、质押财产做出限定，对担保方做出财务指标限制等。

5. 产品交易标准化

构建二级市场并能够对接资本市场是信托产品的最终发展方向，也有助于信托业服务于实体经济。近几年来，银监会、信托业协会和中债登已经为信托产品交易做了诸多努力，全国统一的登记平台已经基本成型，产品标准化工作也在逐步开展，但现有工作离信托产品或受益权二级市场转让还有很大距离。后续的产品交易标准化建议分三步走：第一步是在各个信托登记平台内部和信托登记平台之间实现信托产品或受益权可转让，由于目前北京、上海、深圳等多地都在筹建信托登记平台，监管部门和行业协会应在允许竞争的前提下规范统一的交易框架，避免各登记平台相互不兼容，最终导致信托二级市场演变为分割的交易市场；第二步是推动整个信托产品或受益权二级市场与资本市场对接，将信托账户与资本市场账户对接，使得资金能够在资本市场和信托二级市场无壁垒流动；第三步是探索信托产品的无纸化交易，借鉴央行的电子商业汇票系统，使信托行业在从合约签订，到电子签名、背书转让各个环节都实现无纸化交易，提高信托产品或受益权二级市场的运作效率。

四、推动信托责任的公益信托运作规范

（一）发展公益信托可以实现信托业与慈善业双赢

1. 慈善行业需要市场化慈善力量

我国的慈善事业已经取得长足进步。根据民政部数据统计，我国 2004 年慈善机构获得社会捐助仅 50 亿元，占 GDP 的比重为 0.05%，但近几年快速增长，2012 年中国慈善机构获得社会捐助 817 亿元，占 GDP 的比重从 2004 年的 0.05% 提高到 2012 年的 0.16%（如图 10-2 所示）。

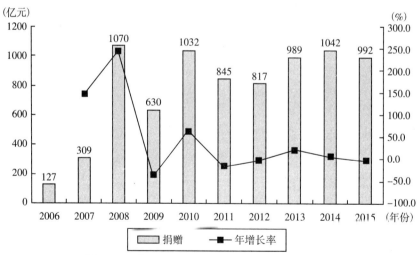

图 10-2 我国 2006~2012 年慈善机构获捐赠情况

我国慈善事业面临发展瓶颈。近几年来，我国社会民众对慈善机构产生信任危机，慈善事业开始面临发展瓶颈。从数额上看，2011 年、2012 年连续两年捐赠数额下降，受"郭美美"事件的影响，2012 年红十字会接收社会捐赠约 21.88 亿元，占 GDP 的比重为 2.68%，同比减少了 23.68%。从比例上看，我国社会捐助比例仍然远低于欧美发达国家，比如美国社会捐助占 GDP 比重达 2.2%，欧洲和加拿大等国该比例也达 0.8% 左右。慈善事业的发展瓶颈，在很大程度上源于慈善组织偏重于行政性，缺乏市场化力量的参与。由于过于偏重于行政性，慈善组织将主要精力放在组织动员捐款上，对所募集的资源进行垄断性分配，忽略了在"慈善责任"上投入精力。因此中国慈善事业发展几十年，"希望工程"这种民众了解的慈善品牌非常少见，这也导致了我国慈善组织公信力的逐渐缺失。《2014 年中国慈善透明报告》显示，民众对我国公益组织信息披露工作满意度2012 年仅为 9%，2013 年为 20%，2014 年为 28%，虽然呈现不断上升态势，但同时也反映了我国民众对于当前行政主导的慈善组织"整体不信任"。

市场化慈善力量有助于我国慈善事业实现新突破。西方发达国家慈善事业之所以有现在的规模，一个重要的原因是其有大量公益基金、公益信托等市场化慈善力量。这些市场化慈善力量由于缺乏行政资源，因此更多依赖其"慈善责任"建立起公信力，其财务制度往往更加透明，其慈善资源利用也更多考虑捐款人意愿。在我国行政化慈善面临公信力危机的情况下，市场化慈善力量为我国慈善事业发展提供了另一种通道。比如 2010 年才正式注册成立的"壹基金"，在 2013年募捐总额已高达 5.2 亿元人民币，超过了成立 20 余年的"中国青少年发展基金会"、"中国扶贫基金会"、"中国妇女发展基金会"等具有行政背景的老牌基金会。

2. 信托公司可以利用公益信托提升品牌影响

公益信托可以成为重要的市场化慈善力量。从可行性方面看，在我国成立公益信托比成立公益基金会更加方便。我国普通民众成立公募基金会不但有不低于800 万元人民币的原始基金要求，还需要有行政性"业务主管单位"，并且需要经过民政部严格审批，而成立公益信托要求较低，不受集合资金信托 100 万元认购标准限制，也不受信托产品不得公开募集资金的限制。从运作效率上看，公益信托可以运用信托财产的独立性对公益资金进行"风险隔离"，由信托公司按照信托目的进行独立运营，不但普通捐助者可以使用，准备成立公益基金的大额捐助者也可以成立自己担任监察人的公益信托，节省运作公益基金的大量精力用于募集资金和行使慈善计划。李连杰发起的"壹基金"，李亚鹏、王菲发起的"嫣然天使基金"都曾因基金会运作而遭受大量质疑，采用公益信托将捐助资金进行"风险隔离"则显然不会出现这类现象。

信托公司也可以利用公益信托实现其社会责任，提升品牌影响力。信托作为我国"非主流"金融企业，整个行业的社会认知度较低，大部分社会公众都有与银行、证券公司和保险公司进行交易的经历，但真正与信托公司有过交易经历的投资者却比较少，甚至很多购买了信托产品的投资者都是通过第三方机构与信托公司签订合同。而公益事业和公益信托是信托公司提升品牌影响力的良好途径。信托公司从事公益信托可以公开招募，直接在公众媒体上增加了信托公司影响力。公益信托受众面广，利用公益信托资金进行慈善救助时往往会有公共媒体对其进行宣传报道，直接增加信托公司的美誉度。同时信托公司从事公益信托也为其财务报表中"社会责任"增加砝码。信托业协会发布的《中国信托业 2013 年度社会责任报告》中，"开展公益信托及类公益信托项目 39 个，涉及总金额达 129.17 亿元"是信托业社会责任中分量最重的部分。

（二）公益信托的发展方向之一：准公益信托

慈善事业缺乏的是信托制度而非信托捐助，信托行业对于慈善事业的制度价值远大于其直接捐赠金额。2013 年我国社会捐助总额超过 800 亿元，其中信托业社会公益捐赠 1.21 亿元，人均捐助达到 8400 元，远远高于 2012 年全国人均社会捐助 60 元的水平。但从总量上看，信托行业提供的社会捐助仅占全国社会捐助的 0.15%，而信托行业能提供的信托制度，则远大于其直接提供的社会捐助。通过信托财产的"风险隔离"机制，为社会开辟行政慈善之外的另一条市场化慈善通道，通过信托制度重塑慈善行业的公信力，可以为我国慈善事业发展提供巨大的空间。

完全的公益信托目前难以实现。我国从立法部门到行政监管部门都积极支持公益信托的发展，但公益信托的发展却非常缓慢。2001 年颁布的《信托法》中就单列一章"公益信托"，鼓励信托公司从事公益信托，银监会也在汶川地震、雅安地震等重大自然灾害后发出鼓励信托公司建立公益信托的通知和倡议，但到目前为止，我国成功设立的公益信托只有长安信托专门推出"5·12 抗震救灾公益信托计划"。出现这种情况的原因在于，我国对于公益信托在信托目的、资金运用、行政审批等方面要求过于严格。《信托法》为公益信托制定了"为公共利益目的设立、经公益事业管理机构批准、信托财产及其收益不得用于非公益目的、设置信托监察人"四大要件，而要真正满足这四大要件，需要委托人完全无条件捐助，受托人无条件义务提供信托服务，监察人无条件义务提供监察，并且要得到民政部门的全力支持。目前国内公益信托大都不满足上述条件，比如雅安地震之后，中国信托业协会牵头全体信托公司参与的一项公益信托计划，经过一年多筹备与沟通，最终还是未能通过民政部审批。

准公益信托可以最大化发挥信托制度的价值。准公益信托是指信托公司在公益信托中与其他公益组织合作，前者负责提供"财产隔离"和信托财产运作，后者负责后期慈善行为，同时允许信托公司在从事公益信托时收取正常的信托报酬，或者允许信托公司以从事公益信托为条件获得税收减免。如前文所述，信托对于慈善行业的最大价值在于信托制度，而信托制度"垄断"在信托公司手中，同时我国信托公司又以批发性金融业务为主。在这种背景下，大部分信托公司缺乏从事公益信托的激励。设立一个公益信托产品，不但审批流程烦琐，而且成立之后需要为大量不确定的受益人提供服务。因此单纯从成本收益角度看，公益信托成本太高，大部分信托公司宁愿直接捐助资金，也不愿意发起设立公益信托，这就导致了信托制度在慈善事业中得不到充分利用。允许信托公司在准公益信托中合理收费，并将信托公司从繁杂的慈善救助工作中解放出来，交由公益组织的义工来完成这些工作，可以使信托业尽最大可能地为慈善事业输送"信托制度"，促进慈善事业的发展。

（三）公益信托的发展方向之二：自捐自办公益信托

自捐自办公益信托是信托公司发展公益信托的另一发展方向。据《中国信托业发展报告（2013~2014）》数据显示，2013 年我国信托行业社会公益捐赠 1.21 亿元，行业人均捐赠 8400 元（不包括员工私下捐赠），远远高于当年全社会人均公益捐赠 60 元的水平。但信托行业承担社会责任的捐赠并没有起到很好宣传效果。如果信托公司能够将其自身以及业务合作伙伴的公益捐赠用于设立公益信托，不但能够发挥自身的信托制度的优势助力慈善事业，而且能起到更好的宣传效果。

2014 年，湖南信托发行的湖南省内首只纯公益信托，为信托公司自捐自办公益信托提供了"操作模板"。2014 年 9 月 26 日，湖南省卫生和计划生育委员会和湖南省信托有限责任公司在长沙共同主办的"湘信·善达农村医疗援助公益信托计划"发行推介会，向社会公开推介该款以"援助湖南省武陵山片区、罗霄山脉等贫困地区农村医疗卫生建设"为公益目的的信托计划。该信托计划由湖南省政府授权湖南省卫计委审批和监管，信托计划期限为 5 年，计划募集资金不低于

1000 万元人民币，且全部为委托人无偿捐款（其中湖南信托捐款 500 万元），社会机构及个人可在湖南信托财富管理中心营销网点进行认购捐赠。募集资金将用于建设 4~5 个乡镇卫生院以及部分村卫生室。该公益信托由湖南信托作为受托人，天职国际会计师事务所湖南分所作为信托监察人进行监察和审计，中国建设银行湖南省分行作为信托资金保管银行对信托资金进行保管，三方均不收取费用。满足了公益信托"为公共利益目的设立、经公益事业管理机构批准、信托财产及其收益不得用于非公益目的、设置信托监察人"四大要件，成为信托公司自捐自办公益信托的"操作模板"。

（四）监管部门推动公益信托发展的建议

1. 银监会应在不同监管主体间发挥协调作用

银监会是公益信托中"信托"的监管部门，是公益信托的主要推动者。近几年，银监会不但以下发通知、组织协调等方式在信托业推广公益信托，还能够积极修正信托领域阻碍公益信托发展的监管法规，比如对公益信托的委托人不再设定 100 万元的合格投资者门槛，并且核准了多项不能通过民政部审批的准公益信托。

民政部一般被认为是公益信托中"公益"的主管部门，对公益信托的审批极端谨慎。《信托法》明确要求公益信托成立要经过公益事业管理机构审批，否则不能以公益信托为名募集资金。由于监管理念的不同，民政部对公益信托的审批极端"谨慎"，由银监会倡导、信托业协会联合所有信托公司筹建的公益信托都难以获得民政部的审批。

税务部门是公益信托中"捐赠减税"的监管者，对捐赠减税的监管相对滞后。捐赠减税对于公益信托的发展具有巨大的潜在推动作用，西方国家公益事业的发达，很大程度上源于其税收优惠。我国公益性捐赠税收减免工作相对落后，大量企业捐赠和非营利性公益组织都难以获得税收减免。比如 2011 年曹德旺向"河仁慈善基金会"捐赠了价值 35.49 亿元人民币的股票，但"河仁慈善基金会"却需缴纳 5 亿多元的税款，经过有关部门特批才得到 5 年后缓缴的资格。据中国公益研究院统计，我国慈善组织能够获得所得税税收减免和公益性捐赠税前扣除资格的比例低于 10%。2008 年至 2013 年，仅有 157 家获得了公益性捐赠税前扣除资格。即使获得了该资格，其资格也往往难以全国通用，比如"壹基金"在深圳获得了公益性捐赠税前扣除资格，但其对北京某企业开立的捐赠收据却得不到北京税务部门认可。2013 年，十八届三中全会明确提出"完善慈善捐助减免税制度，支持慈善事业发挥扶贫济困积极作用"，慈善捐助减免税制度有望在近几年得到落实。

公益信托监管主体之间的协调，应当由银监会承担协调者。公益信托的核心问题是慈善捐助资金的透明化运作，而信托公司是慈善捐助资金运作的操盘者，因此，作为公益信托的监管者，银监会有责任和义务承担监管层面协调者的角色，而银监会对于公益信托力推的行为也表明其有意愿承担这一职能。在协调方式上，建议引入量化指标，采用类核准制的方式取代审批制度，提高审批效率，减少部门间摩擦。比如银监会与民政部门协调建立量化的公益信托审批标准，规定信托本金和收益 50% 以上明确用于《信托法》认可的公益目的时，即可使用"公益信托"名称；同时要求所有公益信托必须设立由有公信力慈善机构和捐助人代表组成的联合监察人制度。在我国慈善捐助减免税制度立法后，银监会可以与税收部门协调建立量化的税收减免标准，规定信托本金和收益 50% 以上明确用于《信托法》认可的公益目的时，捐助人才具备税收减免资格，税收减免比例随着信托资金用于公益的比例上升而上升，并以法律规定的最大减税比例为上限；信托公司义务从事公益信托达到一定资金总额时才可获得减免税收资格，税收减免比例随其所运作公益信托资金总额上升而上升，并以法律规定的最大减税比例为上限。

2. 协助信托公司建立业务层面"操作模板"

公益信托与我国信托公司目前从事的商业信托在信托目的、信托文件、信托财产运营、受益权分配等信托关键要素上存在着本质区别。商业信托的本质是在一定风险约束下为受益人获取最大化收益，公益信托本质则是在保证信托财产绝对安全的前提下最大化实现信托文件所规定的公益目的。我国绝大部分信托公司目前还缺乏公益信托的运作经验和业务人才，因此在公益信托发展初期，监管部门为信托公司建立公益信托的"操作模板"有很强的必要性。比如当前公益信托一般难以获得民政部门的审批，但事实上可以进行公益目的审批的并非只有民政部门。在《信托法》第六十条中，"发展医疗卫生事业"被明确列为公益目的，因而湖南信托向本地主管医疗卫生事业的行政部门湖南省卫生和计划生育委员会申请并获得了大力支持。以此为模板，信托公司设立公益信托可以向本省或全国主管该领域的部门寻求审批。

在公益信托操作模板的建立方式上，银监会和信托业协会已经付出过多次努力，并积累了一定的经验。建议未来仍采用银监会倡导，信托业协会组织与协调，鼓励信托公司参与的方式。信托业协会作为行业协会组织，可以组织信托行业专家建立起用于不同公益目的的操作模板，并代表信托行业与国内外著名公益组织合作，将其在公益领域的成功经验运用于公益信托实践并不断完善。而公益信托不断完善的过程也是为各信托公司培养公益信托专业人才的过程，公益信托的主要几类模板完善后，各信托公司也相应具备了独立开展公益信托的业务人才。

3. 协调搭建公益资源整合平台

公益事业的大规模发展，需要公益资源的有效整合，而现实社会中公益资源市场化整合存在着很大困难。比如高净值人士是公益事业资金的主要捐助者，但其往往有比较繁重的本职工作，对公益事业的时间投入较少；青少年、大学生，退休人员对公益事业有着较高的热情，可以投入较多时间做社会义工，但往往缺乏有效的组织者；而能够有效组织资金和人力资源的人，往往也是优秀的企业管理人才，起步阶段的民间公益组织很难聘请到优秀的企业管理人才。因此只有那些社会号召力强、有大量资金，并且愿意花费大量时间的娱乐、体育、商业明星才有可能建立起比较成功的公益组织。可见公益事业运作本质上是各类公益资源围绕"公信力"进行有效整合。具有行政背景的慈善组织本来是公益资源最适合的整合机构，但是由于我国慈善组织缺乏市场化竞争和市场化监督，行政赋予的"公信力"资源已经大幅缩减。而利用信托制度整合公益资源成为可行方向。

一方面，建议银监会积极协调整合行业内公益资源。银监会所监管的银行业和非银行业金融机构规模庞大，员工众多，也具备丰富的金融资源。比如2013年，银行业公益捐赠达10.3亿元，员工志愿者活动达230万小时。因此银监会所监管部门具备了其他行业所不具备的"资金＋人力资源＋信托制度"三方面优势，完全可以在行业构建起完整的公益资源平台。而借助公益信托的平台，将银行业的公益资源进行整合，也可以使银监会和银行业捐赠获得更多社会声誉回报。

另一方面，鼓励信托公司利用制度优势整合社会公益资源。信托制度是法律赋予信托公司的"公信力"资源。信托制度具备"信托财产独立性"的天然优势并经过法律认可，而且在西方国家长期实践中经受住了考验，因此只要民众理解了信托制度，自然就会对信托制度产生信任，唯一阻碍这种"信任"的是信托公司运作和公益信托信息披露的规范性。在银监会为信托公司"背书"的支持下，公益信托很容易得到社会认可，并发展成为公益资源的市场化整合平台（行政化整合平台则由行政化背景的公益慈善组织承担）。信托公司是平台的维护者，专注于实现"信托财产独立性"并在安全性前提下实现信托财产收益最大化。银监会、民政部、税务总局是公益信托的监管者，同时也为公益信托提供政策资源支持。信托公司的高净值客户，接受零散捐助的中小型公益组织，有能力单设公益信托的大型企业是平台的资金来源。半官方慈善组织和公共媒体既是公益信托的合作者，又和公益信托互为竞争互相监督，在潜在受益人信息获取和积累方面，半官方慈善组织和公共媒体可以帮助信托公司扩大信息来源，可以充当公益信托的信托监察人，同时这两者自身也是公益资源的整合者，有能力单独发起大规模公益行动，因此可以和公益信托互为竞争互相监督。社会义工、志愿者团体是公益信托的人力资源支持者，而信托公司也为这些团体提供了更好发挥自身作用的资源支持，如图 10-3 所示。

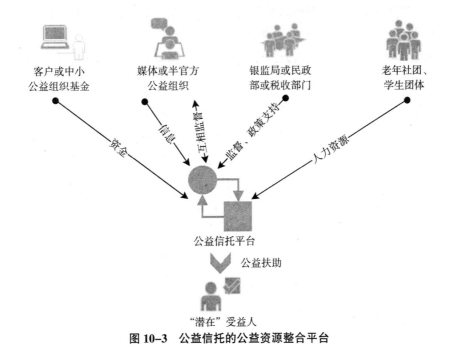

图10-3　公益信托的公益资源整合平台

4. 加强公益信托信息披露

信息披露是维系"公信力"资源的保证。只有通过规范化的详尽的信息披露，对社会、捐赠群体做出明确的信息反馈，才能够维系《信托法》赋予公益信托的"公信力"资源。半官方慈善组织本来是各类慈善资源的最佳整合者，但是由于其一直以来偏重于行政化运作，长期不注重信息披露，缺乏对慈善捐助者的信息回馈，导致在个别负面信息出现后，整体公信力大幅下降。比如红十字会的"万元发票"、"郭美美"等事件都是孤立的负面事件，但由于长期运作不透明，导致了公众对红十字会产生了整体不信任。近两年来，半官方公益组织加强了信息披露，但信息披露总体水平仍然较差，《2014年度中国慈善透明报告》显示，77%的公益慈善组织透明指数得分不及格，其中红十字会系统透明指数得分仅为35.66分。

为避免出现公益信托公信力资源浪费，银监会应当制度先行，在信息披露方面对公益信托高标准严要求，对公益信托的信息披露各个环节做出进一步规范和指引。在信托资金募集环节，所有公益信托，不论是公募还是私募，都应参照其他金融产品公募的信息披露要求详尽披露信息。在公益信托存续期间，信托信息披露的频率和详尽程度较其他业务应提高，比如必须详细披露所有捐款人姓名（事先征得捐款人同意），出现信托财产5%以上的一次性大额支出要单独披露。在信息披露专业性方面，由于公益捐助人并非专业投资者，因此公益信托发布专业化财务报表的同时，应同步发布简明易读的"大众版"报表，增加社会公众和公益捐助者对公益信托了解的同时附带宣传效应。在信息反馈方面，公众个体或家庭一次性捐助一定金额（如5万元）以上，公益信托受托人应对其单独发送简明版资金用途反馈。企业一次性捐助一定金额（如500万元）以上，公益信托受托人应对其单独报送该部分信托财产的财务报表。

后　记

　　新中国的信托业，诞生于改革之初的 1979 年，诞生在没有资产管理"土壤"的年代，因此在很大程度上属于是一个"早产儿"。信托业 20 岁之前，如同一个"莽撞少年"，一直在创新与违规中徘徊，一直没有找到自己的主业。直到 21 世纪，资产管理的需求才开始逐渐萌芽，得益于"一法两规"建立起的信托框架，得益于中国经济的高速发展，信托发展迎来了"黄金十年"。

　　2012 年，中国资产管理行业开始全面对各金融子行业放开，信托业的制度红利消失，银行、券商、保险公司、基金公司、期货公司纷纷进入资产管理行业，中国进入"大资产管理时代"。与此同时，中国也进入了移动互联网时代，互联网金融作为一支生命力更强的新生力量，对传统金融行业提出了强力挑战。

　　大资产管理和移动互联网叠加的时代，是竞争的时代，更是创新的时代。信托公司不仅要与传统金融机构竞争"金融收益"，更要与互联网新贵竞争"金融服务"。《信托涅槃》正是湖南信托和湖南大学课题组在这个时代对中国信托业过去的总结和未来的探索。

　　本书是对信托历史的一次总结。我们不但总结了人类信托发展的历史，总结了英国、美国、日本三个信托业发达国家的信托发展之路，也总结了中国信托业发展的"黄金十年"，因此它是课题组理论和实践的一次总结。本书是对信托未来的一次探索。我们立足于信托理论，在一定程度上超越了信托现实，对未来信托业的发展进行了大胆展望。我们设计的信托改革方向和信托新业务，不是每家信托公司当前都能做到的，但肯定有信托公司在未来，在某一领域能实现这样的愿景。本书也是对信托的一次学习。我们团队中有从事信托理论研究的学者，也有经验丰富的信托从业人员。在写作过程中，课题团队成员相互学习相互补充，正是有了理论和实践的结合，我们才能设计出家族信托产品和事务信托产品，供信托从业者参考。当然，也是因为学习，本书还存在一些不足之处，希望读者能给我们提出宝贵意见。

感谢经济管理出版社对本书的支持！本书在朱德光董事长与乔海曙教授的指导和主持下完成，由如下团队执笔：王于栋执笔第1章、第6章第3~5节、第7~10章；李路璐执笔第2章和第5章第1节；李陌执笔第3章和第5章第2节；乔继伟执笔第4章和第5章第3节；万晓蕾执笔第6章第1~2节。此外，湖南信托刘格辉、张仁兴、黄健、谭中在各章写作中给予了全程指导，张艺媛、黄荐轩参与了修改与校对工作。

笔 者

2016年3月于岳麓山下